职业教育·城市轨道交通类专业教材

Chengshi Guidao Jiaotong Anjian Shiwu

城市轨道交通安检实务

刘柱军　贾天丽　主　编

魏宝举　李春辉　徐　颖　副主编

陈晓声　主　审

人民交通出版社股份有限公司

北京

内 容 提 要

本教材为职业教育城市轨道交通类专业教材。全书按照《职业教育提质培优行动计划（2020—2023年）》的总要求，依据城市轨道交通安全检查工作岗位的技能要求和岗位作业标准编写而成。本教材突出了安检岗位所需理论知识的系统性、全面性，强调安检工作岗位所需实操技能的实用性。本教材在编写过程中始终体现产教融合、校企合作的理念，以提高安检员实际操作水平和应急处置能力为目标；同时，还介绍了安检设施设备的使用和常见故障处理等内容，以提高安检员的综合素质。

本教材共七个模块，分别是城市轨道交通安检总论，各类危险品、违禁品及限带物品，安检设施设备及其操作，人身检查和开箱（包）检查，安检操作规范和突发事件应急处置，城市轨道交通火灾、水灾及疫情防控，城市轨道交通安检员的基本素养。

本教材可作为高职、中职院校城市轨道交通专业及相关专业的教学用书，也可作为从事城市轨道交通安检工作人员的教材或学习用书，同时可供其他领域安检工作岗位相关人员参考使用。

为方便教学，本教材配有 PPT 课件、实训工单等丰富的教学资源，任课教师可加入职教轨道教学研讨群（QQ 群：129327355）获取。

图书在版编目（CIP）数据

城市轨道交通安检实务/刘柱军，贾天丽主编. —
北京：人民交通出版社股份有限公司，2021.6（2025.11重印）
ISBN 978-7-114-17245-8

Ⅰ.①城…　Ⅱ.①刘…　②贾…　Ⅲ.①城市铁路—交通运输安全—安全检查—教材　Ⅳ.①U239.5②U298

中国版本图书馆 CIP 数据核字（2021）第 071863 号

职业教育·城市轨道交通类专业教材

书　　名：	城市轨道交通安检实务
著 作 者：	刘柱军　贾天丽
责任编辑：	袁　方　杨　思
责任校对：	席少楠　刘　璇
责任印制：	张　凯
出版发行：	人民交通出版社股份有限公司
地　　址：	（100011）北京市朝阳区安定门外外馆斜街 3 号
网　　址：	http：//www.ccpcl.com.cn
销售电话：	（010）85285911
总 经 销：	人民交通出版社股份有限公司发行部
经　　销：	各地新华书店
印　　刷：	北京市密东印刷有限公司
开　　本：	787×1092　1/16
印　　张：	13.25
字　　数：	311 千
版　　次：	2021 年 6 月　第 1 版
印　　次：	2025 年 11 月　第 8 次印刷
书　　号：	ISBN 978-7-114-17245-8
定　　价：	40.00 元

（有印刷、装订质量问题的图书，由本公司负责调换）

前言

【编写背景与目的】

随着城市轨道交通事业的快速发展，城市轨道交通的安检工作越来越受到政府、城市轨道交通运营企业的高度重视，城市轨道交通安全成为社会公众的热切期盼。安检工作对确保城市轨道交通运营安全、维护社会的稳定、保障人民的生命财产安全起到了重要作用。培养安检工作的合格人才，提升安检人才的综合素质是我们的不断追求，总结现有安检工作的经验和技巧，对其相关理论与实操技能进行归纳总结尤为迫切。为此，我们组织相关人员编写了本教材，**以促进就业和适应产业发展需求为导向，着力培养高素质劳动者和技术技能人才。**

【教材特色】

（1）**本教材深化产教融合、校企合作，强化工学结合、知行合一，是行业指导、企业参与、"双元"合作开发的教材。**本教材紧扣安检员考核标准，从基本概念和原理出发，强调危险品、违禁品安检工作的理论基础，突出安检工作岗位所需实操技能的实用性。

（2）**本教材突出职业教育、继续教育类型特点，遵循教育教学规律和人才培养规律，根据学生认知特点，将知识、能力和正确价值观的培养有机结合，体现教育教学改革的先进理念，**适应专业建设、课程建设、教学模式与方法改革创新等方面的需要，满足项目学习、案例学习、模块化学习等不同学习方式的要求，注重以真实生产项目、典型工作任务、案例等为载体组织教学。教材反映人才培养模式和教学改革方向，有效激发学生学习兴趣和创新潜能。

（3）**本教材内容科学先进、针对性强，选文内容积极向上、导向正确。**本教材突出理论和实践相结合，强调实践性，充分反映产业发展最新进展，对接科技发展趋势和市场需求，及时地将产业发展的新技术、新工艺、新规范纳入教材内容，反映主要岗位群及典型工作任务的职业能力要求。本教材采用案例导入、情境实训的辅助手段，提高安检人才的实际操作水平和应急处置能力，有效地达到与岗位群对接、与职业资格对接、与工作实际对接的目的。

（4）**本教材有机融入中华优秀传统文化、法治意识和安全教育，弘扬劳动光荣、技能宝贵、创造伟大的时代风尚，弘扬精益求精的专业精神、职业精神、工匠精神和劳模精神，**引导学生树立正确的世界观、人生观和价值观，努力成为德智体美劳全面发展的社会主义建设者和接班人。

（5）**本教材内容编排合理、梯度明晰，文字流畅，图文并茂，形式新颖。**本教材涉及的名称、术语、图表及编校、装帧、印装质量等符合国家有关技术质量标准和规范。

【编写组织】

本教材的编写团队熟悉职业教育教学规律和学生身心发展特点，对本学科专业有比较深入的研究，熟悉行业企业发展与用人要求，有丰富的教学、教科研或企业工作经验。

本教材由黑龙江第二技师学院刘柱军担任第一主编并统稿；北京市自动化工程学校贾天丽担任第二主编；北京铁路电气化学校魏宝举，哈尔滨地铁集团有限公司李春辉，黑龙江第二技师学院徐颖担任副主编；北京铁路电气化学校陈会茹参编。具体分工如下：模块1和模块5由贾天丽编写，模块4和模块6由刘柱军编写，模块5由魏宝举编写，模块2由徐颖和刘柱军共同编写，模块3由刘柱军和李春辉共同编写，模块7由陈会茹编写；本教材由广州地铁集团有限公司安全技术部陈晓声主审。

【使用建议】

（1）加强实践性教学。实践性教学学时原则上占总学时数50%以上，建议教师积极推行认知实习、跟岗实习、顶岗实习等多种实习方式，可根据专业实际集中或分阶段安排。

（2）本教材配有PPT课件、实训工单等丰富的教学资源，教师可引导学生利用网络信息技术和优质在线资源进行自主学习。

【致谢】

本教材不仅得到了广州地铁集团有限公司、北京市京港地铁安保公司、哈尔滨冰城地铁保安服务有限公司在技术和资料方面的大力支持，还得到了业内专家、同仁的悉心指导，在此表示衷心的感谢。除列出的参考文献外，还引用了大量网络上的资料及论文资料，在此一并向作者表示谢意。由于编者水平有限，书中疏漏之处在所难免，恳请广大读者批评指正。

编　者
2021 年 5 月

目录

模块 1

城市轨道交通安检总论

学习目标

1. 了解城市轨道交通安检*的相关概念、意义及相关法律、法规，构建对城市轨道交通安检的宏观认识。

2. 掌握城市轨道交通安检工作岗位职责及要求，形成对安检工作各环节的功能认知框架。

3. 掌握城市轨道交通安检的程序与组织流程，了解安检管理及制度。

建议学时

10 学时。

案例导入

1. 案例描述

城市轨道交通安检工作情境如图 1-1 所示。毕业后，小张、小李、小王和小赵在地铁站从事安检员工作。某日，一名男乘客携带双肩背包从北京地铁 6 号线金台路进站，经过安检点时小张引导该乘客将随身背包进行安检。小李发现该乘客包内疑似有一把刀具类物品，随即示意小王进行开包检查，经确认，此物品为一把 18cm 长的陶瓷刀。小赵向该乘客说明此物品为禁止携带物品，不能携带乘坐地铁列车，但该乘客将刀具夺回后试图强闯进站。当值安检员立即通知车站综控室。综控员接到安检员汇报后第一时间汇报值班站长组织车站工作人员围堵，同时，上报行车调度员和前方站做好上车应急处理，在大家的共同努力下成功拦截了该乘客携带刀具强行闯站的行为，充分发挥了城市轨道交通"安全第一道关口"的作用，未让违禁品随车离站。

---

* 全书"安检"为"安全检查"的简称。其主要涵盖领域为城市轨道交通客运安全检查方面。

图 1-1　城市轨道交通安检工作情境

2. 案例分析

该乘客过安检时携带 18cm 长的陶瓷刀，安检员小赵判定该陶瓷刀为违禁携带物品，禁止乘客携带进站。乘客拒绝配合，当值安检员联合综控员对乘客进行了围堵，并第一时间进行了应急处理，未让违禁物品随车离站。随着城市化发展和人口密集程度的增加，越来越多的人选择城市轨道交通出行，而城市轨道交通车站空间封闭、客流集中，疏散难度大，做到防患于未然十分必要，城市轨道交通安检是公安机关地铁反恐体系中的重要手段。城市轨道交通运营的常态化运行离不开安检设备的技术支持和安检管理队伍的高效运转。

3. 案例思考

（1）在上述城市轨道交通安检过程中，安检员小张、小李、小王和小赵的工作职责分别是什么？

（2）城市轨道交通安检主要包括哪些检查程序？

单元 1.1　城市轨道交通安检概述

近年来，为加强城市轨道交通安全管理，维护和谐、安全的运营环境，安检系统在城市轨道交通运营安全保障工作中备受重视，尤其是大型活动（如北京奥运会、上海世博会、广州亚运会等）期间，城市轨道交通车站客流集中，安检工作强度大、责任重、技术要求高，引起了社会各界的高度关注。本单元主要对城市轨道交通安检的相关概念进行详细介绍。

一 城市轨道交通安检的相关概念

1. 安检

所谓安检，是指在机场、车站、剧场、大型活动现场等范围内实施的为防止危害公共安全事件发生和保障人员、财产安全所采取的一种强制性的安全技术性检查工作。

城市轨道交通安检工作的主要内容是检查乘客及其行李物品中是否携带枪支、弹药、易爆、腐蚀、有毒、放射性等危险物品，以确保城市轨道交通及乘客的安全。

安检工作必须在乘客进入城市轨道交通前进行，拒绝检查者不准进入城市轨道交通，情节严重者可转交至警方处理。据悉，自2008年以来10余年间，北京地铁因携带危险品移交公安机关的有5.1万人，经民警处理依法拘留的有4600余人。上海地铁仅2014年1月—6月期间，安检各类箱包、物品1.09亿包次，日均100余万包次；查获各类违禁品、危险品7600余件，其中烟花、鞭炮16.5万余响，汽油3.2L，酒精、油漆350余升，管制刀具1900余把，仿真枪88支。

2. 安检员

安检员是指经过专门培训取得上岗检查资格、具有检查危险品专业知识、掌握安检设备操作技能的工作人员。不配合安检的乘客视情节轻重，分为轻度拒检、一般拒检和严重拒检三类，三类拒检行为在城市轨道交通重点运输阶段每日能达到几百起。

3. 车站安检点

车站安检点是指根据车站客流情况设置的检查设备，主要包括X射线安检机、金属探测门、手持式金属探测器、危险液体检测仪等安检设备，以及其他辅助安检设施。

在城市轨道交通安检过程中，安检员通过对乘客及其携带的行李物品进行识别、劝阻、引导、检测、开箱（包）、报告等程序，发现危险品、违禁品并进行相应处理，从而实现安检过程。虽然安检有效地保障了乘客的乘车安全，但仍有部分乘客对安检工作不理解：有些乘客以安检影响出行速度为由拒绝安检；有些乘客因携带违禁品（如打火机等）有意逃避安检，甚至在被安检员制止后，恼羞成怒、辱骂、殴打安检员。自2008年起10余年间，北京地铁发生因乘客拒检殴打安检员事件约400起，肇事者均已受到有关部门的处罚。

二 城市轨道交通安检的意义

城市轨道交通安检对运营安全保障工作有着重要意义，具体如下：

（1）安检员通过安检查获了大量危险品和违禁品，消除了危害城市轨道交通公共安全隐患，降低了引发突发事件的风险。

据统计，自2008年北京奥运会前夕启动地铁安检工作，截至2018年1月，北京地铁公司所辖线路共计检查物品98亿件次，查获各类违禁品116万件，违禁品检出率为118件/百万件。安检工作的顺利实施有效地减少了城市轨道交通潜在的安全隐患。

（2）城市轨道交通车站全面安检，起到了对运营安全的威慑作用。

城市轨道交通安检不存在任何特殊的免检对象，所有进入城市轨道交通的人员都必须接受城市轨道交通安检。从单一的物品安检过渡到全路网人物同检，城市轨道交通安检工作最大限度地发挥了城市轨道交通安检的关口防范和震慑、警示作用，为城市轨道交通运营安全及乘客出行安全提供了强有力的保障。

（3）通过安检全面宣传了城市轨道交通严禁携带的各类危险品，增强了乘客的公共安全意识。

📖 知识链接

城市轨道交通的七大安全隐患

（1）城市轨道交通建设的规划、设计、建设、运营各方未能达到协调一致和相互配合。

（2）相关的安全管理法规有待进一步完善。

（3）有关安全的标准、规范尚未形成完整的体系。

（4）城市轨道交通对安全意识宣传存在缺陷。

（5）各地制订的应急预案还不够细化，同时缺乏演练。

（6）风险评估和安全性评价制度有待于进一步开展和推广。

（7）各地对于城市轨道交通安全的投入不到位。

三 城市轨道交通安检的性质

安检是安全保卫工作的重要组成部分，是主体单位依据国家和地方相关法规，为保障公共场所安全，对相关人员的人身和携带物品进行的公开的、安全性的检查，其具有强制性和专业技术性。

城市轨道交通系统客运量大，尤其是起点站和换乘站，以北京地铁1号线复兴门站为例，工作日高峰小时客流量达到3万人次/h。而城市轨道交通安检工作要求安检员在较短时间内对所有进入运营区域的人员及其携带的物品完成安全技术检查工作，一旦失误，后果会很严重。早高峰客流排队安检如图1-2所示，平峰时客流安检如图1-3所示。

图1-2 早高峰客流排队安检

图1-3 平峰时客流安检

城市轨道交通安检依赖于人力和设备资源的投入，其检查能力受到资源投入量的制约，具有责任性强、政策性强、时间性强、专业性强和风险大等特点。

四　城市轨道交通安检的职能和权限

1. 安检职能

安检具有预防和制止企图犯罪活动的职能；保护人员生命、财产安全的职能；以及在保障安全的前提下，不能因检查影响正常工作的服务职能。

2. 安检权限

安检的权限包括检查权和拒绝进入权两方面内容。

检查权包括以下两项内容：一是对人员的人身检查权，包括使用仪器检查、手工检查及搜身检查；二是对行李物品的检查权，包括使用仪器检查和手工开箱（包）检查。

拒绝进入权包括以下两项内容：一是在安全技术检查过程中，当发现有故意隐匿枪支、弹药、管制刀具、易燃、易爆等可能用于犯罪活动的危险品的人员时，安检部门有权不让其进入，并将人与物一并移交公安机关审查处理；二是在安检过程中，对手续不符和拒绝接受检查的人员，安检部门有权不准其进入安保区域。城市轨道交通运营单位可以对乘客携带的物品进行安检，对携带危害公共安全的危险品的乘客，应当责令其出站；对拒不出站的乘客，移送公安部门依法处理。

如有乘客违反了《城市轨道交通运营管理规定》（交通运输部令2018年第8号），影响城市轨道交通安全正常运营的，由市级人民政府城市轨道交通主管部门责令改正，并处50元以上500元以下罚款。

单元1.2　城市轨道交通安检相关法律法规

一　城市轨道交通安检相关法律法规发展史

城市轨道交通法律法规是调整城市轨道交通建设和运输关系及其他相关关系的法律规范的总称。我国没有统一的交通法典，相关规定散见于与交通相关的法律法规和规章中。

我国城市轨道交通建设成就显著，目前已进入快速发展时期，城市轨道交通法律体系框架已初步形成。在法律层面，1990年第七届全国人民代表大会常务委员会第十五次会议通过的《中华人民共和国铁路法》已经不适应我国城市轨道交通的发展需要，亟待修改。基本上全国性的城市轨道交通法律还处于空白，因为已出台的各种交通运输和城市公共运输的法律很少涉及城市轨道交通。

在行政法规方面，国务院于2015年4月颁发了《国家城市轨道交通运营突发事件应急预案》，同时废止了2005年5月经国务院批准、由国务院办公厅印发的《国家处置城市地铁事故灾难应急预案》。交通运输部于 2018 年发布的《城市轨道交通运营管理规定》（交通运输部令 2018 年第 8 号）中，规定了城市轨道交通运营的总体要求，以及在运营基础要求、运营服务、安全支持保障和应急处置方面的基本管理办法。另外，部分地方政府颁布了当地的城市轨道交通建设、运营和管理的办法与规定，如《北京市轨道交通安全检查操作规范》《北京市轨道交通安全运营管理办法》等。

对于城市轨道交通法如何构建的问题，目前还没有形成一致的意见，但大致有两种观点：一种是统一立法；另一种是按铁路法、城市轨道交通法分别立法。

二 刑法中与交通运输有关的条文

《中华人民共和国刑法》中规定的与交通运输有关的条文主要包括以下几项。

1. 交通肇事罪

违反交通运输管理法规，因而发生重大事故，致人重伤、死亡或者使公私财产遭受重大损失的，处 3 年以下有期徒刑或者拘役；交通运输肇事后逃逸或者有其他特别恶劣情节的，处 3 年以上 7 年以下有期徒刑；因逃逸致人死亡的，处 7 年以上有期徒刑。

2. 破坏交通设施罪

破坏轨道、隧道、桥梁、公路、机场、航道、灯塔、标志或者进行其他破坏活动，足以使火车、汽车、电车、船只、航空器发生倾覆、毁坏危险，尚未造成严重后果的，处 3 年以上 10 年以下有期徒刑。

3. 破坏交通工具罪

破坏火车、汽车、电车、船只、航空器，足以使火车、汽车、电车、船只、航空器发生倾覆、毁坏危险，但尚未造成严重后果的，处 3 年以上 10 年以下有期徒刑。

4. 破坏交通工具罪、破坏交通设施罪、破坏电力设备罪、破坏易燃易爆设备罪

破坏交通工具、交通设施、电力设备、燃气设备、易燃易爆设备，造成严重后果的，处 10 年以上有期徒刑、无期徒刑或者死刑。

5. 铁路运营安全事故罪

铁路职工违反规章制度，致使发生铁路运营安全事故，造成严重后果的，处 3 年以下有期徒刑或者拘役；造成特别严重后果的，处 3 年以上 7 年以下有期徒刑。

6. 劫持船只、汽车罪

以暴力、胁迫或者其他方法劫持船只、汽车的，处 5 年以上 10 年以下有期徒刑；造成严重后果的，处 10 年以上有期徒刑或者无期徒刑。

7. 劫持航空器罪

以暴力、胁迫或者其他方法挟持航空器的，处 10 年以上有期徒刑或者无期徒刑；致人重伤、死亡或者使航空器遭受严重破坏的，处死刑。

8. 暴力危及飞行安全罪

对飞行中的航空器上的人员使用暴力，危及飞行安全，尚未造成严重后果的，处 5 年以下有期徒刑或者拘役；造成严重后果的，处 5 年以上有期徒刑。

9. 重大飞行事故罪

航空人员违反规章制度，致使发生重大飞行事故，造成严重后果的，处 3 年以下有期徒刑或拘役；造成飞机坠毁或者人员死亡的，处 3 年以上 7 年以下有期徒刑。

三　城市轨道交通相关法律法规中关于安检工作的要求

2008 年 6 月 29 日，奥运会前，北京地铁成为世界上第一个开展乘车安检的地铁。奥运会后北京市政府修订完善了《北京市城市轨道交通安全运营管理办法》，但地铁安检作为常态安保措施得以保留。2010 年上海迎来第 41 届世博会，上海地铁也开始了常态性安检，随后开通的地铁相继效仿实施安检。

目前，与地铁安检相关的国家层面的法律法规有《中华人民共和国反恐怖主义法》《中华人民共和国突发事件应对法》《中华人民共和国人民警察法》《企业事业单位内部治安保卫条例》《中华人民共和国居民身份证法》。在这些法律法规中明确提到"城市轨道交通"的仅有《中华人民共和国反恐怖主义法》。其他指导地铁安检的法律法规都是地方层面的。

（一）《城市轨道交通运营管理规定》中关于安检工作的基本要求

《城市轨道交通运营管理规定》（交通运输部令 2018 年第 8 号）于 2018 年 5 月 14 日经第 7 次部务会议通过，自 2018 年 7 月 1 日起施行。

《城市轨道交通运营管理规定》中第三十六、第三十七条明确了安检工作的基本要求。

第三十六条　禁止乘客携带有毒、有害、易燃、易爆、放射性、腐蚀性以及其他可能危及人身和财产安全的危险物品进站、乘车。运营单位应当按规定在车站醒目位置公示城市轨道交通禁止、限制携带物品目录。

第三十七条　各级城市轨道交通运营主管部门应当按照职责监督指导运营单位开展反恐防范、安检、治安防范和消防安全管理相关工作。

鼓励推广应用安检新技术、新产品，推动实行安检新模式，提高安检质量和效率。

（二）《中华人民共和国反恐怖主义法（2018 修正）》关于安检的要求

2015 年 12 月 27 日，第十二届全国人民代表大会常务委员会第十八次会议通过了关于修改《中华人民共和国反恐怖主义法》等六部法律的决定。根据 2018 年 4 月 27 日第十三届全国人民代表大会常务委员会第二次会议《关于修改〈中华人民共和国国境卫生检疫法〉等六部法律的决定》修正，颁布了《中华人民共和国反恐怖主义法（2018 修正）》。

《中华人民共和国反恐怖主义法（2018 修正）》第二十条规定："铁路、公路、水上、航空的货运和邮政、快递等物流运营单位应当实行安全查验制度，对客户身份进行查验，依照规定对运输、寄递物品进行安全检查或者开封验视。对禁止运输、寄递，存在重大安全隐患，或者客户拒绝安全查验的物品，不得运输、寄递。

前款规定的物流运营单位，应当实行运输、寄递客户身份、物品信息登记制度。"

第三十四条规定："大型活动承办单位以及重点目标的管理单位应当依照规定，对进入大型活动场所、机场、火车站、码头、城市轨道交通车站、公路长途客运站、口岸等重点目标的人员、物品和交通工具进行安全检查。发现违禁品和管制物品，应当予以扣留并立即向公安机关报告；发现涉嫌违法犯罪人员，应当立即向公安机关报告。"

四 城市轨道交通安检的法律特征和安检员应具备的法律素质

（一）法律特征

城市轨道交通运营企业的安检队伍具有行政法规的执行权而无处罚权，这是城市轨道交通安检的法律特征。城市轨道交通安检队伍是保障城市轨道交通安全的带有服务性质并具有专业技术的职工队伍，执行法律及有关行政法规和规章规定。安检带有行政执法的性质，但安检部门大多属于企、事业单位的一个机构，不属于行政机关，所以它不具有行政处罚权，即不具有拘留、罚款的权利。而公安部门执行安检任务时，具备行政处罚权。

（二）安检员应具备的法律素质

1. 法律素质的体现

安检员的法律素质是指安检员在法律意识、法治观念、法律知识水平、守法状况等方面应具备的品质。

由于安检员不属于国家执法人员，对其法律素质的要求主要体现在法律意识和知法守法的层面。安检员的法律意识和法治观念是其法律素质的重要体现。法律意识越强，其学法和守法的自觉性就越高，法律素质也就越好。安检员的法律意识既与法律水平有关，也与一定的社会背景密切相关。安检员的守法状况是法律素质中的行为表现，集中反映了安检员法律素质的高低。因此，守法状况既是衡量安检员法律素质的标准，又是其法律意识、法律知识水平的最终体现。

安检员的法律素质是安检员依法服务的基础。只有具备较高的法律素质，才能提升服务质量，树立良好的企业形象。

在工作中，有的安检员往往习惯于按上级的指示办事，重权力意志，重人情关系，而轻视了国家法律，这就容易导致知法犯法或不知法而违法的现象发生。因此，应当加强对安检员的法制教育，通过定期或不定期的法律知识岗位培训，增强其法律意识。这样，对安检员学习掌握法律知识，严格依法办事，具有较大的促进作用。

2. 安检员的禁止行为

（1）限制他人人身自由、搜查他人身体。限制他人人身自由是指以拘押、禁闭或者以其他强制方法在一段时间内将公民强制约束在一定的空间不准其自由行动、不准其对外联络的一种临时剥夺其人身自由的行为。根据我国有关法律的规定，对公民人身自由的限制，只能由公安机关、人民检察院、人民法院等司法机关在法定权限内实施。非法限制他人人身自由是指无权实施限制他人人身自由行为的单位和个人，以及有权实施限制他人人身自由行为的法定机关超越职权、违反程序、超过法定时限制他人人身自由的行为。安检员在提供安检服务过程中，不得以任何理由限制或变相限制他人人身自由。如果发现嫌疑人有违法犯罪嫌疑，可以报警，由公安机关依法查处。如果发现正在实施违法犯罪的嫌疑人，则可以依法将其扭送公安机关。

根据《中华人民共和国刑事诉讼法》的规定，搜查是指侦查人员对犯罪嫌疑人，以及其他可能隐藏罪犯或者可作为证据的人身、物品、住处和其他地方进行搜索、检查的一种侦查行为。其目的在于收集犯罪证据，查获犯罪人。搜查应由人民检察院的有关负责人批准，由侦查人员执行。安检员在提供安检服务过程中，在任何时候都不得以任何理由、任何形式对他人身体实施搜查。

（2）侮辱、殴打他人。侮辱、殴打他人都是严重侵害他人人身权利的行为，侵犯的是他人的人格尊严权和名誉权。人格尊严权和名誉权是公民的基本人身权利，受宪法保护。侮辱是指通过一定的言行使对方人格或名誉受到损害，蒙受耻辱。殴打是指以击打、捆绑等暴力手段施加于他人的行为。在提供安检服务过程中，无论是安检从业单位或安检员自作主张侮辱、殴打他人的，还是应客户要求、受客户指使侮辱、殴打他人的，都是被严格禁止的行为。

（3）扣押、没收他人证件、财物。扣押是指侦查机关或法定的行政机关依法强行扣留与案件有关的物品、证件、文件的一种侦查措施和行政强制措施。没收是指行政执法主体依法将违反行政法规的行政相对人违法所得收归国有的制裁形式。扣押、没收都是法定机关的执法行为。在提供安检服务过程中，安检从业单位及安检员不得扣押、没收他人的任何证件和财物。

（4）阻碍执行公务。阻碍执行公务是指以暴力、威胁或者其他手段，阻碍国家工作人员依法执行公务的行为。安检员不得自行或受客户单位的指使对到客户单位执行工商检查、税务检查、生产安全检查、卫生检查、质量检查等公务活动的公务人员进行阻挠或设置障碍进行变相阻挠，妨碍其依法执行公务。

（5）参与追索债务，采用暴力或者以暴力相威胁的手段处置纠纷。追偿债务应当依法通过协商、调解、申请仲裁、提请人民法院调解或裁判，不得私自强行追索债务，否则，可能侵害他人的合法权益。安检从业单位和安检员不得以任何理由参与追索债务。

纠纷是指当事人之间因债务、语言不合、观点不同、利益冲突等引起的争吵、厮打等行为。暴力是指通过施加力量致其身体受损的行为。暴力的形式有击打、捆绑、冻饿、电击、刀刺、强光照射、非法拘禁等。以暴力相威胁是指行为人以施加暴力为威胁，强迫对方接受某种条件。对于一般的民间纠纷，安检员可以在当事人自愿的情况下进行调解，而不能通过暴力或以暴力相威胁等手段强行胁迫当事人接受调解。

（6）删改或者扩散监控影像资料、报警记录。监控设备与系统在使用过程中形成的监控影像资料和报警记录，是及时排查、解决监控区域的纠纷，查破各种治安、刑事案件的原始资料。这些监控影像资料有可能涉及国家秘密、商业秘密或个人隐私，涉及公共利益或客户的合法利益，因此，安检从业单位及安检员不得向外扩散，不得随意复制、播放、传播、查阅监控影像资料，也不得提供给无关人员观看，不得私自向媒体提供，更不得通过网络等途径对外扩散。

（7）侵犯个人隐私，泄露涉密信息。隐私是指不愿告人的或不愿公开的个人事务。个人隐私受法律保护。安检员在工作中要注意保护他人隐私，不得随意谈论和泄露他人情况，不得私自拆看他人信件，不得随意进入他人的私人领域，未经他人许可不得介入其私人事务。

涉密信息是指安检员在安检服务过程中涉及的国家秘密、商业秘密、企业信息以及单位明确要求保密的事项。安检员在安检服务过程中对涉密信息要按照有关保密规定，严守秘密，不得泄露给不应知悉的人员，不得将涉密信息公布于众，同时还要防止他人窃密。

单元 1.3　城市轨道交通安检工作管理

一　常见的安检方式

（一）人身安检

城市轨道交通安检过程中，针对人身安检的基本流程如下：

（1）把外衣（如果影响人身检查）单独放在安检托盘里，把身上的金属制品（如钥匙、手表、手机等）放在安检托盘里。在安检级别较高的机场，受检乘客需要脱鞋过安检门，将鞋单独通过 X 射线安检机进行检查，也可使用专门扫描鞋的 X 射线安检仪进行检查。

（2）人通过金属安检门。

（3）如果安检门报警，安检员使用手持式金属探测器进行人工复查。

针对不同的安检级别，会采用不同的安检手段。安检级别的提高通常和国际事件、重大安全事件有关。

（二）随身行李安检

针对随身行李的安检应依据被检物品的种类不同，检查流程也不同。其基本流程如下：

（1）对于笔记本电脑，大部分铁路及地铁等场所的安检不要求对其单独进行检查，但大部分机场则要求取出包里的笔记本电脑，将其单独放在安检托盘里，通过 X 射线安检机进行检查。

（2）对于液体，大部分安检场所要求取出液体单独封装，接受开瓶检查。国内机场禁止随身携带液态物品，对于少量旅行自用的液态化妆品，容器容积不得超过 100mL。针对液体有专门的液体检查设备，目前市场上常见的有基于微波技术、拉曼光谱技术及 X 射线技术的液体检查设备。

（3）将随身手提行李通过 X 射线安检机进行检查。

（4）如果发现行李有问题，则安检员将行李重新通过 X 射线安检机，或者手工开箱（包）检查。在安检级别较高的情况下，会使用"擦拭纸"的方式对人身或者行李、包裹进行爆炸物和毒品痕量检测。

（5）如果发现可疑物品，交由相关部门人员进行专业处置。国外有些机场使用CT型物品检查设备，可以做到更精准地检查和自动报警。在部分场所还会使用放射性物质检测设备，对人、车辆或者行李中的放射性物质进行检测。

（三）托运行李安检

针对托运行李安检的基本流程如下：

（1）受检乘客在机场值机口交运托运行李。

（2）托运行李安检分为前端安检和远端安检两种方式。目前，大型机场都采用远端安检的方式，如北京首都国际机场T3航站楼采用5级安检方式。

（3）如果发现托运的行李有问题，则需要在登机前和受检乘客取得联系，进行开箱（包）检查。我国相关法律法规规定，开箱（包）必须在受检乘客到场的情况下进行。

（四）寄递物品安检

针对寄递物品安检的基本流程如下：

（1）寄递人将包裹交给快递人员或收件人员。

（2）收件人员检查包裹中是否含有禁止或限制寄递物品，检查完毕，将包裹集中运送至物流中心。

（3）物流中心使用X射线安检机对包裹进行统一检查。

（4）在安检级别较高的情况下，部分物流中心经过X射线安检机检查后，会在发运前在大型集散中心再次进行X射线安检机检查。对于部分嫌疑物品，甚至会使用CT型/AT型设备进行检查。

二　城市轨道交通安检模式

城市轨道交通安检工作的执行包括常态安检模式、加强安检模式和特别安检模式三种（图1-4）。

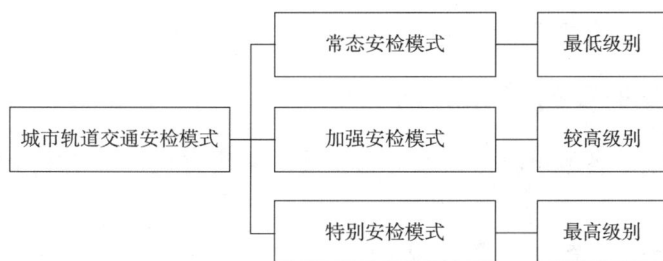

图1-4　城市轨道交通安检模式的分类

（1）常态安检模式。常态安检模式主要适用于日常运营，执行标准为逢包必检、逢液必检。遇有突发事件或纠纷等其他情况，应及时联系该站地铁民警。

（2）加强安检模式。加强安检模式主要适用于重要节假日期间，执行标准为逢包必检、逢液必检、逢疑必检，同时开展人身安检工作。

（3）特别安检模式。特别安检模式主要适用于特殊时期，按照政府和公安机关的要求，需要重点防范时，执行标准为逢包必检、逢液必检、逢人必检，同时开展人身安全检查工作。各安全检查点每班至少增设一名安检员。安检点上的安检工作由民警指导，武警、特警等力量参与。

三　城市轨道交通安检标准

城市轨道交通安检是进入城市轨道交通人员必须履行的检查手续，是保障乘客人身安全的重要预防措施。为提升安检的效果，国内城市轨道交通普遍启用"人、物同检"标准，将乘车人及携带物品均纳入安检范围。2017年11月30日，广州地铁安检升级，开始全面实施"人过安检门、物过安检机"办法。2018年1月1日，北京地铁按照"高峰保畅通，平峰严安检"原则，也正式实施了"人、物同检"的安检标准。本教材以北京地铁为例介绍"人、物同检"在不同时段的安检标准。

（一）高峰时段

（1）人检标准按照左右兜、后腰三个部位进行检查，安检时间为3s/人。

（2）物检标准按照小手包感官检查，迅速放行的原则实施，其他包裹过机安检，包裹可重叠摆放。

（3）乘客排队等候，确保队尾不上街、上桥，如发现站外乘客排队候检超过20min时，由值班站长和地铁民警启动应急措施，加快安检速度，使乘客快速过检进站；严守规范，认真履职。

（二）非高峰时段

（1）人检标准按照背部、腰部、腹部、衣兜、裤兜五个部位进行重点检查，安检时间为10s/人。

（2）物检标准按照包裹过机安检，液体采取设备检查或开瓶检查的方式。对发现的可疑物品及时上报地铁民警及值班站长，并实施开包复检。

（3）遇短时间突发大客流，安检点视情况启动限流措施，引导乘客分批、有序地接受安检，确保安检工作符合要求。

四　城市轨道交通安检工作原则

安检工作需要引起各城市轨道交通运营企业的高度重视，工作中应切实保证高标准、严要求。

（一）进一步统一思想、提高认识

城市轨道交通运营企业应切实发挥安检管理主体责任，坚决贯彻市委市政府的决策部署，按照有关要求细化措施，统筹做好正式实施"人、物同检"及人员筹备等各项工作任务。

（二）严格执行安检标准，杜绝安检工作"不在状态"

城市轨道交通运营企业要严格按照安检员工作标准，强化全体安检员及管理人员工作素质，做到"人、物同检""六个不准，四个必看"（详见"模块5中单元5.1知识链接"）及严格遵守安检员标准化、规范化要求，每人一卡，随身携带。全面加强管理工作，落实控制手段和措施，坚决杜绝"疲劳困倦""违规违纪执岗"等安检工作"不在状态"的问题发生。

（三）进一步落实领导"包线包站"制度

严格落实领导"包线包站"制度，按照"高峰保畅通，平峰严安检"原则，督促各项措施的落实。同时，督促安检服务公司落实"包线、包站、包点"制（线长责任制），确保现场安检质量。

（四）进一步做好"人、物同检"设备保障工作

城市轨道交通运营企业要定期地组织安检设备单位进行安检设备普查，对既有设备的种类、数量、性能、配件等进行全面普查，对不能正常使用的设备及配件要及时更换与维修。同时，加强安检设备单位值守人员力量，确保安检设备运转正常。

（五）进一步加强对安检工作的指导、监督和保障

（1）城市轨道交通运营企业要在全面落实警企联勤联动方案的基础上，充分做好与属地政府部门的对接工作，形成整体、各负其责，共同确保城市轨道交通车站安检工作正常有序开展。

（2）要对车站工作人员、地铁民警、安检点辅警、安检员、保洁员、文明疏导员、平安地铁志愿者等安防力量进行整合，形成以安检点位为核心的整体联保机制，加强对正式实施"人、物同检"工作的指导、监督和保障。

（六）进一步加强宣传工作

（1）充分发挥既有安检法治宣传教育基地和安检法治宣传点的作用，加大实施"人、物同检"宣传力度，增强广大乘客法治意识和"进站必安检"的自觉意识。

（2）制作并向乘客发放宣传品，促进乘客互动，开展"请进来、走出去""进厂、进机关、进社区"活动，扩大"人、物同检"宣传效果。

（3）充分利用微博、微信等多媒体形式，加大实施"人、物同检"宣传工作，开展正面宣传和引导。

（七）进一步加强信息报送工作

城市轨道交通运营企业相关各级部门在工作中要全面加强工作信息的管理。

（1）进一步加强信息收集和报送工作，当发生突发事件或重大、紧急、敏感问题时应做好前期处置工作，确保信息报送及时、准确，杜绝迟报、漏报、瞒报和信息倒流。

（2）加强信息的分析和研究工作，特别是在全面实施"人、物同检"的初期阶段，针对整体工作状况，做到"每日有汇总、每周有分析、每月有评估"，及时发现问题，及时采取整改控制措施，及时向有关部门报告反馈。

北京地铁安检"包线、包站、包点"责任制

为进一步加强安检工作的组织管理，强化监督检查，明确各级工作责任，坚持"齐抓共管，失职追责"，实施安检"包线、包站、包点"责任制（线长负责制），切实提升安检工作质量。

1. 实施原则

（1）城市轨道交通运营企业内部按照《地铁公司两级领导包线包站实施方案》（地安文〔2017〕111号）要求承包到线路和车站。

（2）安检服务公司负责的每条运营线路实施线长负责制，由一名副总经理以上领导承包。

（3）安检项目部负责的相关线路和车站根据业务管辖范围由副大队长以上领导承包。

（4）安检点根据业务管辖范围由中队长以上领导承包。

2. 具体职责任务

（1）安检服务公司负责人（线长）对所承包的线路负有以下责任：

①督促各项安检操作规范、工作要求落实情况。

②排查各类隐患并及时协调解决。

③每月专项检查不少于五次，重点运输、重要安保阶段要实施重点督查，并落实问题整改。

④当线路发生影响公共安全的突发事件时，安全单位负责人（线长）要及时赶赴现场进行处置。

（2）安检项目部负责人对所承包的车站负有以下责任：

①检查各项安检操作规范、工作要求落实情况。

②承担所承包车站公共安全的相应责任。

③每周检查所承包车站全部安检点不少于三次，重点运输、重要安保阶段不少于五次，并落实问题整改。

④当车站发生影响公共安全的突发事件时，安全项目部负责人要及时赶赴现场进行处置。

（3）安检中队负责人对所承包的安检点负有以下责任：

①落实各项安检操作规范、工作要求。

②承担所承包安检点公共安全的相应责任。

③每日检查所承包安检点不少于四次，重点运输、重要安保阶段不少于六次，并落实问题整改。

④当安检点发生影响公共安全的突发事件时，安全中队负责人要及时赶赴现场进行处置。

安检服务公司线长及各级责任人要在安检机醒目位置张贴公示。

（资料来源：北京市地铁运营有限公司文件地保卫文〔2017〕316号）

单元1.4　安检的程序、组织流程及管理制度

一　城市轨道交通安检程序

安检员按照"引导—检查—定性—处置"的程序，正确使用各种安检设备，按照"逢包必检、逢疑必检"的原则对进入车站的人员、物品进行安检。

（一）引导过程

引导过程中，通过车站出入口、通道的指示标志，以及引导员的指引，引导乘客到安检点进行安检。引导程序如下：

（1）宣传安检相关规定要求，及时提醒携包乘客接受X射线安检机检查，并及时取走所属过检物品，防止误拿、错拿或漏拿。

（2）观察进站客流动向，对无行李人员进行分流，向值机员预警可疑人员及其携带物品，对经检查确定含有爆炸、有毒、有害等危险物品的，按要求及时疏导其他乘客有序撤离，并做好现场安全隔离。

（3）发现乘客携带超限尺寸、易碎易损等不宜机检的物品；或遇特殊群体，如残障人士、孕妇以及行动不便的乘客，安检员要及时上前帮助，并提醒手检员进行手检。

（二）检查过程

在检查过程中，安检员通过仪器检查和手工开箱（包）检查，防止违禁品进站及被带入地铁列车，其核心是对受检物品进行辨识，及时、准确地判断或发现可疑物品。具体检查程序如下：

（1）观察并辨识监视器上受检物品图像的形状、种类。

（2）按照违禁品目录及时、准确地发现可疑物品，并将重点检查部位准确无误地告知手检员。

（三）定性过程

在定性过程中，安检员根据公安部门发布的《禁止携带物品目录》的相关规定，准确无误地对受检物品进行界定，并按照违禁品处置程序进行处置。定性程序如下：

（1）严格执行安检标准，依据违禁品、限带品目录对被检物品进行辨识与界定。

（2）根据辨识、界定的结果，确定对被检物品及携带人员采取对应处置措施。

（四）处置过程

处置过程中，安检员对经检查发现的危险品、违禁品及其携带人员，按照相关规定和

要求，采取相应处理措施。处置程序如下：

（1）检查中发现乘客携带一般禁带物品或限带物品的，由引导员向其讲明有关法律法规，对其进行劝离；经说明仍不接受的、经劝导拒不出站的或滞留现场扰乱秩序的乘客，拒绝其进站乘车，并报告地铁民警处置。乘客如若主动放弃，则对上述物品进行收缴并做好记录。

（2）检查中发现乘客携带液体的，应首先做有机物的剔除，对存在疑问不能排除的，应通过液体检测仪进行检测确认，可打开的应要求乘客试喝，如检查发现异常的，应迅速采取措施控制携带人员及其所属物品，并对其实施严格复检，待地铁民警到达现场后，连人带物一并移交处理。

（3）检查中发现乘客非法携带管制类物品（如枪支、弹药、军用或警用械具等）、毒害类物品（剧毒化学品）及爆炸类物品的，迅速按照"人、物分离"的原则实施控制，及时报告车站工作人员和地铁民警，并对携带人员的人身及所携带箱（包）实施严格复检，必要时通知车站保安协助对携带人员及其物品进行控制，待地铁民警到达现场后，连人带物一并移交处理。

（4）检查中发现乘客携带易燃、易腐蚀及毒害类、放射类物品（非剧毒化学品）时，应对其种类及数量进行辨识、界定，按规定要求乘客改乘其他交通工具，或上缴处理；如遇涉嫌故意藏匿或强行携带进站的乘客，按照前款现场处置程序处置。

（5）检查中发现图像模糊不清，无法准确判断受检物品性质，或者发现疑似含有电源（电池）、导线、钟表以及块状、柱状、粉末状、液态状、枪弹状物品时，必须经检查排除嫌疑且确保安全后方可放行。

（6）若遇公安民警、军人等特殊身份人员携带枪支及警用器械的，应及时通知地铁民警检查确认后，由地铁民警、当值安检员签字登记后方可放行。

📖 知识链接

安检员常见情况现场处置

在现场处置过程中，有以下常见情况应重点注意。

1. 乘客自弃和遗留物品的处置

安检员根据现场检查情况，可对乘客自弃和遗留物品进行如下处置：

（1）乘客自弃禁带或限带的物品由安检公司负责统一管理、存储，并记录收取时间、地点、数量及名称，安检公司应定期进行清理销毁，不得存放于车站。

（2）当发现乘客遗留现场物品时，安检员应及时通知车站工作人员和地铁民警，属于能辨识的乘客由车站按照相关规定进行失物招领处理，无法辨识的物品应立即通知地铁民警，同时配合车站做好人员隔离及疏散，禁止任何无关人员触动。

2. 乘客拒不接受安检的处置

安检员根据现场检查情况，乘客拒不接受安检的处置如下：

（1）遇有在安检场所无理取闹、不听劝阻、扰乱正常工作秩序、妨碍安检员执行检查且情节严重的乘客，移交公安机关处理。

（2）当安检员在安检过程与乘客发生矛盾、遇到投诉等情况时，安检班长应及时报告当班队长及车站人员，由当班队长及车站人员协调解决，必要时将情况上报安全保卫部。

3. 其他情况的处置

（1）发现有精神病患者、醉酒不能约束自己行为的乘客，安检员应及时通知车站工作人员和地铁民警处理。

（2）遇有乘客携带的特殊物品，不便或无法用 X 射线安检机进行检查的，可用手工安检等方式检查；遇有乘客声明不宜公开待检查物品时，可通知车站工作人员并将其带至车站指定区域单独检查。

（3）遇突发停电或安检设备、设施故障时，安检员要保持镇定，维护现场安检秩序，对乘客实施手工安检的同时控制好进站客流，及时安排人员对安检设备、设施接线及开关、插头等部位进行外观检查，初步判断情况后，立即报告车站等相关部门进行处理。

（4）遇大客流乘客拥堵进站大厅时，安检员应及时采取限流措施，并配合车站工作人员做好车站乘客的疏导维序工作。

二　城市轨道交通安检组织流程

安检工作遵循"逢包必检、逢液必查、逢疑必问"的原则，使用 X 射线安检机、固（液）体爆炸物探测仪、手持式金属探测器等安检设备，对进入安检区域的人员进行安检。城市轨道交通安检工作流程分为班前、交接班、班中、班后四部分。

（一）班前

安检员每天上岗前15min 到综控室（车控室）前列队。安检班长根据安检到岗情况清点人数，交代当日工作注意事项。到岗安检员逐一在"××站安检员签到表"上签到。

（二）交接班

交接班人员要在规定上班时间、按规定的岗位地点、穿着规定的安检制服进行交接，履行交接班手续。

因漏交或错交而对工作造成的影响，由交班人员负责；因交接不清，接班人员没能认真核对确认而对工作造成的影响，由接班人员负责。

（三）班中

各岗位按规定做好负责管辖区域的安检工作。需换岗时，换岗双方做好各种钥匙、备品、台账等重要事项的交接。

安检若发现进入车站的人员携带有易燃、易爆、有毒性物品时，应及时阻止其进站并报告车站工作人员及地铁民警。

（四）班后

下班人员交接完相关事项后，统一到综控室前列队，安检班长清点离岗人数，下班人员逐一在"××站安检员签到表"上签退。若有借用车站相关备品的情况，需在下班前及时归还。

三　城市轨道交通安检点管理制度

城市轨道交通安检员应严格遵守以下安检工作纪律：

（1）服从领导，听从指挥，令行禁止。

（2）遵守作业标准，不做与值勤工作无关的事项，自主做好安保、安检工作。

（3）严守服务行业准则，做到"打不还手，骂不还口"，严禁与乘客发生口角及肢体冲突。

（4）不得迟到早退，认真开展巡逻查控工作。

（5）工作时间不准做与工作无关的事；不准假公济私、接访亲友；严禁当班期间饮酒、睡觉、玩手机、脱岗等。

（6）工作中须保持高度警惕，关注可疑人员、可疑物品及不安全行为，一旦发现隐患、事故和犯罪苗头应及时汇报、妥善处置，并做好记录。

（7）未经允许不准随便进入综控室、票务室、客服中心、设备房等重要地方。

实训

请完成"实训1　城市轨道交通安检演练"，见本教材配套实训工单。

复习思考题

一、填空题

1. _____的主要内容是检查乘客及其行李物品中是否携带枪支、弹药、易爆、腐蚀、有毒放射性等危险物品，以确保地铁及乘客的安全。

2. 检查权包括两项内容：一是_____，包括使用仪器检查、手工检查及搜身检查；二是_____，包括使用仪器检查和手工开箱（包）检查。

3. 安检工作依照"_____、_____、_____"的原则，使用X射线安检机、固（液）体爆炸物探测仪、手持金属探测器等安检设备，对进入安检区域的人员进行安检。

4. 城市轨道交通安检工作的执行包括_____、_____和_____三种模式。

二、选择题

1. （　　）主要适用于重要节假日期间，执行标准为"逢包必检、逢液必检、逢疑必检"，同时开展人身安检工作。

　　A. 常态安检模式　　　　　B. 加强安检模式　　　　　C. 特别安检模式

2. 人检标准按照背部、腰部、腹部、衣兜、裤兜五个部位进行重点检查，安检时间为（　　）s/人。

  A. 10   B. 15   C. 20

  3. 安检员按照（　　）的程序，正确使用各种安检设备，按照"逢包必检、逢疑必检"的原则对进入车站的人员、物品进行安检。

  A. "引导—定性—检查—处置"

  B. "引导—检查—定性—处置"

  C. "引导—处置—检查—定性"

三、判断题

  1. 下班人员交接完相关事项后，统一到综控室前列队，安检班长清点离岗人数，下班人员逐一在"××站安检员签到表"上签退。（　　）

  2. 特别安检模式主要适用于特殊时期，按照政府和公安机关的要求，需要重点防范时，执行标准为"逢包必检、逢液必检、逢人必检"，同时开展人身安检工作。（　　）

  3. 如果安检门报警，安检员使用手持金属探测器进行人工复查。（　　）

  4. 发现有精神病患者、醉酒不能约束自己行为的乘客，安检员可放行。（　　）

四、简答题

  1. 简述城市轨道交通安检、车站安检点、安检员的概念。

  2. 城市轨道交通安检工作标准是什么？

  3. 城市轨道交通安检程序有哪些？

  4. 简述城市轨道交通安检组织流程。

模块2

各类危险品、违禁品及限带物品

学习目标

1. 掌握危险品的分类和标志。
2. 掌握各类危险品和违禁品及限带物品的性质和外部特征。
3. 学会识别危险品和正确处置受检乘客携带的违禁品。

建议学时

8 学时。

案例导入

1. 案例描述

2017 年 9 月 1 日下午，青岛地铁 3 号线某站内，一名中年男子背着单肩包在安检时，被安检员拦了下来，如图 2-1 所示。中年男子直接把包放到安检机上，然后快速走到后传。安检员通过查看安检机图像发现包内有长条金属形状的物品，值机安检员让后传安检员进行询问。后传安检员问这名乘客："您好！请问您包里那个长条金属是刀吗？"中年男子说："不是刀，是一个充电宝。"安检员说："请您出示一下。"中年男子拿出来后，发现是一把弹簧自锁刀。安检员跟中年男子解释说，这把刀属于管制刀具，需要登记，而中年男子却表示，这把刀如果不打开是不具有攻击性的，也不会伤害到别人，所以拒绝交出。此时，地铁民警和辅警也赶到了现场。没想到中年男子情绪激动，竟与辅警发生了争执。地铁民警以安抚劝导为主，希望中年男子能配合工作，主动交出刀具，而中年男子情绪更加激动，坐到安检机的传送带上，拒绝交出刀具，导致地铁安检工作无法进行，并且中年男子还要强行带着刀具出站，辅警上前制止他出站，他用头顶撞辅警的胸部，地铁民警采取果断措施，将其制服，带到警务室进行沟通。最终，该中年男子因非法持有管制刀具和扰乱公共秩序，被依法行政拘留 15 天。

2. 案例分析

通过这个案例可以看出：有些乘客会携带危险品乘坐地铁列车，有的乘客是不知情，而有的乘客明知自己携带的是危险品，却故意带进地铁站。这些危险品被带上车，是非常危险的。车站安检不仅是地铁的一个服务窗口，更是杜绝广大乘客乘车安全隐患的一道防线。

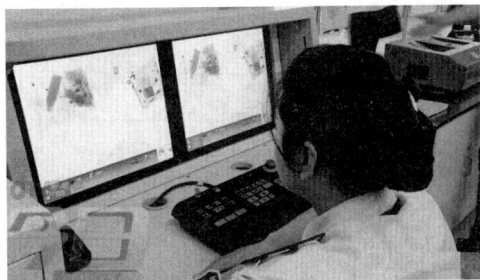

a)安检员在查看X射线安检机　　　　　　b)乘客坐在安检机传送带上

c)乘客与地铁民警发生争执

图2-1　乘客携带危险品进地铁站场景

3. 案例思考

（1）哪些物品是城市轨道交通的危险品、违禁品及限带物品？

（2）在安检过程中发现危险品、违禁品及限带物品时，应怎样处理？请思考安检员如何与携带危险品的乘客解释说明？

城市轨道交通部门要加强宣传，安检员要严格执行安检的相关制度。请问什么是危险品、违禁品？怎样识别危险品？

单元2.1　危险品的分类和标志

一　危险品的定义

广义上危险品是指那些可能会明显地对物、环境和运输工具造成危害的物质和物品。狭义的城市轨道交通中的危险品是指那些具有爆炸、可燃、毒害、传染、腐蚀或放射性能，容易引起明显危害人体健康、人身安全或者财产安全及违反法律法规规定的物质或物品。危险品的分类可阅读相关国家标准《化学品分类和危险性公示 通则》（GB 13690—2009）。

二维码2-1

二　国际危险品的标志

国际危险品的标志见表2-1。相关彩图见二维码2-1。

国际危险品的标志 表2-1

爆炸品	不产生重大危害的爆炸品	具有大规模爆炸性，但极不敏感的物品
不燃气体	易燃气体	易燃气体第2类或易燃液体第3类
易燃固体	易自燃物品	有毒物品
遇水释放易燃气体的物品	氧化剂或有机过氧化剂	感染性物品

续上表

放射性物品（Ⅰ级）	放射性物品（Ⅱ级）	放射性物品（Ⅲ级）
放射性物品	腐蚀性物品	杂类

单元2.2 危险品的认知

地铁安检的违禁品主要包括易燃、易爆、毒害性、腐蚀性、放射性、传染病病原体等物品及枪支、弹药、管制刀具等可能危害公共安全的物品。这些物品被某些乘客携带进站，对乘客的生命安全构成了很大的威胁。安检员要认知这些违禁品的特点和性能，才能辨识和检查出乘客所携带的违禁品。

一 爆炸品

爆炸品是指在受热、撞击等外界作用下，能发生剧烈化学反应，瞬时产生大量气体和热量，使周围压力急剧上升而发生爆炸的物品。此外，爆炸品还包括无整体爆炸危险，但具有燃烧、抛射及较小爆炸危险的物品，以及仅产生热、光、音响、烟雾等一种或几种作用的烟火物品。

（一）爆炸品的分类

爆炸品分为民用爆炸品和军用爆炸品两大类，我们常见的多为民用爆炸品。

民用爆炸品是指用于非军事目的或列入民用爆炸品品名表的各类火药、炸药及其制品和雷管、导火索等点火、起爆器材。

（1）按炸药的组成，炸药可分为单质炸药和混合炸药两大类。

（2）按炸药的用途，炸药可分为起爆药、猛炸药、火药（或称发射药）及烟火剂四大类。

（3）按炸药的物理状态，炸药可分为固体炸药、液体炸药和塑性炸药。

(二) 各种常见爆炸品的性能及特点

1. 雷汞[图2-2a)]

雷汞化学名称为雷酸汞,分子式为 $Hg(ONC)_2$,是白色或灰色的结晶体(灰色的含杂质,但爆炸性能相似),难溶于水,是起爆药中感度最大的一种,遇轻微的冲击、摩擦、火花、火焰影响都能引起爆炸。装有雷汞的雷管外壳用铜或纸制作,而不用其他金属制作。雷汞有甜的金属味,有毒,其毒性与金属汞相似。

2. 梯恩梯[图2-2b)]

梯恩梯(TNT,化学名称为三硝基甲苯,有苦味和毒性,吸湿性很小,几乎不溶于水,可用于水中爆破。它在常温下不会自行分解,只有在180℃以上时才会明显分解。TNT为单质有机化合物炸药,根据X射线安检机对有机物成像颜色的定义为橙色,因此,TNT在X射线安检机中的成像为橙色;块状、柱状TNT中间有一圆孔,用于放置雷管;在安检中TNT的形状、颜色与肥皂、香肠等极为相似,但TNT中间有孔,应注意区分。

3. 硝铵炸药[图2-2c)]

硝铵炸药是以硝酸铵为主要成分的混合炸药,外观常为浅黄色或灰白色。纯硝酸铵为无色结晶,工业品中常带有淡黄色,吸湿性很大,易溶于水,易结块。硝酸铵是强氧化剂,硝酸铵-尿素溶液可形成爆炸混合物。硝铵炸药有毒,腐蚀性很强。

4. 黑火药[图2-2d)]

黑火药也称黑药或黑色药,是由硝石(硝酸钾)、硫黄(既是黏合剂又是可燃剂)和木炭按一定比例组成的机械混合物,是一种弱性炸药。它具有较大的吸湿能力,主要用于制造导火索、各种枪炮发射药引信、延期药、火工品等。黑火药为混合炸药,在X射线安检机中呈淡绿色。

5. 塑性炸药[图2-2e)]

塑性炸药的种类很多,如塑1、2、4炸药(在国际上通常以"C族炸药"作代称)。它是以黑索金(RDX,分子式 $C_3H_6N_6O_6$)为主要成分,与非爆炸性的黏合剂、增塑剂混合而成。塑性炸药为白色或略带黄色,吸湿性小,具有良好的可塑性。相关彩图见二维码2-2。

二维码2-2

| a)雷汞 | b)梯恩梯 | c)硝铵炸药 | d)黑火药 | e)塑性炸药 |

图2-2 常见的爆炸品

6. 雷管(图2-3)

二维码2-3

雷管是爆破工程的主要起爆材料,它的作用是产生起爆能来引爆各种炸药及导爆索、传爆管。雷管分为火雷管和电雷管两种,相关彩图见二维码2-3。

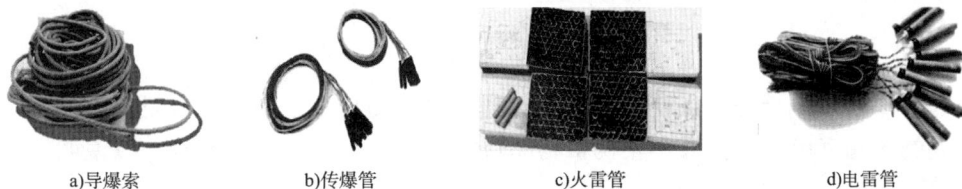

a)导爆索　　　　b)传爆管　　　　c)火雷管　　　　d)电雷管

图2-3　雷管

7. 烟火制品类（图2-4）

烟花爆竹是以烟火药为原料制成的物品，是通过着火源作用燃烧（爆炸）并伴有声、光、色、烟、雾等效果的娱乐产品，包括礼花弹、烟花、鞭炮、摔炮、拉炮、砸炮等各类烟花爆竹，以及发令纸、黑火药、烟火药、引火线等。相关彩图见二维码2-4。

二维码2-4

a)烟花爆竹　　　　b)发令纸　　　　c)引火线

图2-4　烟火制品类

📚 **知识链接**

如何正确处置爆炸物品

爆炸物品由于内部结构含有爆炸性基因，受摩擦、撞击、振动、高温等外界因素激发，极易发生爆炸，遇明火则更危险。遇爆炸物品事故时，一般应采取以下基本对策：

（1）迅速判断和查明再次发生爆炸的可能性和危险性，紧紧抓住爆炸后和再次发生爆炸之前的有利时机，采取一切可能的措施，全力制止再次爆炸的发生。

（2）切忌用砂土盖压，以免增强爆炸物品爆炸时的威力。

（3）如果有疏散可能，人身安全应有可靠保障，应迅速组织力量及时疏散着火区域周围的爆炸物品，使着火区周围形成一个隔离带。

（4）扑救爆炸物品堆垛时，水流应采用吊射，避免强力水流直接冲击堆垛，以免堆垛倒塌引起再次爆炸。

（5）灭火人员应尽量利用现场现成的掩蔽堤或尽量采用卧姿等低姿射水，尽可能地采取自我保护措施。消防车辆不要采用靠近爆炸品太近的水源。

（6）灭火人员发现存在发生再次爆炸的危险时，应立即向现场指挥报告，现场指挥应迅速做出准确判断，确有发生爆炸征兆或危险时，应立即下达撤退命令。灭火人员看到或听到撤退信号后，应迅速退至安全地带；来不及时，应就地卧倒。

二 气体

目前，没有全国统一的城市轨道交通禁止携带物品目录，我们以最新的 2020 年 5 月 1 日起实施的《北京市轨道交通禁止携带物品目录》（2020 修订版）为例加以说明（各地以当地市政府发布的有关文件为准）。

《北京市轨道交通禁止携带物品目录》中明确规定：属于北京市轨道交通禁止携带的压缩气体和液化气体类的有氢气、甲烷、乙烷、丁烷、天然气、乙烯、丙烯、乙炔（溶于介质的）、一氧化碳、液化石油气、氟利昂、氧气（供病人吸氧的袋装医用氧气除外）、水煤气等及其专用容器。2019 年版的《北京市轨道交通禁止携带物品目录》对一些物品则限定了数量。例如，允许携带不超过 120mL 的冷烫精、摩丝、发胶、杀虫剂、空气清新剂等自喷压力容器。

气体是指在 50℃时，其蒸气压力大于 300kPa（3.0bar）或在 20℃，标准大气压力为 101.3kPa（1.01bar）时，完全处于气态的物质。

（一）几种不同物理状态的气体

（1）压缩气体：温度在 -50℃下，加压包装供运输时，完全呈现气态的气体，包括临界温度低于或等于 -50℃的所有气体。

（2）液化气体：温度高于 -50℃，加压包装供运输时，部分地呈现液态的气体。

（3）冷冻液化气体：包装供运输时由于其温度低而部分呈液态的气体。

（4）溶解气体：加压包装供运输时溶解于溶剂中的气体。

（5）吸附气体：包装供运输时吸附到固体多孔材料，导致内部容器压力在 20℃时低于 101.3kPa 和在 50℃时低于 300kPa 的气体。

（二）按气体的危险性分类

1. 易燃气体

易燃气体是指在 20℃和 101.3kPa 标准大气压下，在与空气的混合物中按体积占 13% 或更少时可点燃的气体，或与空气混合，燃烧的上限和下限之差不小于 12%。

2. 非易燃无毒气体

（1）窒息性气体：通常会稀释或取代空气中氧气的气体。

（2）氧化性气体：一般通过提供氧气可比空气更能引起或促进其他材料燃烧的气体。

（3）不属于其他类别的气体。

3. 毒性气体

（1）已知具有的毒性或腐蚀性强到对人的健康造成危害的气体。

（2）根据吸入毒性试验，其 LC_{50} 的数值等于或小于 $5000mL/m^3$（百万分率）的气体。

（三）气溶胶或气溶胶喷雾器

气溶胶或气溶胶喷雾器（压力罐）指装有压缩气体、液化气体或加压溶解气体的一次性使用的金属、玻璃或塑料制成的容器，无论里面是否装入液体、糊状物或粉末，这样的容器都有可以自动关闭的释放装置，当该装置开启时，可以喷出悬浮固体或液体小颗粒的气体，或喷出泡沫、糊状物或粉末、液体或气体。日常生活中常见的气溶胶包括灌装杀虫剂、喷发胶、摩丝、自动喷漆、泡沫清洗剂等。下例描述的是由于乘客携带压力罐进站乘车引发的事故。

案例链接

2014年3月4日10时48分，广州地铁5号线滘口往西村方向的车尾有两男子喷出刺激性气味，车上乘客在疏散过程中发生挤碰，致4人皮外轻微擦伤。地铁民警随后在现场找到该瓶子，初步查明是浙江一厂家生产的女性防狼喷剂。在此次事故中，有多名乘客受轻伤；有4名乘客被送往荔湾区第二人民医院，其中一名57岁男乘客头部受伤，有2cm伤口，医生表示需要缝针；另有4名乘客被送往市第一人民医院，其中一名老人无法站立行走。该事故导致13名乘客受伤，21趟列车晚点。

该案例说明：乘客将气溶胶或气溶胶喷雾器带上地铁列车是很危险的，容易造成爆炸、伤人、火灾等事故。安检员在安检时，要对这类装置加强检查，防止乘客带上地铁列车。

（四）常见的压缩气体、液化气体和毒性气体(图2-5，相关彩图见二维码2-5)

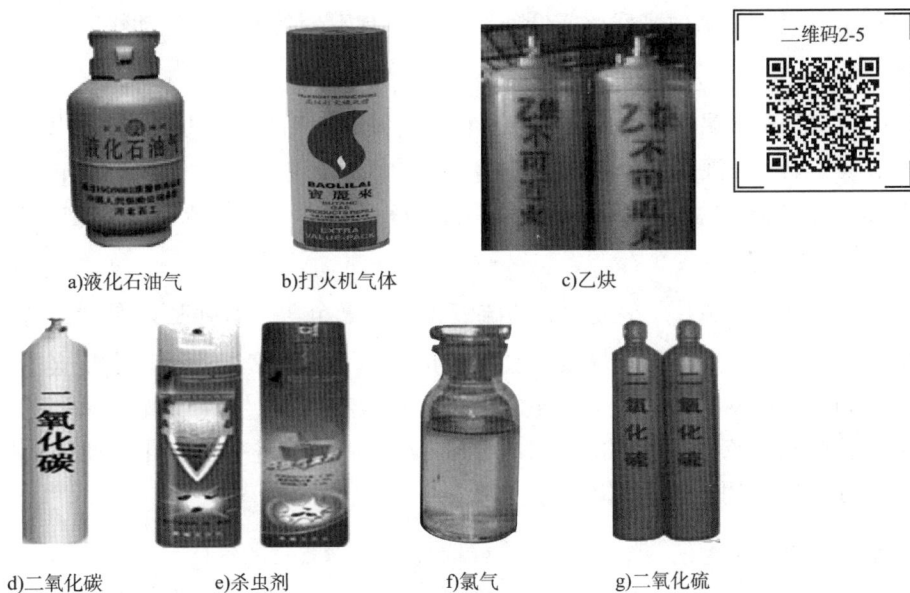

a)液化石油气 b)打火机气体 c)乙炔

二维码2-5

d)二氧化碳 e)杀虫剂 f)氯气 g)二氧化硫

图2-5 常见的压缩气体、液化气体和毒性气体

1. 液化石油气

液化石油气主要用作石油化工原料，也可用作燃料。例如，液化石油气用于烃类裂解制乙烯或蒸气转化制合成气，可作为工业、民用、内燃机燃料。液化石油气是一种易燃物质，当其在空气中含量达到一定浓度范围时，遇明火即爆炸。

2. 丁烷

气体打火机采用丁烷气体作燃料，易燃，与空气混合能形成爆炸性混合物，遇热源和明火有燃烧爆炸的危险；与氧化剂接触会发生猛烈反应。打火机气体比空气重，能在较低处扩散到相当远的地方，遇火源会着火回燃。

3. 乙炔

纯净的乙炔是无色、无味、无臭的气体，工业乙炔因含有杂质磷化氢而具有特殊的刺激性气味。乙炔既非常易燃，又极易爆炸。当空气中含乙炔 7% ~ 13% 或纯氧中含乙炔 30% 时，压力超过 1.5 个大气压，不需明火也会爆炸，所以，乙炔气体最大储存压力为 1.5 个大气压。但乙炔在丙酮或二甲基甲酰胺溶液中能保持稳定，这种溶解性乙炔可在较高的压力下储存，室温下为 15 ~ 20 个大气压，所以，在储运中乙炔常溶解在丙酮中。乙炔钢瓶除了有乙炔气的危险性外，还有丙酮溶剂的危险性。

4. 二氧化碳

二氧化碳能溶于水中，形成碳酸，碳酸是一种弱酸。空气中含有二氧化碳，二氧化碳本身没有毒性，但当空气中的二氧化碳超过正常含量时，会对人体产生有害的影响。

5. 杀虫剂

杀虫剂是指杀死害虫的一种药剂。一般为有机氯、有机磷和氨基甲酸酯等有机合成杀虫剂，其特征是高效高残留或低残留，其中有不少品种对哺乳动物有较高的急性毒性。

6. 氯气

氯气是指常温常压下为黄绿色，有强烈刺激性气味的有毒气体，密度比空气大，可溶于水，易压缩，可液化为金黄色液态氯。氯气中混合体积分数为 5% 以上的氢气时遇强光可能有爆炸的危险。氯气能与有机物、无机物进行取代反应和加成反应，生成多种氯化物。

7. 二氧化硫

二氧化硫（SO_2）是最常见的硫氧化物，无色，是有强烈刺激性的有毒气体，也是大气主要污染物之一。火山爆发时会喷出该气体，在许多工业过程中也会产生二氧化硫。由于煤和石油通常都含有硫化合物，因此，燃烧时也会生成二氧化硫。当二氧化硫溶于水中，会形成亚硫酸（酸雨的主要成分）。若二氧化硫进一步氧化，通常在催化剂（如二氧化氮等）的作用下会生成硫酸。

三　易燃液体

《北京市轨道交通禁止携带物品目录》明确规定：属于北京市轨道交通禁止携带的易燃液体的有汽油、煤油、柴油、苯、乙醇（酒精）、丙酮、乙醚、油漆、稀料、松香油及含易燃溶剂的制品等及其专用容器。2020 年版《北京市轨道交通禁止携带物品目录》对一些物品则限定了数量，如允许携带不超过 20mL 的指甲油、去光剂、染发剂。

易燃液体是指在闭杯试验中温度不超过 60℃，或者在开杯试验中温度不超过 65.6℃ 时，放出易燃蒸气的液体、液体混合物或含有固体的溶液或悬浊液（如油漆、清漆、真漆等，但不包括危险性属于其他类别的物质）。

易燃液体的蒸气与空气混合到一定比例时，就会形成爆炸性混合物，遇到火星即能引起燃烧和爆炸，而且易燃液体一般或多或少具有麻醉性和毒性，人体吸入可能会导致麻醉，甚至死亡。

常见的易燃液体如图2-6所示。相关彩图见二维码2-6。

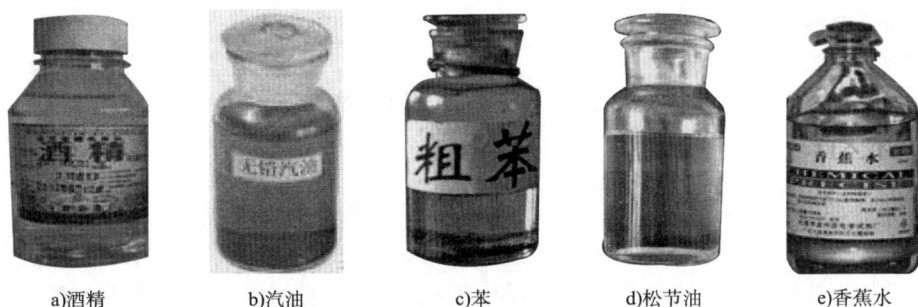

a)酒精　　　　b)汽油　　　　　c)苯　　　　　d)松节油　　　　e)香蕉水

图2-6　常见的易燃液体

1. 乙醇

纯净乙醇（俗称酒精）是一种无色、透明、易挥发的液体，闪点为13℃，沸点为79℃，相对密度为0.79g/ml（20℃）。乙醇无限溶于水，并能溶于乙醚等。乙醇在水中的含量不同，其参数也随之变化，如30%的酒精水溶液，闪点为35.5℃；50%～60%的酒精水溶液，闪点为22.5～25.5℃。工业酒精往往在酒精中加入毒性或带异味的物质，如甲醇、吡啶甚至航空煤油等变性剂。

二维码2-6

2. 汽油

汽油是轻质石油产品中的一大类，其主要成分为含碳原子2～7个的烃类混合物，是一种无色至淡黄色的、易流动的油状液体。闪点低（-45℃），挥发性极强，不溶于水，比水轻。作为溶剂的汽油，没有添加其他物质，其毒性较小；作为燃料的汽油，因加入四乙基铅等抗爆剂，其毒性大大增加。

3. 苯

苯在常温下为一种无色、有甜味的透明液体，并具有强烈的芳香气味。苯可燃，毒性较高，是一种致癌物质，可通过皮肤和呼吸道进入人体，进入人体内极其难降解，因为其有毒，常用甲苯代替。苯是一种碳氢化合物，也是最简单的芳烃。它难溶于水，易溶于有机溶剂，其本身也可作为有机溶剂。苯是一种石油化工基本原料。

4. 松节油

松节油是通过蒸馏或其他方法从松柏科植物的树脂中所提取的液体，其主要成分是萜烯。松节油为无色至淡黄色、有松香气味的有机溶剂，大量用于油漆工业作为稀释剂；不溶于水，具有挥发性，闪点为35℃，受热或遇明火、强氧化剂时有燃烧危险；燃烧时会产生大量浓烟，有轻度刺激性。

5. 香蕉水

香蕉水是由多种有机溶剂配制而成的无色透明易挥发的液体，主要成分有甲苯、醋酸丁酯、环己酮、醋酸异戊酯、乙二醇乙醚醋酸酯等。香蕉水可微溶于水，能溶于各种有机溶剂，易燃，主要用作喷漆的溶剂和稀释剂。现在的香蕉水已经不是单一化学品的俗称，而是泛指多种有机溶剂的混合物。

四 易燃固体、易于自燃的物质和遇水释放易燃气体的物质

（一）易燃固体、自反应物质和固态减敏爆炸品

1. 易燃固体

易燃固体是指在正常运输条件下，易于燃烧的固体和摩擦可能起火的固体。

易燃固体为粉状、颗粒状或糊状物质，如与燃烧着的火柴等火源短暂接触则很容易起火，并且火焰会迅速蔓延，十分危险。危险不仅来自火焰，还可能来自毒性燃烧产物。金属粉末特别危险，一旦着火难以扑灭，因为常用的灭火剂（如二氧化碳或水）只能增加其危险性。

常见的易燃固体有红磷、硫黄、萘等，如图 2-7 所示。相关彩图见二维码 2-7。

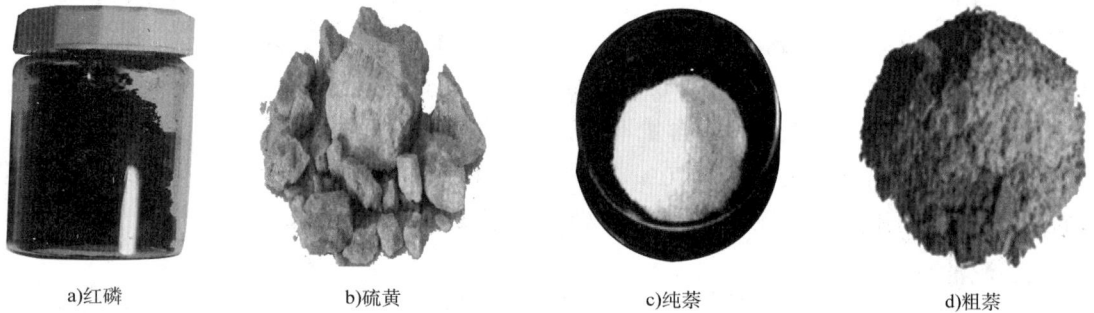

a)红磷　　　　　b)硫黄　　　　　c)纯萘　　　　　d)粗萘

图 2-7　常见的易燃固体

1）红磷

红磷又叫作赤磷，为紫红色粉末，无毒、无臭，不溶于水和有机溶剂，略溶于无水酒精。红磷摩擦极易燃烧，但不自燃；在空气中与氧能发生缓慢氧化，氧化产物易潮解；与大多数氧化剂（如氯酸盐、硝酸盐、高氯酸盐等）接触都会组成爆炸性十分敏感的混合物而立即爆炸。

二维码2-7

2）硫黄

硫黄又叫作硫。纯硫在室温下为无臭的淡黄色晶体，质脆，很容易被研成粉末，不溶于水；当将其加热到 $110 \sim 119℃$ 时，会熔化为易流动的黄色液体；当温度继续升高时变为黏稠的暗棕色硫；当温度升到 $300℃$ 时又恢复为易流动的液体；当温度升到 $444.4℃$ 时沸腾，生成橙黄色的硫蒸气。硫蒸气被急剧冷却时就得到硫的粉末。硫的粉末与空气混合能产生粉尘爆炸；与卤素、金属粉末接触会发生剧烈反应，与氧化剂接触能形成爆炸性混合物；遇明火、高温易发生燃烧，燃烧时散发有毒、有刺激性的 SO_2 气体。

3）萘

萘为白色块状结晶。不纯的粗萘呈灰棕色，具有一种类似樟脑的特殊气味，不溶于

水，易溶于醚和热的醇中，在高温下可升华；燃烧时光弱、烟多。萘是重要的工业原料，可用于制备染料、溶剂等，也可直接用作防虫剂（卫生球）。

2. 自反应物质

自反应物质是指容易发生激烈放热反应的物质。

自反应物质即使没有氧（空气）也容易发生激烈放热分解。自反应物质的分解可因热或者与催化性杂质（如酸、重金属化合物、碱）接触、摩擦或碰撞而开始。分解速度随温度的升高而增加，且因物质而异。特别是在没有着火的情况下，分解时，可能释放出毒性气体或蒸气。对某些自反应物质，温度方面必须加以控制。有些自反应物质可能发生爆炸性分解，特别是在封闭的情况下。这一特性可通过添加稀释剂或使用适当的包装来加以改变。有些自反应物质会发生剧烈燃烧。

3. 固态减敏爆炸品

固态减敏爆炸品是指不充分稀释就可能爆炸的物质。

固态减敏爆炸品可用水或醇类将爆炸品润湿或用其他物质稀释，形成均匀的固态混合物，以抑制其爆炸性。

（二）易于自燃的物质

易于自燃的物质系指在正常运输条件下能自发放热，或接触空气能够放热，并随后易于起火的物质。易于自燃的物质包括发火物质和自发放热物质。

1. 发火物质

发火物质是指5min内即使少量接触空气也可燃烧的物质，这种物质最易自动燃烧。发火物质包括混合物和溶液（液体或固体）。

2. 自发放热物质

自发放热物质是指在没有另外的能量补给下，接触空气自身放热的物质。这种物质只有在大量（若干千克）长时间（若干小时或天）接触空气时才能燃烧。

常见的自燃物质有白磷、活性炭、硝化纤维胶片、油浸的麻、棉、纸制品等，下文主要介绍白磷。

白磷（图2-8）又称黄磷，呈白色或淡黄色，半透明蜡状固体，不溶于水，自燃点为30℃，在空气中暴露1~2min即会自燃，所以，一般情况下都把它浸没在水中保存。白磷发生火灾时应用雾状水扑救，以防止飞溅，也可用砂覆盖，并用水浸湿砂防止复燃。白磷有剧毒，成人口服60mg即可致死。

图2-8 白磷

（三）遇水释放易燃气体的物质

遇水释放易燃气体的物质与水反应会自燃或产生足以构成危险的易燃气体。有些物质与水接触可以释放易燃气体，这些气体与空气接触能够形成爆炸性的混合物。这种混合物很容易被所有平常的火源点燃，如易产生火花的手工工具或无防护的灯。

常见的遇水释放易燃气体的物质有碱金属、连二亚硫酸钠和电石等，如图 2-9 所示。相关彩图见二维码 2-8。

二维码2-8

a)金属钠

b)遇水激烈反应的钠

c)保险粉

d)碳化钙

图 2-9　常见的自燃物质和遇水发生激烈反应的物质

1. 碱金属

常见的碱金属有锂、钠［图 2-9a)、b)］、钾等，都是银白色的金属，其熔点和沸点都比较低，标准状况下有很高的反应活性；质地软，可以用刀切开，露出银白色的切面。由于碱金属化学性质都很活泼，一般将它们放在矿物油中或在稀有气体中保存，以防止与空气或水发生反应。

2. 连二亚硫酸钠

连二亚硫酸钠，也称保险粉，它是一种呈白色砂状结晶或淡黄色粉末的化学用品，不溶于乙醇，溶于氢氧化钠溶液，遇水会发生强烈反应并燃烧。它与水接触能释放出大量热的二氧化硫气体和易燃的硫黄蒸气而引起剧烈燃烧；遇氧化剂、少量水或吸收潮湿空气能发热，引起冒黄烟燃烧，甚至爆炸。连二亚硫酸钠有毒，对眼睛、呼吸道黏膜有刺激性。

3. 碳化钙

碳化钙（CaC_2），俗称电石，是无机化合物，白色晶体，其工业品为灰黑色块状物，断面为紫色或灰色，遇水立即发生激烈反应，生成乙炔，并释放出热量。碳化钙是重要的基本化工原料，主要用于产生乙炔气，或者用于有机合成、氧炔焊接等。碳化钙桶要密封充氮或投放气孔。

五　氧化性物质和有机过氧化物

（一）氧化性物质

氧化性物质是指本身未必可燃，但通常因放出氧可能引起或促使其他物质燃烧的物质。

通常，氧化剂的化学性质活泼，可与其他物质发生危险的化学反应，并产生大量的热量。而这些热量可以引起周围可燃物着火。

氧化性物质的危险特性如下：

（1）化学性质活泼，可与很多物质发生危险的化学反应。

（2）不稳定，受热容易分解。

（3）吸水性。

（4）毒性和腐蚀性。

常见的氧化性物质有过氧化氢（双氧水）、过氧化钠、高锰酸钾、硝酸钾、氯酸钾等，如图 2-10 所示。相关彩图见二维码 2-9。

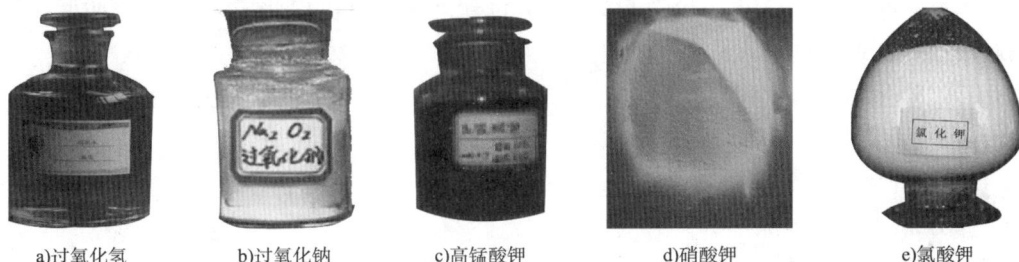

a)过氧化氢　　　b)过氧化钠　　　c)高锰酸钾　　　d)硝酸钾　　　e)氯酸钾

图 2-10　常见的氧化性物质

1. 过氧化氢

纯过氧化氢为淡蓝色的黏稠液体，可以任意比例与水混合，是一种强氧化剂，其水溶液（俗称双氧水）为无色透明液体，适用于医用消毒、环境消毒和食品消毒。过氧化氢在工业上可以用作原料生产酒石酸、维生素等的氧化剂、漂白剂等。高浓度的过氧化氢可用作火箭动力燃料。在一般情况下，过氧化氢会分解成水和氧气，但分解速度极慢。

二维码2-9

2. 过氧化钠

过氧化钠是钠在氧气或空气中燃烧的产物之一，纯品过氧化钠为白色，但一般见到的过氧化钠呈淡黄色，原因是其反应过程中生成了少量超氧化钠。过氧化钠易潮解、有腐蚀性，应密封保存。过氧化钠具有强氧化性，可用于漂白纺织类物品、麦秆、纤维等。

3. 高锰酸钾

高锰酸钾是一种常见的强氧化剂，常温下为紫黑色片状晶体，易见光分解，需避光存于阴凉处，严禁与易燃物及金属粉末同放。高锰酸钾在工业上可以用作消毒剂、漂白剂

等；在试验室，高锰酸钾因其强氧化性和溶液颜色鲜艳而被用于物质的鉴定，其中酸性高锰酸钾溶液是氧化还原滴定的重要试剂。

4. 硝酸钾

硝酸钾，俗称火硝或土硝，为无色透明斜方晶体或菱形晶体或白色粉末，无臭、无毒，有咸味和清凉感。在空气中吸湿微小，不易结块。熔点为334℃，易溶于水，能溶于液氨和甘油，不溶于无水乙醇和乙醚。硝酸钾是一种无氯氮钾复合肥，具有高溶解性。硝酸钾是强氧化剂，与有机物接触能引起燃烧和爆炸。

5. 氯酸钾

氯酸钾为无色片状结晶或白色颗粒粉末，味咸而凉，是强氧化剂。氯酸钾在常温下稳定，在400℃以上则分解并放出氧气，与还原剂、有机物、易燃物（如硫、磷或金属粉末等）等混合可形成爆炸性混合物，急剧加热时可发生爆炸。因此，氯酸钾是一种敏感度很高的炸响剂，如混有一定杂质，有时会在日光照射下自爆；遇浓硫酸会爆炸。

（二）有机过氧化物

有机过氧化物是指含有二价过氧基-O-O-的有机物，也可以将它看作一个或两个氢原子被有机原子团取代的过氧化氢的衍生物。

有机过氧化物遇热不稳定，可以放热并因此加速自身的分解。有机过氧化物具有下列一种或多种特性：

（1）易于爆炸性分解。

（2）速燃。

（3）对碰撞或摩擦敏感。

（4）与其他物质发生危险的反应。

（5）损伤眼睛。

有机过氧化物受热或者与杂质（如酸、重金属化合物、胺类）接触、摩擦或碰撞易于放热分解，分解速度随温度升高而加快，并随有机过氧化物成分不同而不同。分解可能产生有害、易燃气体或蒸气。有些有机过氧化物可能引起爆炸性分解，特别是在封闭条件下。有机过氧化物的这一特性可通过添加稀释剂或使用适当的包装加以改变。许多有机过氧化物可猛烈燃烧，应当避免眼睛与有机过氧化物接触。有些有机过氧化物即使短暂接触也会对眼角膜造成严重的伤害，或者腐蚀皮肤。

常见的有机过氧化物有过氧化二苯甲酰和过氧化苯甲酸叔丁酯等，如图2-11所示。相关彩图见二维码2-10。

1. 过氧化二苯甲酰

过氧化二苯甲酰为白色晶体，溶于苯、氯仿、乙醚，微溶于乙醇及水，既可用作聚氯乙烯、不饱和聚酯类、聚丙烯酸酯等的单体聚合引发剂，也可用作聚乙烯的交联剂，还可用作橡胶硫化剂。其性质极不稳定，遇到摩擦、撞击、明光、高温、硫及还原剂，均有引起爆炸的危险。储存过氧化二苯甲酰时应注入25%～30%的水。

　　a)过氧化二苯甲酰　　　　　　　　b)过氧化苯酸叔丁酯

图2-11　常见的有机过氧化物

2. 过氧化苯甲酸叔丁酯

过氧化苯甲酸叔丁酯为无色至微黄色液体，略有芳香气味，不溶于水，能溶于有机溶剂。过氧化苯甲酸叔丁酯在诸如乙烯、苯乙烯、丙烯、醋酸乙烯、邻苯二甲酸二烯丙酯和异丁烯等聚合过程中被广泛用作引发剂。过氧化苯甲酸叔丁酯远离火种、热源，防止阳光直射；包装密封；应与还原剂、碱类分开存放，切忌混储；禁止振动、撞击和摩擦。

六　毒性物质、感染性物质、放射性物质与腐蚀性物质

（一）毒性物质

毒性物质是指在吞食、吸入或与皮肤接触后，可能造成死亡、严重受伤或损害人类健康的物质。

1. 毒性试验

1）口服毒性

急性口服毒性的 LD_{50} 值（半数致死剂量）是用统计方法得出的一物质的单一剂量，该剂量预期可使50%口服该物质的年轻成年白鼠在14d内死亡。LD_{50} 值以试验物质的质量与试验动物的质量比值表示（mg/kg）。

2）皮肤接触毒性

急性皮肤接触毒性的 LD_{50} 值是使白兔的裸露皮肤持续接触24h，最可能引起这些试验动物在14d内死亡一半的物质剂量。试验动物的数量必须够大以使结果具有统计意义，并且与良好的药理实践相一致，其结果以 mg/kg 表示。

3）吸入毒性

急性吸入毒性的 LC_{50} 值是使雌/雄成年白鼠连续吸入1h后，最可能引起这些试验动物在14d内死亡一半的蒸气、粉尘或烟雾的浓度。就粉尘和烟雾而言，试验结果以 mg/L 空气表示；就蒸气而言，试验结果以 mL/m^3 空气表示。

2. 常见的毒性物质

常见的毒性物质有氰氯酸及其盐类、砷及其化合物、含铅化合物（四乙基铅）、苯胺、硫酸二甲酯、生膝、农药、老鼠药等，如图2-12所示。相关彩图见二维码2-11。下文主要介绍氰化钾及三氧化二砷。

1）氰化钾

氰化钾为白色圆球形硬块，粒状或结晶性粉末，有剧毒。氰化钾在湿空气中潮解并放出

微量的氰化氢气体；易溶于水，微溶于醇，水溶液呈强碱性，并很快水解；密度为 1.857g/cm^3，沸点为 1625℃，熔点为 634℃。

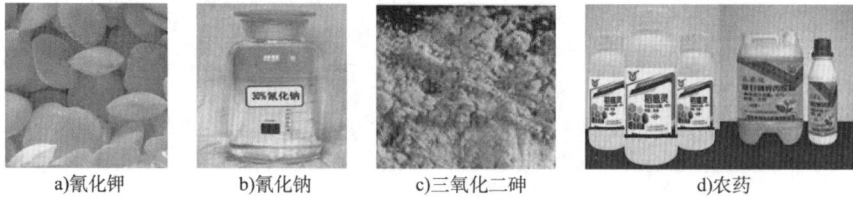

a)氰化钾   b)氰化钠   c)三氧化二砷   d)农药

图 2-12　常见的毒性物质

若其接触皮肤的伤口或被吸入微量粉末即可中毒死亡。氰化钾与酸接触分解能放出剧毒的氰化氢气体，与氯酸盐或亚硝酸钠混合能发生爆炸。氰化钾中毒一般通过空气吸入、食物及皮肤三种途径。

2）三氧化二砷

三氧化二砷（俗称砒霜），分子式为 As_2O_3，它是最具商业价值的砷化合物，也是古老的毒物之一。因其无臭无味，外观为白色霜状粉末，故称砒霜。

（二）感染性物质

感染性物质主要包括如下：

（1）感染性物质：已知含有或有理由认为含有病原体的物质。病菌是指会使人类或动物感染疾病的微生物（包括细菌、病毒、立克次氏体、寄生虫、真菌）或其他媒介物，如朊毒体。

（2）生物制品：从活生物体取得的、具有特别许可证发放要求的且按照国家当局的要求制造或销售的产品生物制品用于预防、治疗、诊断人类或者动物的疾病，或者用于与此类活动有关的开发、试验或调查目的。生物制品包括但不限于成品或未完成品，如疫苗。

（3）培养物：指故意使病菌繁殖过程的结果。

（4）病患标本：为了研究、诊断、调查活动和疾病治疗与预防等目的运输的直接从人或动物身上采集的人体或动物体物质。

（5）医学或临床废弃物：对动物或人进行医疗、生物研究等而产生的废弃物。感染性物质标志如图 2-13 所示。

图 2-13　感染性物质标志

（三）放射性物质

放射性物质是指含有放射性核素的任何物质。一般都是原子质量很高的金属，如铀、镭等。放射性物质放出的射线主要有 α 射线、β 射线、γ 射线，射线强度和能量越大、受照时间越长，人体的受伤害程度就越大。人受到大量射线照射时可能会产生诸如头昏乏力、食欲减退、恶心、呕吐等症状，严重时会导致损伤，甚至死亡。放射性物质包含正电子、质子、中子、中微子等其他粒子，这些粒子可以破坏细胞组织，从而对人体造成伤害。常见的放射性物质如图 2-14 所示。相关彩图见二维码 2-12。

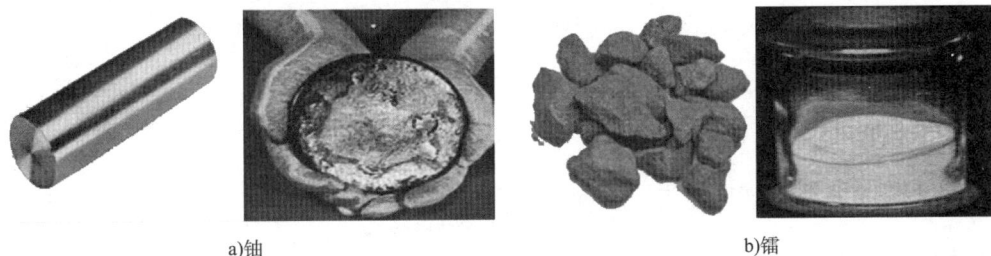

a)铀　　　　　　　　　　　　　　b)镭

图 2-14　放射性物质

（四）　腐蚀性物质

二维码2-12

腐蚀性物质是指在发生泄漏的情况下，因为产生化学反应而能够严重损伤与之接触的生物组织或严重损坏其他货物及运输工具的物质。

常见的腐蚀性物质有强酸（如硫酸、硝酸、盐酸、乙酸等）、强碱（如氢氧化钠、氢氧化钾等）、弱酸（氢氟酸）、肼（联氨）、甲醛、酸性或碱性蓄电池等，如图 2-15 所示。相关彩图见二维码 2-13。下文主要介绍硫酸、氢氟酸及氢氧化钠。

a)强酸（硫酸、盐酸、硝酸）　　　　b)强碱（氢氧化钠、氢氧化钾）　　　　c)蓄电池

图 2-15　腐蚀性物质

1. 硫酸

二维码2-13

无水硫酸为无色油状液体，属于无机强酸，具有强烈的腐蚀性和氧化性，能和许多金属发生反应。浓硫酸具有强烈吸水性和强氧化性，可用作脱水剂，它与水混合时，会放出大量热能；它与皮肤接触时，会产生化学性灼伤。

2. 氢氟酸

氢氟酸是氟化氢气体的水溶液，为清澈、无色、发烟的腐蚀性液体，有剧烈的刺激性气味，其熔点为 -83.3℃，沸点为 19.54℃，闪点为 112.2℃，密度为 1.15g/cm³；易溶于水、乙醇，微溶于乙醚。因为氢原子和氟原子间结合的能力相对较强，使得氢氟酸在水中不能完全电离，所以，理论上低浓度的氢氟酸是一种弱酸，具有极强的腐蚀性，能强烈地腐蚀金属、玻璃和含硅的物体。如吸入其蒸气或接触皮肤会造成难以治愈的灼伤。试验室一般用萤石（主要成分为氟化钙）和浓硫酸来制取，需要密封在塑料瓶中，并储存于阴凉处。

3. 氢氧化钠

氢氧化钠,俗称烧碱、火碱、苛性钠,是一种具有很强腐蚀性的强碱,易溶于水(溶于水时放热)并形成碱性溶液,固体碱吸湿性很强,有潮解性(易吸取空气中的水蒸气)。纯氢氧化钠为无色透明的晶体,其工业品是白色半透明结晶状固体。

知识链接

城市轨道交通安检过程中的危险品有建筑材料、压力罐类物品等,见表2-2。

建筑材料、压力罐类物品　　　　　　　　　　　表2-2

墙面漆	强力万能胶	强力胶
涂料	油漆	聚氯乙烯(PVC)管黏合剂
气压钢瓶	制冷剂钢瓶	便携卡式气罐
自动喷漆罐	自动清洗剂	填缝剂	发泡剂

单元2.3　违禁品和限带物品

一　违禁品

《北京市轨道交通禁止携带物品目录》（2020 修订版）中对违禁品进行了说明和界定（见附录2）。

（一）枪械

枪械是指利用火药燃气能量发射弹丸，口径小于 20mm（大于 20mm 定义为火炮）的身管射击武器。枪械以发射枪弹、打击无防护或弱防护的有生目标为主；枪械是步兵的主要武器，也是其他兵种的辅助武器；在民间枪械还广泛用于治安警卫、狩猎、体育比赛。

枪支、军用或警用械具类（含主要零部件）主要包括以下内容：

（1）公务用枪：包括手枪、步枪、冲锋枪、机枪、防暴枪等。

①手枪：一种单手射击的武器，外形小巧，结构简单，便于随身携带和使用。国产的手枪有 51 式、54 式、公安式、59 式、64 式、67 式、77 式、80 式、92 式、转轮手枪等。

②步枪：一种单兵肩射的长管枪械，射程远、威力大，主要有突击步枪、自动步枪和狙击步枪。

③冲锋枪：通常是指双手持握，发射手枪子弹的单兵连发枪械。它是介于手枪和机枪之间的武器，比步枪短小、轻便，便于突然开火，射速高、火力猛，适用于近战或冲锋，因而得名冲锋枪。冲锋枪体积较小，质量较轻，装弹多，射击速度快，使用方便。

④机枪又称机关枪，为了满足连续射击的稳定需要，通常备有两脚架及可安装在三脚架或固定枪座上，主要发射步枪弹或更大口径的子弹，能快速连续射击，以扫射为主要攻击方式，透过绵密弹雨杀伤对方有生力量，可分为轻机枪、重机枪、高射机枪等。

⑤防暴枪：一种特殊的单人用武器，主要用于杀伤近距离目标，制服暴徒或驱散骚乱人群。警用防暴枪由于能发射霰弹、催泪弹、致昏弹等低杀伤性弹药，一直是世界各国警察、治安和执法部门使用的主要防暴武器。

（2）民用枪：包括猎枪（分单管和双管）、气枪、运动枪、匕首麻醉注射枪等。

（3）其他枪支：包括样品枪、道具枪、发令枪、仿真枪等。

（4）军械、警械：包括警棍、甩棍、手铐、电击器、催泪枪、警绳和上述物品的仿制品等。

（5）国家禁止的枪支、械具：包括钢珠枪、催泪枪、电击枪、电击器、防卫器等。

（6）上述械具的仿制品。

知识链接

仿真枪认定标准

（1）凡符合以下条件之一的，均可以认定为仿真枪。

①符合《中华人民共和国枪支管理法》规定的枪支构成要件，所发射金属弹丸或其他物质的枪口比动能小于$1.8J/cm^2$（不含本数）、大于$0.16J/cm^2$（不含本数）的。

②具备枪支外形特征，并且具有与制式枪支材质和功能相似的枪管、枪机、机匣或者击发等机构之一的。

③外形、颜色与制式枪支相同或者近似，并且外形长度尺寸介于相应制式枪支全枪长度尺寸的1/2与1倍之间的。

（2）枪口比动能的计算，按照《枪支致伤力的法庭科学鉴定判据》规定的计算方法执行。

（3）术语解释。

①制式枪支：国内制造的制式枪支是指已完成定型试验，并且经军队或国家有关主管部门批准投入装备、使用（含外贸出口）的各类枪支；国外制造的制式枪支是指制造商已完成定型试验，并且装备、使用或投入市场销售的各类枪支。

②全枪长是指从枪管口部至枪托或枪机框（适用于无枪托的枪支）底部的长度。

（二）爆炸物品

（1）弹药：指各类炮弹和子弹等。

（2）爆破器材：包括炸药、雷管、导火索、导爆索等，如图2-16所示。

a)电雷管

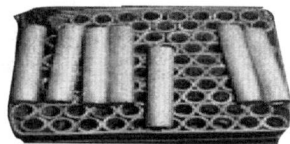

b)纸雷管

c)导火索

d)导爆索

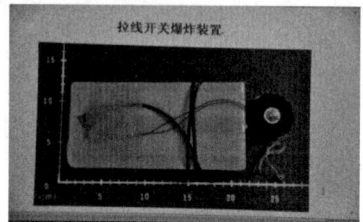

e)爆炸装置

图2-16　爆破器材

（3）烟火制品：包括礼花弹、烟花、爆竹等。

（三）管制刀具

公安部于 2007 年 1 月 14 日下发了《管制刀具认定标准》。管制刀具包括匕首、三棱刀（包括机械加工用的三棱刮刀）、带有自锁装置的弹簧刀，以及其他相类似的单刃刀、双刃刀、三棱尖刀等。

1. 管制刀具认定标准

（1）匕首：带有刀柄、刀格和血槽，刀尖角度小于 60°的单刃、双刃或多刃尖刀，如图 2-17 所示。

图 2-17　匕首
（图片来自《公安部管制刀具认定标准》及其他地铁禁带品公示）

（2）三棱刮刀：具有三个刀刃的机械加工用刀具，如图 2-18 所示。

图 2-18　三棱刮刀
（图片来自《公安部管制刀具认定标准》及其他地铁禁带品公示）

（3）带有自锁装置的弹簧刀（跳刀）：刀身展开或弹出后，可被刀柄内的弹簧或卡锁固定自锁的折叠刀具，如图 2-19 所示。

图 2-19　弹簧刀
（图片来自《公安部管制刀具认定标准》及其他地铁禁带品公示）

（4）其他相类似的单刃、双刃、三棱尖刀：刀尖角度小于 60°，刀身长度超过 150mm 的各类单刃、双刃或多刃刀具，如图 2-20 所示。

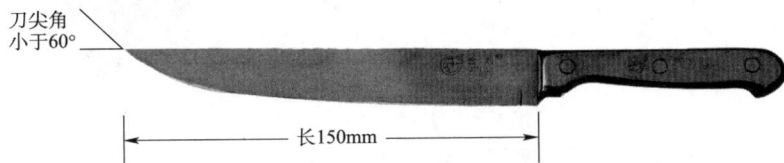

图 2-20　刀尖角度小于 60°的单刃、双刃、三刃刀
（图片来自《公安部管制刀具认定标准》及其他地铁禁带品公示）

（5）其他刀尖角度大于60°，刀身长度超过220mm的各类单刃、双刃或多刃刀具，如图2-21所示。

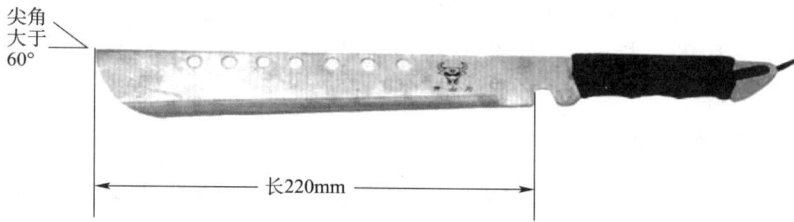

图2-21　刀尖角度大于60°的单刃、双刃、三刃刀具

（图片来自《公安部管制刀具认定标准》及其他地铁禁带品公示）

2. 未开刀刃且刀尖倒角

未开刀刃且刀尖倒角半径 R 大于 2.5mm 的各类武术、工艺、礼品等刀具不属于管制刀具范畴。

3. 少数民族使用的藏刀、腰刀、靴刀、马刀等刀具

少数民族使用的藏刀、腰刀、靴刀、马刀等刀具的管制范围认定标准，由少数民族自治区（自治州、自治县）人民政府公安机关参照本标准制定。

4. 刀具的术语说明

（1）刀柄：是指刀上被用于握持的部分。

（2）刀格（挡手）：是指刀上用于隔离刀柄与刀身的部分。

（3）刀身：是指刀上用于完成切、削、刺等功能的部分。

（4）血槽：是指刀身上的专用刻槽。

（5）刀尖角度：是指刀刃与刀背（另一侧刀刃）上距离刀尖顶点 10mm 的点与刀尖顶点形成的角度。

（6）刀刃（刃口）：是指刀身上用于切、削、砍的一边，一般情况下刃口厚度小于 0.5mm，如图2-22所示。

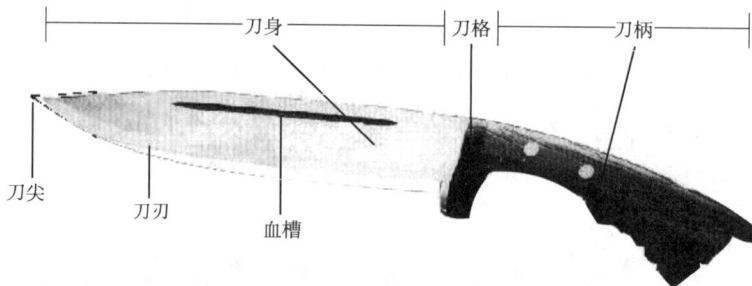

图2-22　刀具术语说明示例

（图片来自《公安部管制刀具认定标准》及其他地铁禁带品公示）

（7）刀尖倒角：是指刀尖部所具有的圆弧度，如图2-23所示。

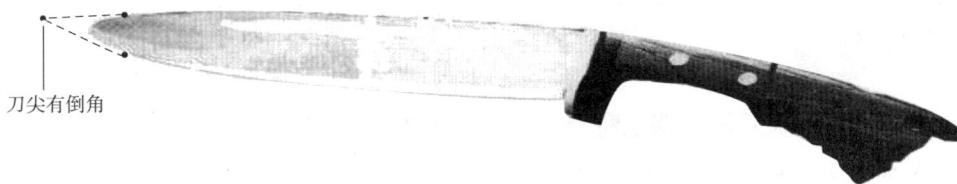

刀尖有倒角

图2-23　刀尖倒角示例

（图片来自《公安部管制刀具认定标准》及其他地铁禁带品公示）

二　常用生活物品中的禁限带物品

1. 易造成严重伤害的民用生活生产工具

（1）包含但不限于金属、陶瓷等硬质的裁纸刀、水果刀、餐刀、剪刀、工艺刀、工具刀等1把。单品刀刃部分在10cm及以上的禁止携带。

（2）锤子、钢（铁）锉、锥子（尖锐物）、钻子、铁棍等金属利器或钝器，球棒、木棍等棍状物品，累计不得超过3把（含3把）。单品全长25cm及以上的禁止携带；自带动力的钻、锯、射钉枪等禁止携带，单品全长50cm、直径6cm及以上的禁止携带。

2. 含有易燃、易爆物质的生活用品

（1）不超过20mL的指甲油、去光剂、染发剂。

（2）不超过120mL的冷烫精、摩丝、发胶、杀虫剂、空气清新剂等自喷压力容器。

（3）安全火柴2小盒或200根。

（4）普通打火机2个。

（5）白酒不得超过2件（含2件），累计不超过2kg，且包装完好。

（6）其他含有易燃物质的生活用品。

（7）可能干扰列车信号的强磁化物。

（8）锂电池（充电宝）：须随身携带，累计不得超过2个（含2个），且单个容量不超过20000mAh（含20000mAh），标志完整、清晰，单品锂离子电池的额定能量值不得超过100Wh。

3. 其他物品

（1）禁止携带有严重异味、外表尖锐或其他易污损设施、易损伤他人的物品进站乘车。

（2）活动物（导盲犬除外）：可能妨碍公共卫生的物品，能够损坏或者污染车站，列车服务设施、设备、备品的物品。

（3）禁止携带自行车：含儿童自行车、未包装折叠自行车。

（4）禁止携带充气气球：如塑料、橡胶等材质的充气气球。

（5）禁止携带散装白酒：指非原厂完整包装或商品标志不齐全的。

注意：乘客携带的物品质量不得超过30kg，体积不得大于0.15m³，长、宽、高之和不得超过1.8m，且不得影响其他乘客乘车。

📖 知识链接

1. 对涉及管制刀具的违法犯罪行为进行处理的法律依据

《中华人民共和国刑法》第一百三十条规定：非法携带枪支、弹药、管制刀具或者爆炸性、易燃性、放射性、毒害性、腐蚀性物品，进入公共场所或者公共交通工具，危及公共安全，情节严重的，处三年以下有期徒刑、拘役或者管制。

《中华人民共和国治安管理处罚法》第三十二条规定：非法携带枪支、弹药或者弩、匕首等国家规定的管制器具的，处5日以下拘留，可以并处500元以下罚款；情节较轻的，处警告或者200元以下罚款。

非法携带枪支、弹药或者弩、匕首等国家规定的管制器具进入公共场所或者公共交通工具的，处5日以上10日以下拘留，可以并处500元以下罚款。

2. 为什么不可携带气球等违禁物品乘坐地铁列车？

气球在车厢密闭空间内极有可能因拥挤、碰撞导致爆炸，从而引起恐慌、骚动甚至踩踏事件。如果气球脱手飞到地铁运营隧道内，很有可能在风力的作用下，接触电网发生危险，影响列车正常行驶。如果准备乘车的小朋友们舍不得将气球交给工作人员处理，只能请家长将气球放气后再带进车站。

✏ 实训

请完成"实训2　危险品及违禁品的识别与处置"，见本教材配套实训工单。

复习思考题

一、选择题

1. 单品锂离子电池的额定能量值不得超过（　　）Wh。

　　A. 100　　　　　　B. 200　　　　　　C. 300　　　　　　D. 400

2. 常用生活物品禁限带物品中，水果刀、餐刀、剪刀、工艺刀、工具刀等，累计不得超过（　　）把（含），并保持包装良好。

　　A. 5　　　　　　　B. 3　　　　　　　C. 4　　　　　　　D. 5

3. 常用生活物品禁限带物品中，打火机累计不得超过（　　）个（含）。

　　A. 2　　　　　　　B. 3　　　　　　　C. 5　　　　　　　D. 6

4. 常用生活物品禁限带物品中，安全火柴累计不得超过（　　）盒（含）。

　　A. 2　　　　　　　B. 3　　　　　　　C. 5　　　　　　　D. 10

5. 带有刀柄、刀格和血槽、刀尖角度小于（　　）的单刃、双刃或多刃尖刀属于管制刀具。

　　A. 70°　　　　　　B. 80°　　　　　　C. 60°　　　　　　D. 90°

6. 如何处理乘客携带的管制器具及具有一定杀伤力的其他物品？（ ）

    A. 自行处理   B. 占为己有   C. 送给别人   D. 上交值班民警

7. 以下哪些禁限带品需报民警处理？（ ）

    A. 弹簧刀   B. 电击器   C. 菜刀   D. 雷管

二、简答题

1. 什么是危险品、违禁品？危险品分哪几类/项？

2. 气体的危险性主要表现在哪些方面？第5类危险品的危险性有哪些？

3. 常见的爆炸品有哪些？

4. 易燃气体、氧化性气体、有毒气体分别有哪些？请举例说明。

5. 常见的易燃液体有哪些？

6. 举例说明易燃固体、自燃物质、遇水释放易燃气体的物质。

7. 违禁物品包括哪些物品？

8. 简述管制刀具的认定标准。

9. 举例说明哪些物品是限带物品，并说明限带的数量。

模 块 3

安检设施设备及其操作

📚 学习目标

1. 掌握手持式金属探测器和金属探测门的相关知识。
2. 掌握 X 射线安检机的相关知识和使用安检机识别危险物品。
3. 掌握液态安检仪的相关知识。
4. 掌握爆炸物品检测仪的相关知识。
5. 了解手台的使用和管理及防暴器械相关知识。
6. 学会使用安检设施设备进行安检工作，了解智慧安检系统。
7. 学会安检设备的维护，能够处理常见故障。

⏰ 建议学时

18 学时。

📋 **案例导入**

2019 年 1 月至 7 月，北京城市轨道交通安检乘客 10.1 亿余人次，查获禁带物品 17.2 万余件，处理携带违禁品人员 145 人。下面是几起典型案例及处理结果。

2019 年 2 月 14 日，地铁 10 号线火器营站，安检查获乘客林××、郭××携带仿真枪一把，有关部门对仿真枪予以收缴。

2019 年 2 月 27 日，地铁亦庄线亦庄站，安检查获乘客刘××携带手铐一副，对其处以行政拘留 5 日。

2019 年 3 月 14 日，地铁 1 号线五棵松站，安检查获乘客王××携带子弹 5 枚，对其处以行政拘留 3 日。

2019 年 4 月 21 日，地铁 9 号线六里桥东站，安检查获乘客孙××携带敌敌畏 350mL，后将其移交有关部门处理。

2019 年 6 月 24 日，地铁亦庄线荣京东街站，安检查获乘客孙××携带警用催泪喷射器一瓶，对其处以行政拘留 3 日。2019 年 6 月 3 日，地铁 1 号线苹果园站，安检查获乘客高××携带弹簧自锁刀一把，对其处以行政拘留 3 日。

2019 年 6 月 10 日，地铁 1 号线天安门西站，安检查获乘客于××手提袋内携带农药（灌装在饮料瓶中），后将其移送有关部门处理。

以上是北京地铁在安检过程中发现的危险物品和违禁物品的几起典型案例，这些危险物品和违禁物品中大部分都是借助探测设备检查出来的。本模块重点学习安检设备的结构、工作原理、使用方法及注意事项，日常维护和常见故障处理，利用安检设备来辨识危险物品和违禁物品等内容。

单元 3.1　手持式金属探测器

金属探测器大致分为两种类型：一种为工业型金属探测器，安装在冶金、烧结、玻璃、化工、卷烟等工厂生产线的自动传送皮带上，用于检测矿石、烟草等原料中混入的废金属，保护破碎机不受损坏；另一种为安全型金属探测器，安装在车站、地铁、机场、银行、珠宝店和珠宝制造厂，需要对过往人员进行检测，防止贵重物品丢失及排除危险品、枪支等。

城市轨道交通车站使用的手持式金属探测器和金属探测门都属于典型的安全型金属探测器。手持式金属探测器是安检过程中人身检查的重要辅助工具，用于查找乘客身上的金属物品，提高安检员的人身检查效率。各种型号的手持式金属探测器的外观结构和工作性能虽有一定差异，但其基本结构和工作原理都是一致的。本单元以 TX-101B 型产品为例，介绍手持式金属探测器。

一　手持式金属探测器的特性、结构及探测原理

（一）TX-101B 型手持式金属探测器的特性

TX-101B 型手持式金属探测器是一款高性能的、专为安检工作设计的金属探测器，可用于机场、车站等场所检测包裹、行李、信件中的金属。

1. 产品特点

（1）高灵敏度。

（2）使用简单、方便，无需调试。

（3）电池的电压从 9V 降至约 7V 时，探测距离不变。

（4）省电，可连续工作约 40h。

（5）振动方式：声（振动）加光报警。

（6）电池用完时有连续的声音或振动提示功能。

（7）有开机、关机声音或振动提示功能。

（8）有高、中、低三种灵敏度可供选择。

2. 产品用途

（1）机场、车站、码头电子探测检查。

（2）海关、公安、边防、保卫部门安检。

（3）医药、食品等行业质量检查。

（4）重要场所、运动场所安检。

（5）制币厂、金银首饰厂等单位的贵重金属检查。

3. 探测距离

（1）大头针：30～60mm。

（2）六寸匕首：160～180mm。

（3）直径20mm钢球：90mm。

（4）六四式手枪：180～195mm。

（5）一元硬币：75～100mm。

4. 技术参数

（1）外形尺寸：长×宽×高（410mm×85mm×45mm）。

（2）工作电源：标准9V叠层碱性电池。

（3）产品质量：409g。

（4）电压：9V电池或充电电池。

（5）功率：270mW。

（6）工作频率：22kHz。

（7）工作温度：-5～55℃。

（二）手持式金属探测器的结构和探测原理

1. 手持式金属探测器外部结构

TX-101B型手持式金属探测器外部结构如图3-1所示。

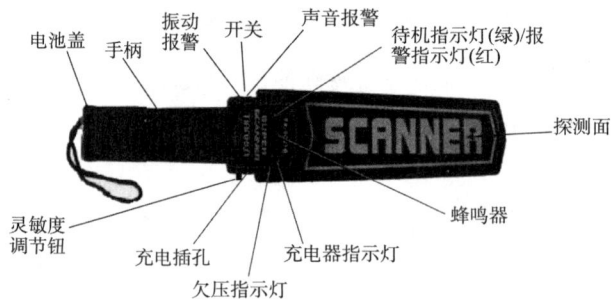

图 3-1　TX-101B型手持式金属探测器外部结构

（1）待机指示灯（绿）/报警指示灯（红）：显示探测器内有无电池、有无电量，当探测器内有电池且有电量时，打开开关后，此灯会以绿色显示电池有电，表示待机。当探测器探测到金属时，此灯会以红色不停闪烁，并伴随蜂鸣器的鸣叫或振动。

（2）欠压指示灯：当探测器内电池电量欠压需要充电或者更换时，此灯会以黄色闪烁，提醒使用者充电或者及时更换电池。

（3）充电插孔：给电池充电时，充电器的插孔。

（4）充电器指示灯：给电池充电时指示灯亮。

（5）蜂鸣器：当探测器开关置于蜂鸣模式，检测到金属时，蜂鸣器就会发出短促连续的"嘀嘀嘀"的声音进行报警。

（6）灵敏度调节钮：按照顺时针方向有低、中、高三个灵敏度挡位，分别对应三个灵敏度，通常工作时使用中挡灵敏度。

（7）三相开关：开关有三种模式，开关按到上面是蜂鸣模式，当检测到金属时会鸣叫；开关按到下面是振动模式，当检测到金属时内置电机会不停地振动；开关按到中间时是关机模式，停止使用时，开关必须停留在此位置。

（8）手柄：使用时手持的位置。

（9）电池盖：电池舱是安装普通电池或充电电池的地方，当放置充电电池时，可以将手持式金属探测器直接插入充电器充电；电池盖采用滑槽式，向外推出可打开电池盖，向里推入可关闭电池盖。

（10）探测面：探测时应将有指示灯的探测面面向自己，以便观察指示灯。

2. 手持式金属探测器内部结构

各种类型的手持式金属探测器的内部结构都是由高频振荡器、振荡检测器、音频振荡器和功率放大器四部分组成的，如图3-2所示。

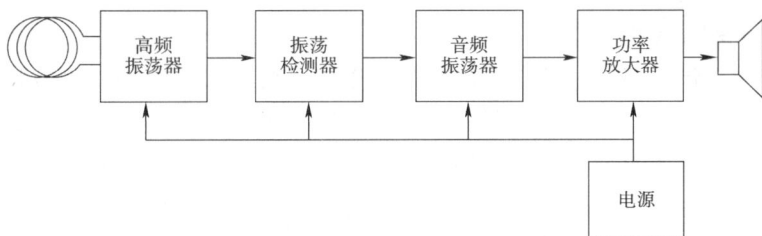

图3-2 手持式金属探测器内部结构示意图

3. 手持式金属探测器的探测原理

调节高频振荡器的增益电位器，恰好使振荡器处于临界振荡状态，即刚好使振荡器起振。当探测器靠近金属物体时，由于电磁感应现象，会在金属导体中产生涡电流，振荡回路的能量损耗增大，正反馈减弱，处于临界态的振荡器振荡减弱，甚至无法维持振荡所需的最低能量而停振。如果能检测出这种变化，并转换成声音信号，根据声音有无，就可以判定探测线圈下面是否有金属物体。人身检查过程中若检测到某一部位，金属探测器报警则表明有金属物品。

二 手持式金属探测器的操作和使用

1. 手持式金属探测器的操作

（1）电池安装：可由9V干电池或VartaTR7/8型镍氢充电电池及类似产品供电。用大拇指在凹槽内向后推即可打开电池后盖，按电池盖板正、负符号装上电池，保证电池接触良好，盖上电池盖向前推紧。

（2）开机：三相开关可向上或向下按动选择两种操作报警模式（向上是声音和指示灯，向下是振动和指示灯），中间为关闭电源。随后探测器报警指示灯将闪烁几秒，此时应使探测面离开任何金属物品，直至上述灯熄灭。如待机指示灯绿色灯亮起，表明电池电量充足。如黄色欠压指示灯亮起，表明需要更换干电池或给镍氢电池充电。

（3）灵敏度调节及操作：金属探测器配备有灵敏度调节开关，有低、中、高三挡可供选择。一般情况下，灵敏度应设在中挡，其他范围使用则取决于被测金属物体的尺寸和距离。

（4）电池充电：注意不要对干电池进行充电。将充电器直接插入充电孔即可充电。充电前必须确认电池舱中的电池为可充电电池，打开充电器开关到"ON"位置，电源指示灯亮起表明有电流通过，充电成功。充电时探测器必须关闭。完全充电所需时间为16h。

2. 手持式金属探测器的使用

（1）使用手持式金属探测器时，先打开开关，绿灯亮表示已打开；在检测过程中如遇到金属物品或违禁物品时红灯就会闪烁，同时发出响声。使用金属探测器时，应注意轻拿轻放，定期调整灵敏度。

（2）检查时，探测器所到之处，手检员应用另一只手配合做摸、按、捏动作；手检过程中，应注意对头部、手腕、肩胛、胸部、臀部、腋下、裆部、腰部、衣领、领带、鞋、腰带等部位进行重点检查。

（3）如果探测器报警，手检员左手应配合触摸报警部位，以判明报警物品性质，同时请过检人员取出该物品进行检查。

（4）过检人员将报警物品从身上取出后，手检员应对该报警部位进行复检，确认无危险品后方可进行下一步检查。

（5）当检查到脚部有异常时，应让过检人员坐在椅子上，让其脱鞋接受检查。检查方法是用手握住鞋跟判别是否藏有物品，确定其袜中是否夹带物品；检查完毕，将乘客的鞋过X射线安检机检查，确认无问题后放行。

（6）人身检查礼貌用语：您好！请接受人身检查；您好！请伸开双臂；您好！请转过身；您好！请脱鞋接受检查。谢谢您的配合！

三　手持式金属探测器的维护、常见故障及排除方法

1. 手持式金属探测器的维护

（1）金属探测器不使用时，应将开关置于"OFF"位，并保持金属探测器外表面清洁、干燥。

（2）电池长时间不用一定要取出，并在保存时注意防止电池短路。

（3）电池舱内所放干电池的电压为9V，不可超过9V，否则，可能会损坏探测器内部元件。

（4）在任何情况下都不可以将手持式金属探测器置于水中或接触大量的水，以防止内部元器件短路损毁。

（5）使用中避免探测器与硬物大力碰撞或从高处跌落而损坏内部元器件。

（6）充电时一定要确认电池舱中的电池为可充电电池，切不可给干电池充电，以免发生爆炸。

（7）注意维护手持式金属探测器外表面的清洁，可用湿布擦洗，但不可用化学清洁剂清洗。

2. 常见故障和排除方法

手持式金属探测器的常见故障及排除方法见表3-1。

表3-1 手持式金属探测器的常见故障及排除方法

故障类型	故障原因	排除方法
开机1~2s后振动或者报警不停	仪器灵敏度过高或电池电压不足	将探测器灵敏度调低；调整后仍不能排除的，给电池充电或更换电池
开机后红灯长亮，不报警，不振动	探测器停用时，电池未取出，电池长期缓慢放电导致电量不足	应更换新电池；注意电池盖是否被电池漏液污染，如已污染要及时清洗，否则，会腐蚀、损坏电池扣和电路板，可以用纯酒精或专用电子清洗剂清洗
开机后探测任何东西都报警或轻微晃动也报警	将灵敏度调得过高，或在调高灵敏度探测细小金属后，没有及时调回到原来正常位置	将灵敏度调低
带振动的探测器，有时蜂鸣器工作正常，而转到振动时电机不能停下来	电池电压明显下降，电机耗电超过蜂鸣器，电池电压只能保证蜂鸣器正常工作	在振动的情况下，调低仪器灵敏度；应更换新电池或充电后再使用
开机后或稍后出现长鸣现象	探测器开关没有复位	出现长鸣时，只要在探测器复位按钮中间位置按一下即可
开机后出现时而正常、时而不正常，一会儿报警、一会儿什么也没有的现象	电池接触不良	打开电池盖重新压紧；电池扣过松的，用钳子轻轻夹紧即可；如电池扣没有弹性或已损坏，换用新电池，更换时注意正负两极不要接反

四　几种常见的手持式金属探测器

常见的手持式金属探测器见表3-2。各类型手持式金属探测器外观和工作性能虽有差异，但一般都包括线圈、控制开关、灵敏度调节钮、报警指示、电源等部件，都是利用电磁感应原理来探测金属物品。

表3-2 常见的手持式金属探测器

序号	产品型号	产品外观	性能及特点
1	TH-SC₂手持式金属探测器		（1）以声和光同时报警、非常省电； （2）工作状态稳定，结构坚固； （3）工作良好：开机时有短暂报警指示； （4）电压降低：开机时有连续报警指示； （5）外壳：采用工程塑料，坚固耐用

序号	产品型号	产品外观	性能及特点
2	MD-200 手持式 金属探测器		（1）使用简单、方便，调整容易； （2）高灵敏度，能探测黑色金属和有色金属； （3）电池电压不足时会有自动连续声音告警； （4）采用循环开关切换声响报警或隐蔽振动报警功能； （5）具有声（或振动）和光同时报警功能
3	MD-3003B1 手持式 金属探测器		（1）具备充电功能，充电时间为 4～6h； （2）当电压不够时，指示灯不亮或无报警声； （3）灵敏度高，能探测黑色金属和有色金属； （4）采用循环开关切换声响报警或隐蔽振动报警功能； （5）可选择耳机； （6）最小可探测到一根回头针大小物体
4	GC1001 高灵敏度 手持式金属探测器		（1）电源开关为摇臂式开关，灵敏度为 Normal-off-Low； （2）声光报警，可插耳机； （3）一键复位功能，轻触按钮开关，回到常规的等待探测状态，特别是在出现虚假报警声和探测环境的温度有快速变化时尤为有用； （4）低电压指示
5	GARRETT 手持式 金属探测器		（1）高灵敏度，可探测到小金属（如大头针、订书钉），如遇干扰可通过调节按钮消除干扰； （2）开机自动检测，无须调整，扫描面积大，可快速准确完成探测； （3）灵敏度可调； （4）自动电量检测； （5）声、光警报显示； （6）自动重新调整及自检测
6	GARRETT 多功能 金属探测器		（1）旋转磁场设计，可以 360°范围探测； （2）可以精确探测所有的微小金属物品； （3）体积小便于携带，可配备弹性编织套； （4）高灵敏度，无须调节； （5）振动加灯光报警； （6）顶端具有照明功能； （7）静音振动报警
7	GG-140 无线充电式 金属探测器		（1）探测工作面大、均匀，超高灵敏度，操作简单方便； （2）无须调节探测灵敏度，有高、低两挡灵敏度选择，薄膜轻触即可； （3）声光报警、振动报警一键式操作切换； （4）手握部分采用防滑工艺处理； （5）采用无线传输充电技术

续上表

序号	产品型号	产品外观	性能及特点
8	GG-008 考场专用手持式金属探测器		（1）一键开机及选择报警模式； （2）一键式操作实现声光与静音/振动操作转换； （3）机体构成仅两部分，采用环保型防火材料且成型，具备一定防潮、防尘效果； （4）能同时探测磁性与非磁性金属，对铜铝材质也有优良的探测敏感度； （5）指示部分：红灯表示报警，绿灯表示电源，黄灯表示欠压； （6）带充电插口，即插即充，方便随时充电
9	360°手持式金属探测器		（1）旋转磁场设计，可以在360°范围内探测； （2）可以精确探测微小金属物品； （3）操作简单，自动重调； （4）可选择声音报警和振动报警； （5）电池电量自动测量，更换电池无须工具； （6）控制部分：ON、OFF、振动； （7）指示部分：红灯表示报警，绿灯表示电源，黄灯表示欠压
10	PD140 手持式金属探测器		（1）紧凑、优雅、耐用、操作方便； （2）均匀的探测磁场且无磁性目标； （3）可扩展连续长时间操作； （4）报警：蜂鸣器＋脉冲式声音＋灯光； （5）可编程的灵敏度高，分高、中、低三挡可调； （6）外壳是由高分子聚合材料技术制成

单元 3.2　金属探测门

金属探测门是对于出入口的过往人员进行检查的特殊设备，它能够检查出一切具有一定质量金属成分的物品，包括磁性金属材料和非磁性金属材料。将检测金属武器做成过道门框的形式，当人通过门框时其随身携带的金属物品就可以被检测出来，这种通行门称为安全门或安检门。

一　金属探测门概述

1. 安检门的用途

利用安检门对金属物品发生报警的原理，探测通过安检门的乘客是否随身携带枪支、子弹、管制刀具以及其他金属性危险物品。通过报警和显示，提示安检员对乘客实施进一步检查。

2. 安检门的性能

脉冲式金属探测门具有独特的性能，符合主要技术标准。它是通过感应电流及均化磁场的数字信号处理方式而获得很高的分辨率，但发射磁场强度很低，对心脏起搏器、体弱者、孕妇、磁性媒质和其他电子装置无害。

二　XYT2101S 型金属探测门

（一）结构

XYT2101S 型金属探测门是由门体和主机箱两部分组成的，其结构如图 3-3 所示。

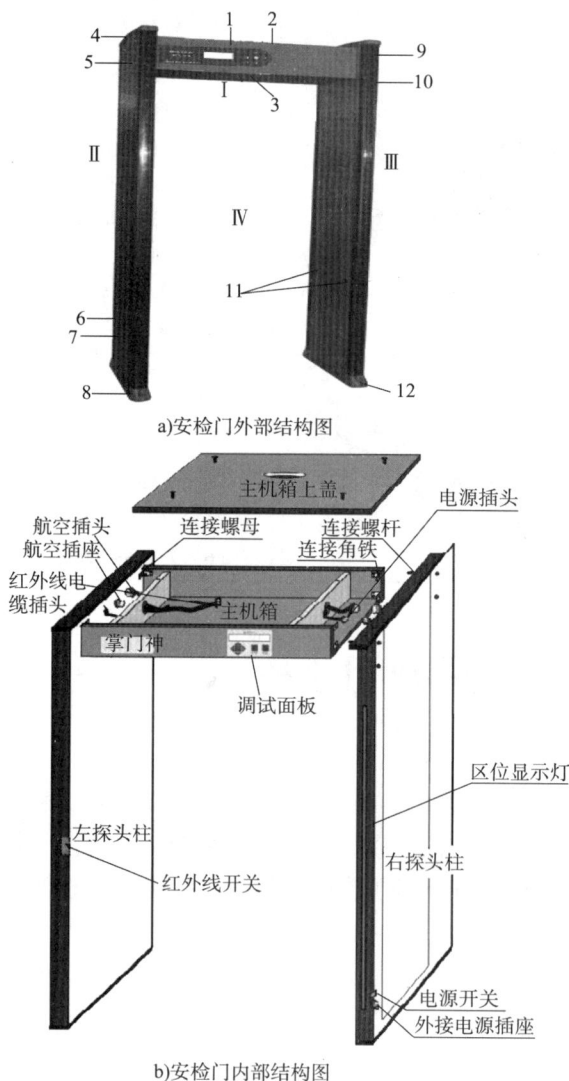

a)安检门外部结构图

b)安检门内部结构图

图 3-3　XYT2101S 型金属探测门的结构

1-面板；2-盖板；3-喇叭口；4-顶封；5-接合螺栓；6-电源开关；7-电源插座；8-脚套；9-门板发光二极管（LED）工作指示灯；10-报警指示灯；11-红外探测口；12-加固螺栓孔；Ⅰ-主机箱；Ⅱ-左门板；Ⅲ-右门板；Ⅳ-检测通道

1. 主机箱

主机箱是产品的核心模块，用于放置供电系统、控制系统、显示系统。

2. 门体

门体由发射板（TX）、接收板（RX）和检测通道组成。

（1）发射板：提供外电源接入，负责通道右边区域的安全检测和报警指示。

（2）接收板：用于通道左边区域的安全检测和报警指示。

（3）检测通道：受检人经过的通道。

3. XYT2101S型金属探测门各部件功能说明

（1）面板：面板集合了液晶显示屏（LCD）显示和按键调节功能，用于显示产品工作状态，以方便相关人员进行调试维护。

（2）盖板：能防尘并让探测门经受住短时间内的雨淋。

（3）喇叭口：喇叭声音传出的部位，让报警声音清脆响亮；将其设计于机箱底部，有防止雨水进入的作用。

（4）顶封：顶封是结构支架的一部分，有紧固前后铝立柱和让探测门经受住短时间内雨淋的作用。

（5）接合螺栓：把主机箱和门板可靠地接合在一起，以形成一个整体。

（6）电源开关：为双路开关，可安全地通断电源。打开电源开关，开关指示灯亮起。

（7）电源插座：有的探测门左右门板都有电源插座，电源插座内带5A限流保险，具有供电短路保护功能。

（8）脚套：脚套是结构支架的一部分，有紧固前后铝立柱、稳定放置产品和防水的作用。

（9）门板LED工作指示灯：等待检测时，门板LED工作指示灯亮绿光，报警时闪烁。

（10）报警指示灯：等待检测时，报警指示灯熄灭，报警时按区位亮起红光。

（11）红外探测口：所有金属探测门都会因为其周围的一些机器设备而产生误报警，红外探测口可以避免误报警。等待检测时，红外信号发射和接收形成通路，阻止报警；当有人或物体通过时启动报警电路，允许报警。

（12）加固螺栓孔：对于长时间放置于某个位置使用的探测门，可通过加固螺栓孔，将产品固定在一个位置使其不因外力而移动。

（二）面板说明

金属探测门面板示意图如图3-4所示。

图中序号（1）～（12）含义如下。

（1）液晶显示界面：在调试时显示各参数，在检测时显示报警记录和通过人数。

（2）up/down键：菜单选项。

（3）强弱指示：检测到金属时信号大小指示，信号越大，亮的灯越多。

（4）数字键：数字调节。

（5）音量指示灯：音量的大小指示，红灯音量较大，绿灯音量较小，无指示音量无。

（6）REST 键：复位键。

（7）电源指示灯：安检门已在开机检测状态为红灯，安检门处于无通电状态为绿灯。

（8）SETUP 键：编程/帮助。

（9）ESC 键：退出键。

（10）ENTER 键：确认键。

（11）VOL 键：音量调节键。

（12）OFF/ON 键：关/开机键。

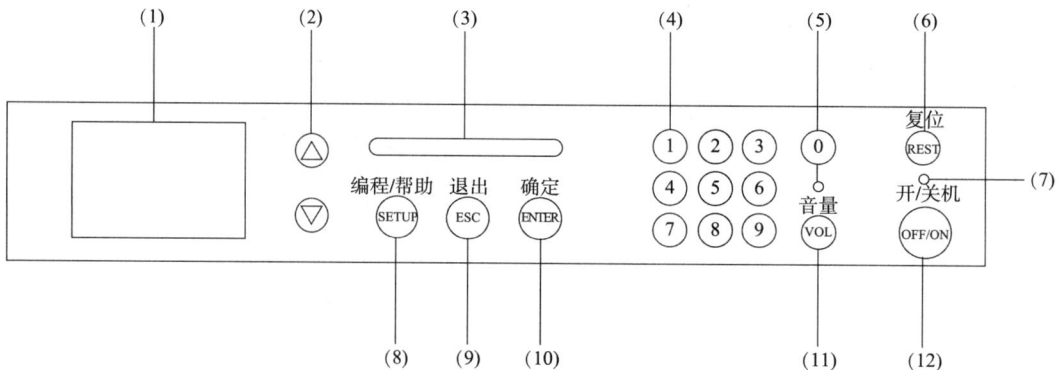

图 3-4　XYT2101 金属探测门面板示意图

（三）区位说明

金属探测门区位示意图如图 3-5 所示。

A——待机指示：表示已处于待检测工作状态（待机灯分别在左右探头的上方），待机灯分为亮和不亮两种状态，亮时显示为绿色，表示待机状态；不亮时表示已在报警状态（有报警灯指示）。

B——报警区位显示：左右探头板上分别均匀分布有 6/8/10 组独特的精确定位灯，如 10 组独特的精确定位灯分别表示 10 个区位。区位显示灯有亮和不亮两种状态：当探测到被检查者带有达到或超过所设定的金属含量时，红色报警灯亮起；如果有多个报警目标，则每个目标所在位置的报警灯都会亮起，同时会有警报声响起（音量为静音除外）。

C——红外线传感器（图 3-6）：电源接通后，金属探测门开始工作，没有人或物体通过金属探测门时，红外线传感器可有效地制止误报警。所有金属探测门都会因为其周围的一些机器设备而产生误报警，而红外线传感器可以避免误报警，提高通过量，并对通过量进行准确计数。当一个人通过金属探测门时，无论是何种原因造成报警，他都要重新通过金属探测门或手持式金属探测器的检查。

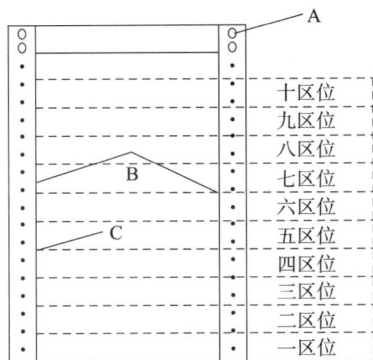

图 3-5　金属探测门区位示意图

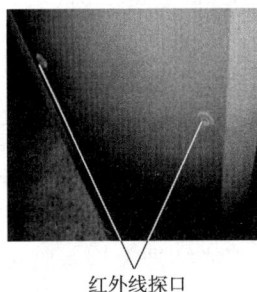

图 3-6　红外线探测传感器

（四）工作原理

金属探测门采用电磁感应原理，把一块金属放置在处于变化的磁场中，利用带有交流电的线圈来做媒介，使处在变化磁场中的金属产生涡流，涡流产生的磁场反过来又影响原来的磁场，导致电压幅值的变化，然后经过相关的电路对金属进行检测。

（五）操作调试功能主菜单说明

（1）密码更改设置：出厂密码为"1234"，更改密码可以防止非管理人员对安检门非法操作。

（2）报警时间设置：报警时间的长短，此项功能有 1s、2s、3s 可供选择。

（3）各区灵敏度设置：对金属的感应度，一个安检门有 6/8/10 个区域，并且每个区的灵敏度可以从 0～99 挡单独调节，数字越大，灵敏度越高。6 个单独区中共享一个整体灵敏度。整体灵敏度分高、中、低三个等级，调节整体灵敏度时 6 个单独区灵敏度都做相应的改变。

（4）通信地址设置：通信地址 ID 号由 0～99 数字可供设置，不同的数字代表在联网时不同的安检门。通信地址 ID 主要用于安检门与计算机连接使用时，计算机对安检门的识别。

（5）频段选择设置：有 8 个频段可以选择，主要用于多台安检门工作时防止门与门之间相互的干扰。

（6）语言选择设置：有中、英文两种选择。

（7）显示设置：背光灯显示待机时间，此项功能有 1min、2min、5min、10min、20min、30min、60min 可供设定。

（8）恢复出厂设置：选择此项功能可以使安检门的所有参数恢复出厂设置。

（六）金属探测门的操作

（1）开始安检工作前，要检测金属探测门是否正常工作。例如，通过一件已知的金属物品来进行检测，如果电源出现问题，必须在继续扫描前进行再次检测。

（2）等待电源指示灯亮起后，受检人以正常速度步行通过门板，如果金属探测门有警报响起，则要求受检人接受手持金属探测器的检查。

（3）金属探测门对无害金属比较敏感，因此可能引发假警报。产生假报警可能的因素有 X 射线安检机、电源出现电涌、地板下方的电线、金属栏杆、手持金属探测器、便携式半导体设备及受检人距离探测门过近等。

（七）金属探测门的日常维护

（1）操作使用金属探测门的安检员必须经过专门训练，熟练掌握金属探测门的操作、使用原理，并严格按说明书规定的操作规程和技术人员要求进行操作。

（2）无关人员禁止靠近金属探测门，更不允许随意扳弄开关、脚踢和碰撞门体，不得用脚踢电源插头，不能携带大型金属过金属探测门，如工具箱、铁簸箕等。

（3）不要打开设备外壳，这样可能会毁坏设备或被电击伤。

（4）为避免雷电伤害，在雷电暴雨时，需要将设备电源或交流电源断开。

（5）不要用化学溶剂擦拭设备，否则将损坏其表面粗糙度，用清洁的干布擦拭即可。

三　TH-SD$_2$ 型通过式金属探测门

1. 性能及特点

（1）显示屏：采用 LCD 液晶显示屏，操作清晰、简便。

（2）报警区域指示：准确显示人体相应高度部位藏匿的违禁金属物品，门体内置 LED 灯直接显示报警区位。

（3）18 个探测区域：独立 12 个探头交互式 18 防区划分，可多区位同时探测、同时报警，更准确地判断金属物品的位置。

（4）声光报警：音量可调，报警声有高、低、无三种选择方案，适用于不同时间、不同场所。

（5）各区位灵敏度可调：最高灵敏度可探测 0.4g 金属，各区位灵敏度有 0~255 级可调，可根据探测金属大小、体积、质量等进行调节设置，以排除硬币、钥匙、首饰等产生的误报警。

（6）工作频率可调：1~8 频段可调，每个门设置不同的频段，可避免多台门同时使用时门与门之间的相互干扰。

（7）计数功能：具有计数功能，可统计人员通过次数和报警次数。

（8）抗干扰能力强：采用数字与模拟技术相结合，可减少误报、漏报，大大提高产品的稳定性。

（9）密码保护设置：具有密码保护功能，只有输入正确的密码才能修改参数。非操作人员无法对安检门参数进行修改，安全性更高。

（10）产品安全性：孕妇、授乳妇女可安全通过，不会产生任何不良反应，对人体内心脏起搏器及磁性软盘、磁带均无任何伤害。

（11）安全等级：安全等级可调，范围为 1~20。

（12）操作方便：可通过遥控器和操作面板对金属探测门进行设置操作。

2. 产品参数

（1）工作电压：210~240V，50/60Hz。

（2）功率：25W。

（3）人员通过率：大于60人次/min。

（4）工作环境：-20~55℃。

（5）通道尺寸：2020mm×700mm。

（6）外形尺寸：2240mm（高）×860mm（宽）×670mm（深）。

（7）整机质量：73.1kg。

📖知识链接

太赫兹波人体安检技术在地铁上的应用

太赫兹波，又称远红外线，是指电磁频率上为0.1THz~10THz的电磁波，波长范围为0.03~3mm，这在电磁波谱位于毫米波与红外之间的"真空地带"是人类迄今为止了解较少、开发较少的一个电磁波段。太赫兹人体安检设备如图3-7所示，相关彩图见二维码3-1。太赫兹安检仪运用了"太赫兹"成像技术，能够快速地检测到隐藏在人体衣服内的危险物品，乘客只需要穿过弯曲的人行通道进行检查，全程只需3s。如果检测到可疑物品，设备会第一时间通知安检员，既避免了传统安检搜身的尴尬，又保证了乘客的通行速度。太赫兹人体安检技术利用太赫兹波对日常衣物材料（如棉、麻、化纤等）特殊的穿透性，填补了人体安检领域的空白，是对当前人体安检手段的重要补充。

图3-7 太赫兹人体安检设备

按照成像模式的不同，太赫兹人体安检成像系统主要分为被动式人体安检成像系统和主动式人体安检成像系统两大类。

二维码3-1

1. 被动式人体安检成像系统

被动式太赫兹人体安检成像系统不对受检人发射太赫兹波，而是完全利用人体本身的辐射对受检人进行成像，其中几个关键技术是探测器、准光系统以及数据处理和成像算法，如图3-8所示。

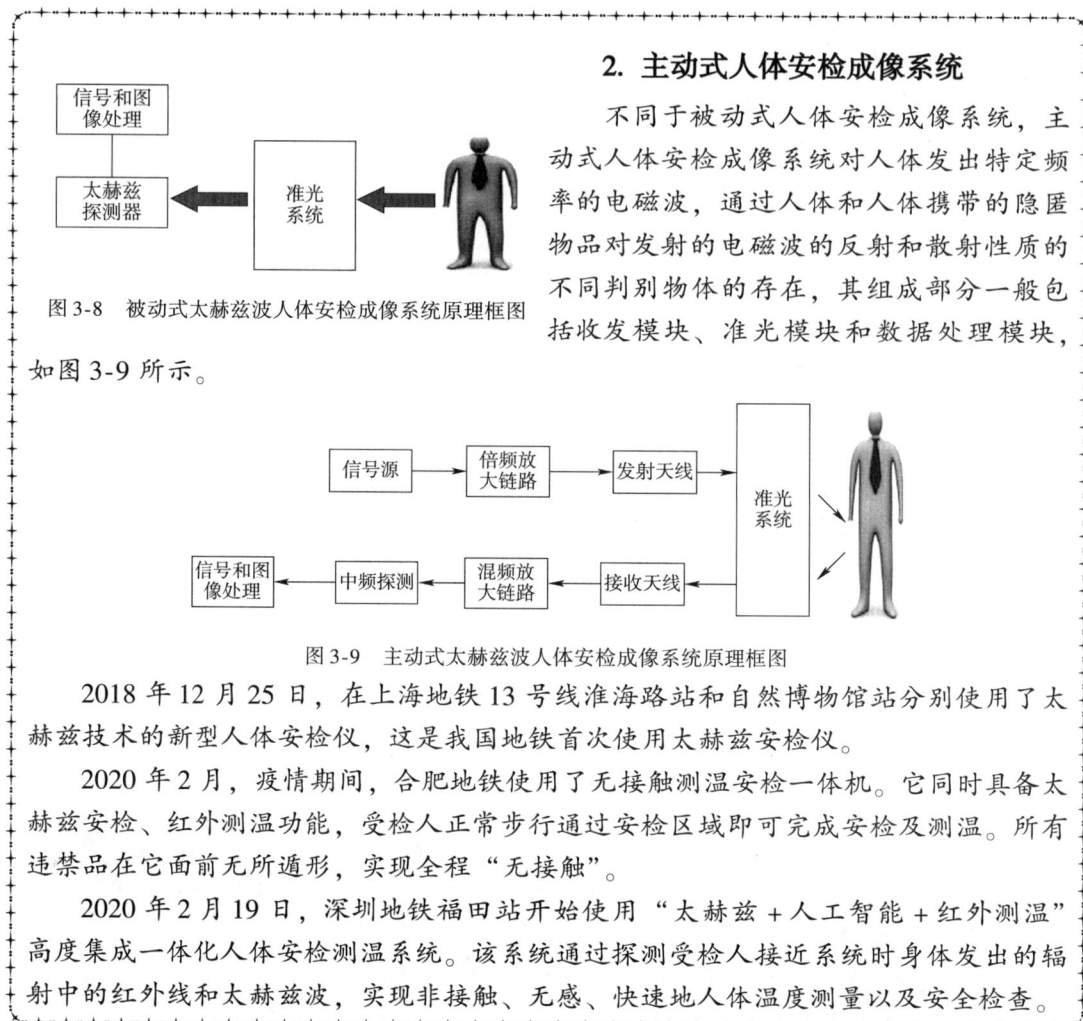

图 3-8　被动式太赫兹波人体安检成像系统原理框图

2. 主动式人体安检成像系统

不同于被动式人体安检成像系统，主动式人体安检成像系统对人体发出特定频率的电磁波，通过人体和人体携带的隐匿物品对发射的电磁波的反射和散射性质的不同判别物体的存在，其组成部分一般包括收发模块、准光模块和数据处理模块，

如图 3-9 所示。

图 3-9　主动式太赫兹波人体安检成像系统原理框图

2018 年 12 月 25 日，在上海地铁 13 号线淮海路站和自然博物馆站分别使用了太赫兹技术的新型人体安检仪，这是我国地铁首次使用太赫兹安检仪。

2020 年 2 月，疫情期间，合肥地铁使用了无接触测温安检一体机。它同时具备太赫兹安检、红外测温功能，受检人正常步行通过安检区域即可完成安检及测温。所有违禁品在它面前无所遁形，实现全程"无接触"。

2020 年 2 月 19 日，深圳地铁福田站开始使用"太赫兹＋人工智能＋红外测温"高度集成一体化人体安检测温系统。该系统通过探测受检人接近系统时身体发出的辐射中的红外线和太赫兹波，实现非接触、无感、快速地人体温度测量以及安全检查。

单元 3.3　X 射线安检机

X 射线安检机是一种用于产生 X 射线的设备，其主要用途是在不破坏物体的前提下用于探测内部结构，也可以利用其进行杀菌或激发荧光。X 射线安检机可以分为工业用 X 射线安检机和医用 X 射线安检机。

一　X 射线及 X 射线安检机的基本知识

1. X 射线的概念

X 射线是一种波长短、能量很大的电磁波，其波长范围为 0.001 ~ 10nm（0.01 ~ 100Å），它的波长比可见光的波长更短，介于紫外线和 γ 射线之间，如图 3-10 所示。它的光子能量比可见光的光子能量大几万倍至几十万倍。波长大于 0.5nm 的 X 射线称为软 X 射线；波长短于 0.1nm 的 X 射线叫作硬 X 射线。波长较短的硬 X 射线能量较高，穿透性较强，适用于金属部件的无损探伤及金属物相分析；波长较长的软 X 射线能量较低，穿透性弱，可用于非金属的分析。

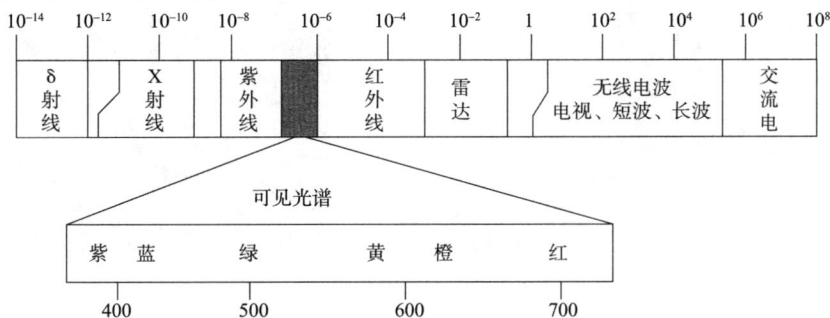

图 3-10　电磁波谱示意图（单位：nm）

X 射线波长的度量单位常用埃（Å）表示，通用的国际计量单位用纳米（nm）表示。

2. X 射线的产生和用途

X 射线由 X 射线管产生，X 射线管是具有阴极和阳极的真空管，阴极用钨丝制成，通电后可发射热电子；阳极（称靶极）用高熔点金属制成（一般用钨，用于晶体结构分析的 X 射线管还可用铁、铜、镍等材料）。用几万伏至几十万伏的高压加速电子，电子束轰击靶极，X 射线从靶极发出。

目前，X 射线广泛应用于医学、工程、材料、宇航领域，如进行人体透视、晶体结构分析、无损探伤等。

3. X 射线的性质

（1）穿透作用：X 射线通过物质时不被吸收的能力。X 射线能穿透一般可见光所不能透过的物质。

（2）荧光作用：X 射线波长很短，因此是不可见的。但它照射到某些化合物（如磷、铂氰化钡、硫化锌镉、钨酸钙等）时，能产生荧光。

（3）感光作用：同可见光一样，X 射线能使胶片感光。当 X 射线照射到胶片上的溴化银时，能使银离子（Ag^+）被还原成金属银（Ag），并沉积于胶片的胶膜内，从而产生感光作用。

（4）危害作用：当 X 射线照射到生物机体时，生物细胞受到抑制、破坏甚至坏死，致使机体发生不同程度的生理、病理和生化等方面的改变。

二　通道式 X 射线安检机

通道式 X 射线安检机如图 3-11 所示，相关彩图见二维码 3-2。它是利用 X 射线的相关特性对经过通道的行李、包裹进行扫描成像并提供给操作人员进行判别，从而发现可能隐匿于箱（包）中的违禁物品的安检设备。

图 3-11　通道式 X 射线安检机

　　X 射线安检机分为通道式 X 射线安检机和便携式 X 射线安检机两种。下文仅对通道式 X 射线安检机展开讲解。通道式 X 射线安检机的型号含义前两个字母为生产厂家的英文简称，字母后两位或三位数表示检测通道的宽度，最后两位或三位数表示检测通道的高度。例如，TH-XS10080、TH-XS8065、ZC-XS6550、ZC-XS5030 等型号的安检机，其生产厂家为 TH（上海太弘）、ZC（南京正驰）等，检测通道的宽度分别为 100cm、80cm、65cm、50cm，检测通道的高度分别为 80cm、65cm、50cm、30cm。

二维码3-2

1. 通道式 X 射线安检机的外观结构

　　通道式 X 射线安检机的外观结构如图 3-12 所示。其紧急停止按钮、电源开关、钥匙开关的安装位置如图 3-13 所示。X 射线安检机的操作控制都集中在键盘上，操作控制盘各功能键分布如图 3-14 所示。相关彩图见二维码3-3、二维码3-4。

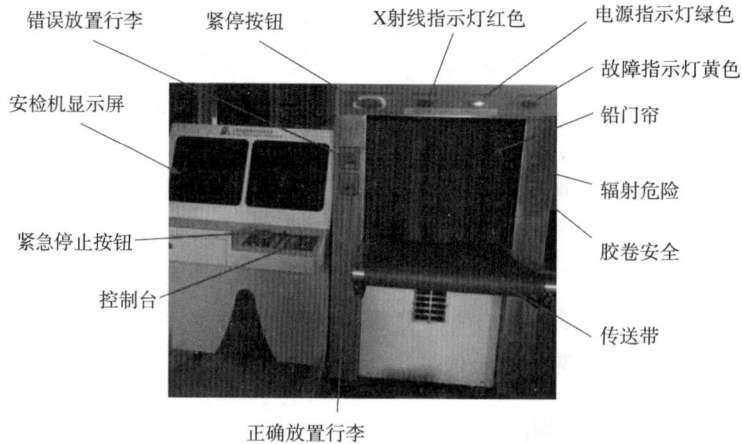

图 3-12　通道式 X 射线安检机的外观结构

2. 通道式 X 射线安检机系统结构

　　通道式 X 射线安检机的系统是由硬件和软件两部分组成的。

a)钥匙开关和电源开关在控制盘上

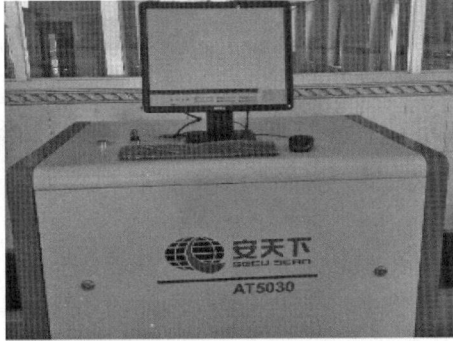

b)钥匙开关和电源开关在机体上

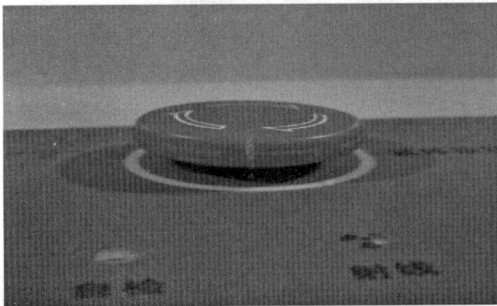

c)控制台上的紧急停止按钮

d)通道口处的紧急停止按钮

图 3-13　X 射线安检机开关按钮安装位置图

图 3-14　6550 型安检机操作控制盘各功能键分布

1）硬件系统

硬件部分由 X 射线安检机安检系统、探测器和数据采集系统、电气控制系统、机械传送系统等组成。

（1）X 射线安检机安检系统：作为 X 射线源，安检系统是 X 射线安检机系统的核心部件。它由 X 射线发射器和 X 射线控制器两部分组成。其中，X 射线发射器为全密封的油冷箱体，它由 X 射线管、高压硅堆、高压电容、高压变压器、分压器和铅屏蔽等组成。

（2）探测器和数据采集系统：主要由探测器、图像采集系统及其铅制外壳组成。图像采集系统是将探测器输出的微弱电流信号转换为数字图像信号，然后通过外接通信模块将数据传送到计算机。铅制外壳的主要作用是屏蔽射线。

（3）电气控制系统：控制设备的各模块单元正常运行，主要由工控机、配电板、主控制电路板、转接电路及光电传感器、变压器、稳压器、变频器、不间断电源（UPS）等组成。

（4）机械传送系统：主要由设备框架、外罩板、传输系统、非机动辊道等组成，在系统运行过程中，完成对被检物品的传送。

2）软件系统

软件系统主要由操作系统、驱动程序、安检系统软件（OIS）组成。

由软件将传输过来的信号进行复杂的数据处理，将处理后的图像显示在屏幕上，供操作人员进行辨别。软件提供边缘增强、反色显示、伪彩色、局部穿透增强等图像处理功能，便于对违禁物品进行识别，同时具有图像回拉、放大等图像处理功能及图像存储功能。

3. 通道式 X 射线安检机系统子部件的功能

1）X 射线源

X 射线源包括高压发生器、X 射线管、准直器三部分。X 射线管和由两个电压倍压及反馈电路组成的高压发生装置放入充满油并具有铅屏蔽的壳体中，电缆 WS9 给 X 射线源提供灯丝和高压驱动信号，并将高压和阳极电流的取样信号反馈给 X 射线控制和驱动机箱，以保持检查期间高压和阳极电流的稳定。准直器的作用是将 X 射线束整成扇形束。

2）探测器阵列盒

两个探测器阵列形成"L"形状，以解决探测死角的问题。竖直侧及水平侧中各有多块探测器板，每块板包含 32 个通道。高低能模拟信号在探测板上经放大后进行数字化并传送到工业控制计算机进行处理。

3）电子控制部分

控制板负责接收工业控制计算机指令，控制电机运行与停止、检测光障状态、判断行李的进入与离开、控制 X 射线的发射与关闭、检测 X 射线控制模块是否正常工作，如发现异常，则自动报警。

4）图像处理系统

图像处理系统由工业控制计算机来实现。计算机接收来自数据采集传输系统的探测信号，进行数据处理。设备能提供图像处理功能，包括边缘增强，超级图像增强，彩色、反色显示，局部穿透增强，图像回拉、放大，提供存储图像、检索图像和记录操作人员工作情况的功能，等等。

5）显示装置

显示装置指高分辨率显示器，可根据需要呈现彩色图像或黑白图像。

6）输送装置

输送装置包括传送皮带、位于输送机出口端的一个电动（驱动）滚筒、位于输送机入口端的一个改向滚筒、位于设备下方两个引导皮带运行方向的托动滚筒。电动滚筒内含一台单向电机，电机的驱动力矩通过齿轮减速机构传送到滚筒表面，形成驱动皮带的力，改向滚筒用于皮带张力调整。

7）光障装置

在通道的入口处装有一对光障装置（对射式光电开关），用于探测在传送带前进时进入检查通道的行李。若行李阻断光障，则光障接收端输出信号至电子控制单元，由控制单元通知 X 射线控制器开始发射 X 射线。

三　通道式 X 射线安检机的工作原理和图像的形成

1. 通道式 X 射线安检机的工作原理

通道式 X 射线安检机的工作原理如图 3-15 所示。X 射线安检机是借助于传送带将被检查的行李送入履带式通道完成安检工作的。行李物品进入通道后，将阻挡光障信号，检测信号被传送至控制单元，触发射线源发射 X 射线。一束经过准直器的非常窄的扇形 X 射线穿透传送带上的行李物品落到双能量探测器上，高效半导体探测器把接收到的 X 射线变为电信号，这些很弱的电流信号被直接量化，通过通用串行总线传送到工业控制计算机做进一步处理，经过复杂的运算和成像处理后得到高质量的图像。

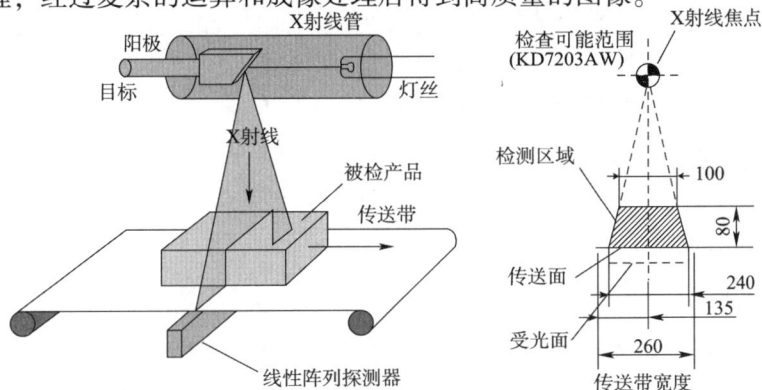

a)通道式X射线安检机工作原理示意图(尺寸单位:mm)

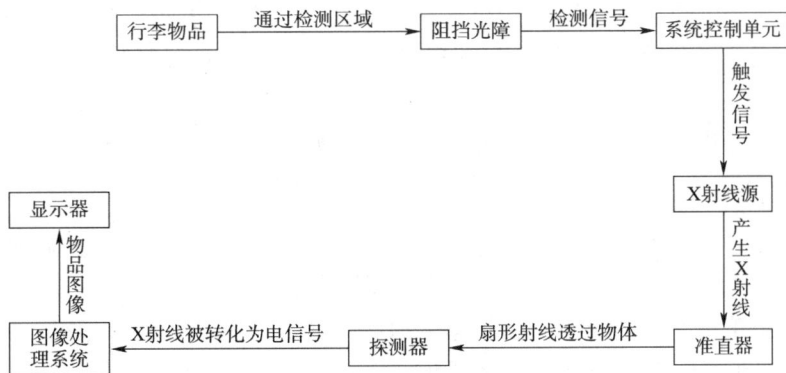

b)通道式X射线安检机系统工作原理流程图

图 3-15　通道式 X 射线安检机工作原理图

2. 通道式 X 射线安检机图像的形成

通道式 X 射线之所以能使物品在荧屏上形成影像，是基于 X 射线的特性，即其穿透性、荧光性和感光效应。同时 X 射线安检机根据物质具有的不同的原子序数，赋予物质不同的颜色，密度大的物质，对 X 射线吸收多，透过少；密度小者，吸收少，透过多。尺寸越厚的物质越不容易穿透，有效原子序数越大的物质越不容易穿透。X 射线一般对不同物质的穿透力不一样，因此，成像的颜色存在差异。X 射线正是基于行李物品中不同物质对 X 射线的吸收特性差异，通过检测物质的有效原子序数，根据自身的图像处理功能和色彩配置方案，呈现行李物品的 X 射线图像。

X 射线安检机图像颜色根据行李物品材料的不同分为橙色、绿色和蓝色三类，其中橙色代表有效原子序数小于 10 的轻质元素及其组成的有机物，如食品、纺织品、水、炸药等；绿色一般代表有效原子序数 10 ~ 18 的中质量元素，如钠、钾、硫、磷等；蓝色代表有效原子序数 18 以上的重质金属，如铁、锌、镍等。

需要注意的是，在实际工作中，物质往往都是混合叠加的，同时因尺寸各异，对 X 射线的吸收特性也存在较大差异，并不严格遵循上述规律。因此，在 X 射线安检机检查中密度或尺寸过大，X 射线穿透的物品 X 射线图像将呈现黑色或黑红色。X 射线安检机只能提供被检行李物品的图像，安检员要通过观察 X 射线图像呈现的物品颜色和轮廓判断被检物品种类。因此，为了保障检查的准确度和检查效率，X 射线安检机操作人员需要具备相关的知识背景，尤其是长期积累的丰富工作经验。

四 　X 射线安检机的操作

（一）开关机程序

1. 设备开机预检

（1）检查设备通道出入口铅帘，门帘间应无明显间隙，且无明显破损。

（2）检查设备传送带。传送带表面应无开裂现象，且传送带边缘与两侧的护板应留有一定的距离。

（3）检查设备通道内部是否有遗留物品，如有，应将其清理干净。

（4）外罩板上紧急停止按钮是否可按下并能旋转复位；设备操作键盘各键和紧急按钮是否操作正常。

（5）检查设备供电电缆连接、电源接地是否良好。

2. 开、关机

（1）开机：连接主电源，插入钥匙顺时针旋转，按下绿色电源键，此时 X 射线安检机机身和键盘上的电源指示灯亮起，X 射线安检机启动。

（2）关机：正常关机情况下，将钥匙逆时针旋转，待电源指示灯熄灭，X 射线安检机完成关机时，方能切断主电源；紧急情况下，可按下机身或键盘上的任一紧急停止按钮，X 射线安检机即瞬时断电关机，下次开机时需要将紧急停止按钮旋起。但需要注意的是，频繁使用紧急停止按钮或者系统突然断电，有时会造成计算机操作系统的文件损坏，导致计算机不能正常启动。

3. 系统登录和注销

针对不同等级的操作员与管理员，X 射线安检机检查系统可设置不同的操作权限。每一操作员和管理员都可设置相对应的唯一的账号和密码登录系统。X 射线安检机开机完成后即进入登录界面，操作人员只需要在键盘上输入相应的账号、密码即可完成登录。注销时，只需要按下注销键即可回到登录界面。

（二）X 射线安检机功能键的使用（图 3-14）

当 X 射线安检机图像出现时，值机员应根据检查要求，使用功能键来帮助识别图像中物品的特征和物品性质，以提高判图准确性，确保安全。

（1）紧急停止按钮：一般安装在安检机机体的通道口处和操作控制面板上。当发生紧急情况时，按下紧急停止按钮可以使系统立即关闭。重新开机时，将紧急停止按钮按顺时针旋转拉出复位即可。

（2）传送带控制键：按下传送带前进键，传送带开始运转；持续按下倒退键，传送带倒退循环运转，直到此键被释放抬起时为止。系统在传送带反向运行期间一般不执行物品检查，除非系统被设置成反向扫描或连续扫描；在前进键和后退键中间设有停止键，按下停止键传送带停止运动。

（3）方向键（选区键）：使用方向键来选择希望放大的区域，其在放大状态下同样有效。

（4）放大键（ZOOM 键）：每次按下放大键，选中区域图像将被放大。

（5）彩色、黑白图像转换键（C/B 键）：按下彩色、黑白图像转换键后，彩色显示器上的图像将变成黑白图像，再次按下将恢复。

（6）图像增强键：用于启动或关闭图像增强功能。

（7）有机物/无机物剔除切换键：用于突显有机物和无机物，第一次按下无机物剔除，第二次按下有机物剔除，第三次按下图像恢复正常。

（8）反转键：反转键可以使图像显示黑白反转的效果。当需要识别密度较低的物品或颜色较浅的部分时，可使用反转键来帮助判图。

（9）加亮键：可以利用对比度增强的方式实现对图像中较暗物体的观察。当图像较暗时应使用加亮键来帮助判图，必要时可使用超强加亮键。

（10）CAT 动态扫描键：按下 CAT 动态扫描键后，图像将根据饱和度进行变动，以便能清楚地观察被检物体。动态扫描的原理是根据图像饱和度的高低，使图像的亮度按饱和度的不同从低到高不停变化。如果这时按下 E1 键，动态扫描的方向将发生变化。如果按下 CAT 键后再按下 E2 键，这时正在动态扫描的图像将被冻结。

（11）穿不透报警键（ALARM 键）：按下穿不透报警键后，图像中显示为暗红色的地方将由白变红、由红变白地不停闪烁，该闪烁位置是一些密度较大的物体，由于射线无法穿透造成探测板接收不到该区域的 X 射线，从而在显示器上无法识别。该键的作用就是提醒操作人员注意这些射线穿不透的物体。

（12）E0、E1、E2 键：E0 为加亮键，用于识别图像中较暗的部分，显示设备的穿透能力，使用此键图像显示区整体亮度增加。E1 是加暗键，用于识别图像中较亮的部分，使用此键，图像显示区亮度整体变暗。E2 是灰度反转键，按下此键，黑白图像其灰度深浅反转，黑变白，白变黑；彩色图像主色调不变，深变浅，浅变深。

在使用功能键时：当图像较暗时，应使用加亮键来帮助判图；当识别密度较低的物品或颜色较浅的图像时，使用加暗键或反转键来帮助判图；当对图像中不同物品的成分进行区分时，可使用有机物/无机物剔除键；当需要进一步检查时，应使用停止键控制传送带。

（三）通道式 X 射线安检机图像识别

行李在皮带上匀速移动的过程中，行李中的每个刨面都会匀速通过探测器所在检测区域，探测器只能对通道中行李的一个刨面进行 X 射线能量接收，行李在探测器所在检测位置处的线扫描图像称为一列图像。把每个线扫描图像列通过计算机融合处理后就形成了整个行李的 X 射线图像。按照国家标准，传送带的运转速度约为 12m/min，扫描一个正常行李的时间约为 6s。这个时间足够有经验的操作人员对行李 X 射线图像进行辨别。

X 射线安检设备采用了 X 射线双能量透视原理，能可靠地分辨出其中的有机物、无机物、混合物，并用不同的颜色在彩色显示器上显示出来。

彩色显示屏幕显示被检物品的材质图像（不同材质用不同色彩表示）；黑白显示屏幕显示被检物品的透视图像（主要反映被检物品的形状、密度信息）。相关彩图见二维码 3-5。

二维码3-5

1. 橙色——有机物

通常共有的元素为氢、碳、氧、氮。典型的有机物有衣物、食品、书籍、塑料制品、木材、毒品、酒精、汽油、水、TNT 炸药、塑性炸药 C4、有机玻璃等。显示为橙色的有机物如图 3-16 所示，相关彩图见二维码 3-6。

二维码3-6

正面　　反面

侧面

a)实物图　　　　　　　　　　　b)图像

图 3-16　显示为橙色的 TNT 炸药

2. 绿色——混合物

二维码3-7

通常共有的元素为铝、硅。有机物和无机物形成的混合物也显示为绿色，若混合物以有机物为主将显示为黄绿色，若以无机物为主则显示为蓝绿色。典型的混合物有玻璃、陶瓷、铝合金、电路板、炸药、礼花、皮革等。相关彩图见二维码 3-7。

3. 蓝色——无机物

通常共有的元素为铁、铜、锌、钾、钙、锰。由这几种元素组成，就被视为无机物。密度较小的物体显示为浅蓝色，密度较大的物体显示为深蓝色。典型的无机物有金属工具、匕首、枪支、衣物拉链、皮包拉锁等。相关彩图见二维码3-8。

彩色图像用亮度来区分物体的厚度，物体越厚，图像越暗；物体越薄，图像越亮。

注意： 常见的裁纸刀是由金属钢制成的，应当显示蓝色，但实际上它显示的却是浅绿色；又如，铝属于金属，但它显示的颜色却是浅绿色。相关彩图见二维码3-9。所以，在学习中应不断总结经验，才能更好地掌握各种物品在X射线安检机上的颜色，才能准确地判断各种物品。

二维码3-8   二维码3-9

五 识别 X 射线图像的主要方法

1. 物品摆放对 X 射线图像的影响

对图像进行识别前，首先，要求将物品平放在传送带上，只有平放物品，才便于识别显示器上的图像。

2. 识别 X 射线图像的主要方法

对于 X 射线图像的识别，从理论上讲，就是通过观察其在显示器上显示的颜色和形状来判断，而实际操作过程中可能会遇到更多的问题。图像的识别方法多种多样，要注意在平时进行归纳总结。

（1）整体判读法：由中间到四周整幅图像进行判读。观察图像的每个细节，判读图像中的物品是否相联系，有无电源、导线、定时装置、起爆装置和可疑物品。

（2）颜色分析法：根据 X 射线安检机对物质颜色的定义，通过图像呈现的颜色来判断物体的性质。

（3）形状分析法：通过图像中物体的轮廓判断物体。有些物品 X 射线穿不透，但轮廓清晰，可直接判断其性质。

（4）功能键分析法：充分利用功能键的分析功能，对图像进行综合分析比较。反转键有利于看清颜色较浅物品的轮廓，有机物/无机物剔除键有利于判断物品的性质。

（5）重点分析法：抓住图像中难以判明性质、射线穿不透的物体，对有疑点的地方重点分析，其主要应用于对液体、配件、电子产品的检查。

（6）对称分析法：根据图像中箱（包）结构特点找对称点，主要针对箱（包）结构中不对称的点状物体或线状物体进行分析比较，发现可疑物体。

（7）共性分析法：举一反三，抓住某个物体的结构特征来推断其他同类物品。

（8）特征分析法：也称结构分析法，是指抓住某个物体结构中的一些特征来判断。

（9）联想分析法：通过图像中一个可判明的物品来推断另一个物品。

（10）观察分析法：通过观察受检乘客来判断其所携带的物品是否可疑。

（11）常规分析法：判断图像中显示的物品是否有违反常规的现象。

（12）排除法：排除已经判断的物品，对其他物品需要重点分析检查。

（13）角度分析法：联系物品各种角度的图像特征加以分析判断。

（14）综合分析法：利用上述方法中的几种情况，结合图像进行判读。

3. X 射线安检机值机员在识别一幅 X 射线图像时的要求

（1）从图像中间向四周进行判别。

（2）按照图像颜色的不同来进行判别。

（3）按照图像所呈现的层次来进行判别。

（4）结合图像辨别方法来辅助进行判别。

（5）图像模糊不清无法判断物品性质的，可调整物品摆放位置后再检。

（6）发现疑似电池、导线、钟表、粉末状物、块状物、液体、枪弹状物及其他可疑物品的，应采用综合分析法结合重点分析法等方式进行认真检查。

（7）发现容器、仪表、瓷器等物品时，应在利用功能键帮助分析的情况下进一步识别，如仍不能确定性质，应进行开箱（包）检查。

（8）照相机、收音机、录音机、录像机及电子计算机等电器的检查，应仔细分析其内部结构是否存在异常，如有异常或不能判明性质的物品，应结合开箱（包）检查。

（9）遇乘客声明的不能用 X 射线安检机检查的物品时，应按相关规定或情况处理，在了解情况后，如可以采用 X 射线安检机进行检查，应仔细分析物品的内部结构是否存在异常。

4. 对可能隐含危险品的物品进行识别

以下物品可能含有危险品，安检员应在检查工作中加强识别：

（1）野营设备：可能含易燃气体（如丁烷、丙烷等）、易燃液体（如煤油、汽油等）或易燃固体（火柴等）。

（2）探险设备：可能含爆炸品（信号弹）、易燃液体（汽油）、易燃气体（野营燃气）以及其他危险物品。

（3）热气球：可能含装有易燃气体的钢瓶、灭火器、电池等。

（4）诊断标本：可能含感染物质。

（5）潜水设备：可能含装有压缩气体（如空气、氧气等）的钢瓶，也可能含高强度的潜水灯，其在空气中开启能释放极大的热量。

（6）钻探和采掘设备：可能含有爆炸品或其他危险物品。

（7）敞口液氮容器：可能含常压液氮。

（8）冷冻胚胎：可能装有冷冻液化气体或干冰。

（9）摄影组和宣传媒介设备：可能含爆炸烟火装置，装有内燃机发电机、湿式电池、燃料、发热物品等。

（10）摄影用品：可能含危险物品，如加热装置、易燃液体、易燃固体、氧化剂、毒害品或腐蚀品等。

（11）试验室设备、化学品：可能含危险物品，如易燃液体、易燃固体、氧化剂、毒害品或腐蚀品等。

（12）赛车或摩托车队的设备：可能含发动机、含燃料的油箱、湿式电池、易燃气溶胶、硝基甲烷或其他汽油添加剂、压缩气体钢瓶等。

（13）修理箱：可能含有机过氧化物、易燃黏合剂、碱性溶剂等。

（14）工具箱：可能含爆炸品（射丁枪）、装有压缩气体的钢瓶、气溶胶、易燃气体、易燃黏合剂或油漆、腐蚀性液体等。

六　危险品、违禁品的 X 射线图像识别

（一）危险品的 X 射线图像识别

1. 易燃液体

识别易燃液体，一般是观察在 X 射线安检机上所显示的图像内有无盛装液体的容器，如有，则应进一步观察其所装的液体量是否正常。需要特别注意的是，容器内的液体如果过满或过少，这时就要怀疑其中所装的液体是不是该容器原本所装的液体。如果彩色图像中该容器内的液体呈橘黄色，这时就必须开箱（包）检查以确定该液体是否属于易燃液体，如图 3-17、图 3-18 所示。相关彩图见二维码 3-10、二维码 3-11。

图 3-17　塑料瓶的显示形态

71

图 3-18　玻璃瓶的显示形态

2. 爆炸物

鞭炮等外包装是纸，纸既是有机物，又很薄，所以，在 X 射线图像中呈现浅橙色；火药是混合物，在 X 射线图像中呈现绿色。需要注意的是，当发现一个规则形状的物体在 X 射线图像中呈现均匀的绿色时，一定要开箱（包）检查。爆炸物在 X 射线安检机上的显示形态如图 3-19 所示。

3. 压力罐

压力罐外壳一般是较薄金属，在 X 射线图像中呈浅蓝色，罐内的液体或气体呈橙色，当两者均匀的混合物叠加时，在 X 射线图像中呈绿色。压力罐的图像形状：底部有凹槽，前段是层次分明的蓝色圆环，有尖嘴的是打火机充气管，没有尖嘴的是喷雾剂等喷雾罐。压力罐在 X 射线安检机上的显示形态如图 3-20 所示。相关彩图见二维码 3-12、二维码 3-13。

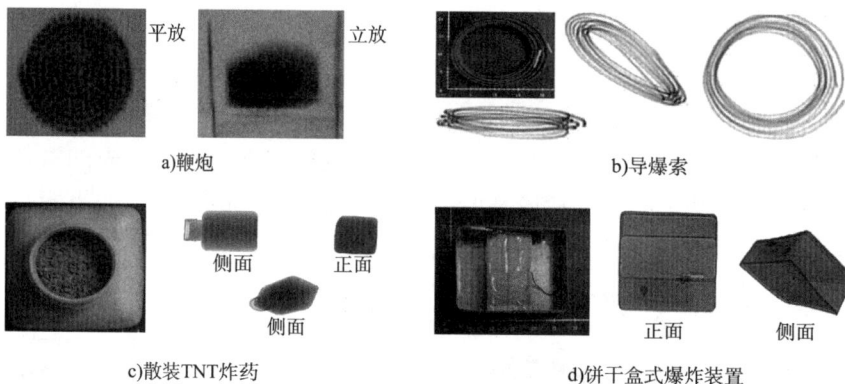

a)鞭炮　　　　　　　　　　　b)导爆索

c)散装TNT炸药　　　　　　　　d)饼干盒式爆炸装置

图 3-19　爆炸物在 X 射线安检机上的显示形态

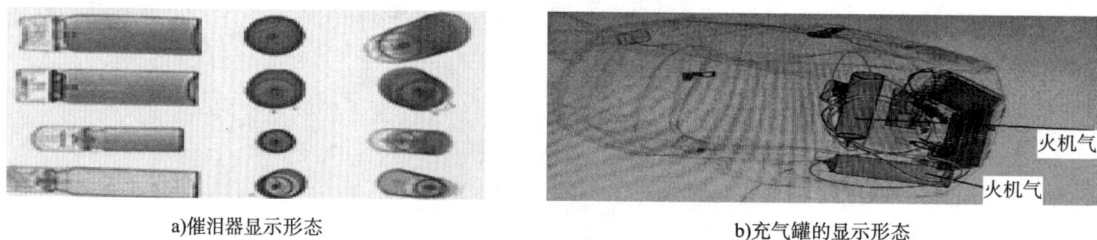

a)催泪器显示形态　　　　　　　　b)充气罐的显示形态

图 3-20　压力罐在 X 射线安检机上的显示形态

4. 腐蚀性物品

识别腐蚀性物品，可通过对受检乘客就发现的可疑化学物品进行询问，了解情况；同时通过物品名和性能标志及相关的证明文件来判别可疑物品是否属于腐蚀性物品。硫酸的 X 射线图像如图 3-21 所示。相关彩图见二维码 3-14。

图 3-21 硫酸的 X 射线图像

5. 有毒物品

识别有毒物品，可通过对爱检乘客就所查获的装有可疑化学物品的容器进行询问，同时注意观察对方表情是否自然。另外，还可以通过品名和性能标志及相关的证明文件来识别其是否为有毒物品。杀虫剂的 X 射线图像如图 3-22 所示。相关彩图见二维码 3-15。

图 3-22 杀虫剂的 X 射线图像

（二）违禁品的 X 射线图像识别

1. 枪支弹药、警用物品识别

（1）藏匿武器的识别。制式的枪支具有特有的外形特征，材料往往是采用钢等密度较大的金属，因此，除个别部位外，其在 X 射线彩色显示器上显示的往往是 X 射线难以透过的红色甚至黑色。由于其弹匣部分的金属较薄，故显示的是蓝绿色。但是，由于枪支在包裹中放置角度的关系，在 X 射线显示器中的图像会发生变形，这就要求安检员一定要经常上机操作。相关彩图见二维码 3-16。

（2）子弹的识别。在 X 射线安检机彩色图像中，弹头一般呈暗红色，弹壳一般呈黄色（蓝色）。在图像中查验子弹时，可按下图像增强键，寻找图像黑点，再综合其外观结构特点判别。若子弹平放时，呈一个暗红色圆点。例如，901 钢珠防暴弹呈短粗圆柱形，一头稍粗，正放时整个图像呈红色粗长条形，中部颜色稍深，按下图像增强键隐约可见中部钢粒及尾部触点。子弹与弹壳的 X 射线图像如图 3-23 所示。相关彩图见二维码 3-17。

图 3-23 子弹与弹壳的 X 射线图像

（3）军警用械具（图3-24）。

①电击器。电击器的电源（电池）、升压装置（变压线圈电容）、电击点（如两个或三个触头，或者是金属圆环）在图像中呈现暗红色，要注意把握其基本的结构特征，注意与一些小件电器（如收音机、电动剃须刀等）进行区分。

②催泪器。由于内装物不同，其在X射线安检机彩色图像上分别显示为黄色或绿色，瓶口中心有金属喷头。

③警绳。警绳的外形与普通的绳子差异不大，主要是多了便于捆扎的固定金属环扣，在X射线安检机图像中可留意这一特征。

④手铐。手铐的外形特征比较容易识别，由于其常用硬质合金制成，在X射线安检机图像中显示红色，但要注意手铐在行李中不同位置引起的显示图像的变形。相关彩图见二维码3-18。

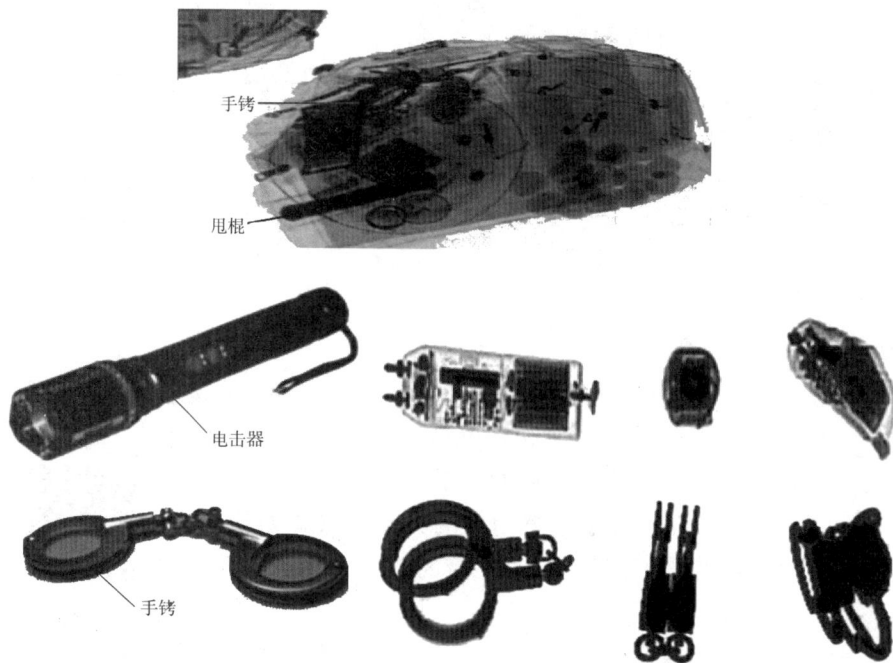

图3-24 警用器械的X射线图像

2. 管制刀具X射线图像识别（图3-25，相关彩图见二维码3-19）

（1）包裹中藏匿管制刀具的识别。管制刀具一般由刀刃和刀柄组成，有的还带有刀鞘。由于这三个部分材质不同，所以，在X射线安检机显示器上的图像也有差异。

刀刃一般由金属制成，因其厚度和密度不同，金属较薄或低密度时呈现蓝色，较厚或密度较高时呈现X射线无法透过的红色或黑色。

刀柄部分一般采用有机材料（如木材、塑料等）制成，所以，在X射线安检机显示图像中呈深浅不一的橘黄色。

刀鞘部分根据不同材质也呈现不同颜色。

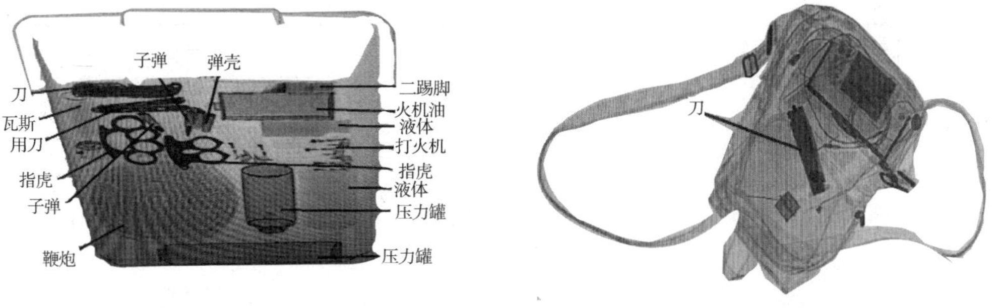

图 3-25　刀具的 X 射线图像

在对管制刀具进行识别时应注意，由于刀具在箱（包）内放置的角度不同，显示图像上会有较大差异。特别是当刀具位于箱（包）的底部、刀刃与 X 射线平行时，其显示图像上是一条黑线或呈蓝绿色的线。这时可把箱（包）转一个方向再通过 X 射线安检机，也可直接开箱（包）检查。

（2）身上藏匿管制刀具的识别。如果乘客身上藏匿管制刀具，可采用金属探测器或手工检查。需要特别注意乘客身上应重点检查的部位。

七　X 射线安检机的维护

1. 通道式 X 射线安检机的使用注意事项

（1）将待检物品放在传送带上，请注意行李必须卧放，不要竖立放置。

（2）检查安检机出口处防夹手滚筒是否实用。

（3）确认所有盖板均已盖好。

（4）安检机键盘请勿大力按压。

（5）防止各种液体流入机器。如果发生该情况应立即关机。

（6）散热口上无灰尘、无遮挡。

（7）铅门帘损坏或打开时，不能让设备工作。

（8）设备工作时，尽量避免站在通道出、入口附近。

（9）请勿在安检机上乱涂乱画。

（10）触摸到强烈的静电须立即上报维修中心。

（11）确认辐射剂量极低，完全符合 X 射线国家职业健康标准。

（12）设备机壳四周及准直器部位均用加厚大面积铅板屏蔽；确认通道出、入口均装有铅门帘，几乎将射线对外辐射降低为零。

（13）设备的 X 射线检测剂量极低，同时能保证对被测物体有足够的穿透力，对感光材料、食品、药物及磁带多次照射无影响。

2. X 射线安检机的常见故障、原因及排除方法

X 射线安检机的常见故障、原因及排除方法见表 3-3。

X射线安检机的常见故障、原因及排除方法 表 3-3

故 障 部 位	故 障 现 象	可 能 原 因 分 析	排 除 方 法
电源故障	1. 系统无法上电	（1）本地电源是否正确； （2）无钥匙开关或者未将钥匙开关置于接通位； （3）熔断器熔断； （4）断路器位于断开位置； （5）紧急停止开关处于锁定状态； （6）交流接触器损坏； （7）端子接线松脱	（1）检查本地电源符合220V、50Hz的范围； （2）插上钥匙开关，顺时针旋转至接通位置； （3）更换熔断器； （4）合上断路器； （5）顺时针旋转紧急停止按钮进行复位； （6）更换交流接触器； （7）检查接线并重新连接 （**注意**：在系统上电前，确认设备正常）
	2. 电源指示灯不亮	（1）设备没有启动； （2）指示灯电缆未连接； （3）端子接线松脱； （4）指示灯损坏	（1）启动设备； （2）将指示灯电缆连接起来； （3）检查接线并重新连接； （4）更换指示灯
	3. 系统可通电，但无其他功能	（1）电子控制器或射线源控制器电源没有插在插座里； （2）接触器KM2损坏； （3）开关电源损坏； （4）网口线没有连接； （5）和工控机相连的串口线未连接	（1）将电子控制器或射线源控制器插头插入相应的插座里； （2）更换接触器； （3）更换开关电源； （4）连接网口线到工控机； （5）连接串口线到工控机 （**注意**：不正确的电压输出会损坏器件，在更换和调整时应断开电源）
系统控制故障	1. 传送带不能向前运行	（1）RS-232线未连接； （2）电子控制器损坏； （3）启动电容损坏； （4）电缆连接松脱； （5）电动滚筒损坏； （6）传送带被卡住	（1）正确连接RS-232线； （2）更换电子控制器； （3）更换启动电容； （4）检查电缆连接，重新紧固电缆； （5）更换电动滚筒； （6）调整传送带
	2. 传送带不停	（1）电子控制器损坏； （2）CPU板故障	（1）更换电子控制器； （2）重新启动工控机

续上表

故障部位	故障现象	可能原因分析	排除方法
X 射线控制故障（在维修此部分之前，应排除所有电源和系统控制方面的故障）	1. X 射线源不发射	（1）通道中没有物品或者物品未挡住光障； （2）安装联锁开关位置的盖板被打开； （3）射线源控制器电源插头未插； （4）交流接触器损坏； （5）X 射线源损坏； （6）射线源控制器损坏； （7）X 射线源电缆未正确连接； （8）光障未正确连接； （9）光障损坏； （10）电动滚筒没有运转； （11）电子控制器损坏	（1）在通道中放置足够大且不透光的物品； （2）盖好联锁开关位置的盖板； （3）插上射线源控制器电源插头； （4）更换交流接触器； （5）更换 X 射线源； （6）更换射线源控制器； （7）重新连接 X 射线源电缆； （8）检查光障电缆并正确连接； （9）更换光障； （10）启动电动滚筒； （11）更换电子控制器
	2. X 射线发射指示灯不亮	（1）X 射线未发射； （2）电子控制板损坏； （3）电缆未正确连接； （4）射线指示灯损坏	（1）在传送带上放置物品后启动滚筒，使射线发射； （2）更换电子控制板； （3）检查电缆并正确连接； （4）更换指示灯
图像显示故障（处理前先确认 X 射线发生器在电和机械上已合适地调整过了。确认供电电源电压符合要求）	1. 系统上电后显示器屏幕不亮	（1）显示器电源未接通； （2）显示器信号线未连接	（1）接通显示器电源； （2）连接显示器信号线
	2. 工控机运行后，应用程序运行，显示器上显示竖直条纹	（1）信号处理板损坏； （2）连接线故障	（1）更换信号处理板； （2）更换连接线
	3. 行李检查期间无图像	（1）控制板与工控机串口连接线损坏； （2）控制板损坏； （3）光障损坏	（1）更换串口线； （2）更换控制板； （3）更换光障
	4. 行李检查期间出现水平线	探测器或探测板故障	更换探测器或相应的探测板

双视角通道式 X 射线安检机

双视角通道式 X 射线安检机如图 3-26 所示，相关彩图见二维码 3-20。

二维码3-20

图 3-26　双视角通道式 X 射线安检机

1. 双视角通道式 X 射线安检机的优势

与单视角通道式 X 射线安检机相比较，双视角通道式 X 射线安检机具有以下优势：

（1）当违禁品以特殊角度摆放通过，单视角图像上呈现点状或线状，安检员难以正确识别从而造成漏检；而双视角设备借助另一视角图像可以准确识别，危险品无以遁形。

（2）两个角度综合评判，有效排除了遮挡物对爆炸物品自动探测计算的干扰，极大地提高了探测的准确性。

（3）对于一些具有明确目标物的检查，如照相机、手机、爆炸装置等，双视角设备可以准确判断物体外观。

（4）判图准确，无须复检，极大地提高其通过流量。

2. 双视角通道式 X 射线安检机的基本工作原理

双视角通道式 X 射线安检机的内部采用两套 X 射线源和探测器，是在传统单视角通道式 X 射线安检机基础上发展起来的新技术设备。双视角设备从两个不同角度对其中所通过的包裹进行扫描成像，采用了两组独立的源探结构，可提供水平、垂直两个视角的图像并分别显示，可有效避免由于物体重叠带来的读图困难，从而能更加准确、有效地识别危险品和违禁品。双视角探查方式不仅缩短了检测时间，提高了检测效率，还极大地降低了漏检率。

单元 3.4　便携式炸药探测器

QS-H150 量子鼻"旋风式"样品收集技术，可以非接触探测炸药痕迹粒子和蒸气分子，并且能够实时分析。它优于其他同类产品，对绝大多数有威胁的物质，量子鼻可以探测到纳克级的炸药蒸气和纳克级的炸药粒子。

一　QS-H150 便携式炸药探测器的结构

QS-H150 便携式炸药探测器的结构如图 3-27 所示。

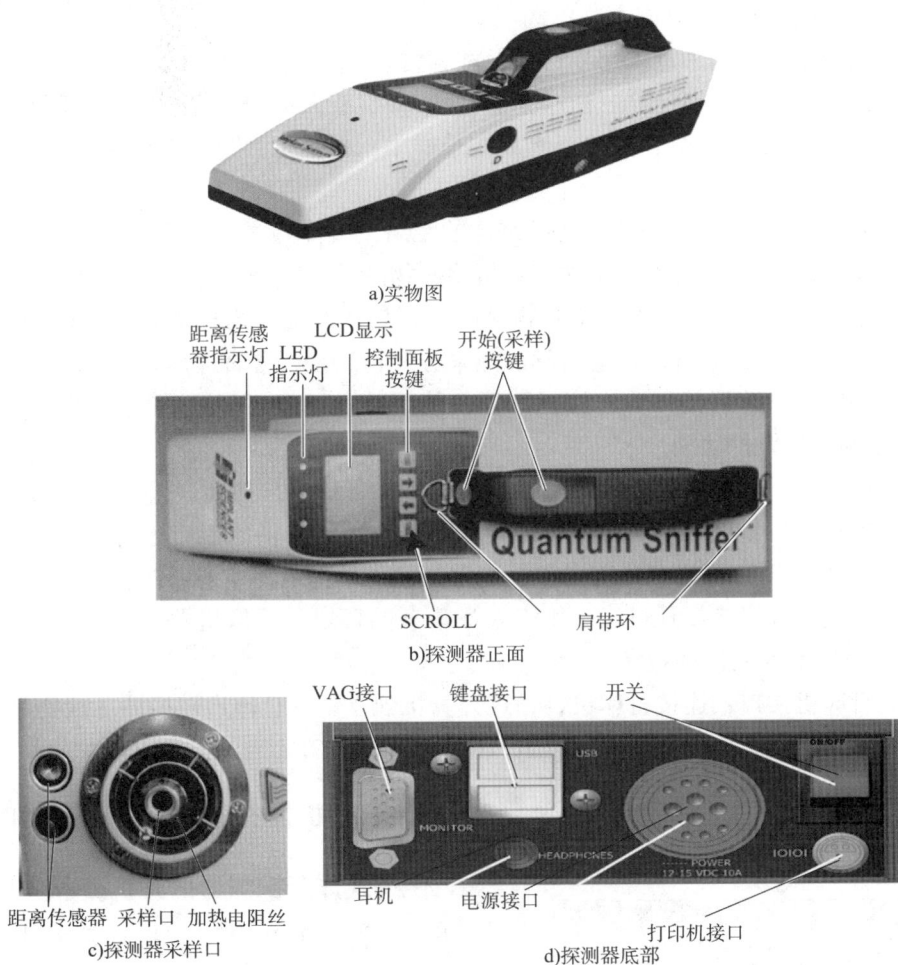

a)实物图

b)探测器正面

c)探测器采样口

d)探测器底部

图 3-27　QS-H150 便携式炸药探测器的结构

QS-H150 便携式炸药探测器各部位名称及功能如下：

（1）LCD 显示：用于显示简单的软件界面菜单，当检测到危险物品时，提示安检员此物品是不是爆炸物品。

（2）LED 指示灯：指示系统的状态说明。

①蓝色灯：报警；

②绿色灯：就绪；

③闪烁绿色灯：正在取样；

④黄色灯：等待；

⑤黄色灯/绿色灯：待命模式。

注意：当三种灯同时闪烁时，指示系统正在启动或硬件、软件出现故障。

（3）开始（采样）按键：手柄上两个前后绿色键为开始采样按键。

（4）⇧ ⇩：调整增大数据值或进入菜单选项。

（5）ENTER：减少数值进入菜单选项。

（6）SCROLL：此键为进入菜单选项及注销键。

（7）肩带环：在复杂环境中检查物品时，方便检查人员携带（斜挎在肩部）。

（8）距离传感器指示灯：被检查物品在采样中，根据探测距离是否合适，分别发出不同的声音。

（9）距离传感器：通过被检查物品采样的距离，由传感器发出的声音，判断采样口是否能够以正确的距离、正常旋风采样，分析检测物品是否安全。

（10）采样口和加热电阻丝：检测物品时，距离传感器发出检测正常的响声，采样口旋风式吸入物质颗粒，通过加热电阻丝加热来分辨物品是否含有爆炸物。

（11）视频图形阵列接口：连接显示器，使用独立键盘可以更简便地深入分析操作，执行本设备的各种维护功能。

（12）键盘接口：连接独立键盘，执行本设备的各种维护功能。

（13）电源接口：电量不足时用于外接电源线连接插入供电插口进行系统充电（只有屏幕显示就绪状态时才可以从内部电源、电池切换到外部电源、电源线）。

（14）耳机：耳机连接耳机线，用于人员嘈杂的环境，听取机器检测物品距离是否适当及检测到危险品时发出的报警声。

（15）打印机接口：连接打印机，通过计算机独立键盘打印出被检测危险物品的性质。

（16）开关：用于使用前后的开关机，ON 为开机、OFF 为关机。

二 QS-H150 便携式炸药探测器的操作

1. 便携式炸药探测器的开机流程

（1）按下"SCROLL"键将光标移到密码的第一个数字上。按下"ENTER"键，输入六位完整密码（自设）。登录系统后，会出现日期和时间设置画面，如图 3-28 所示。

（2）如果日期和时间是正确的，直接按"开始"键跳过；如果日期和时间不正确，根据屏幕

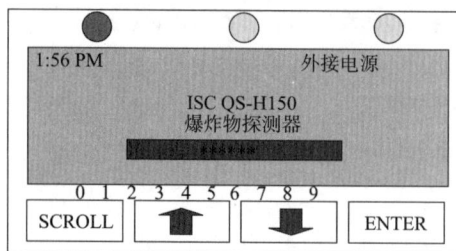

图 3-28 开机后探测器画面图

提示，修改日期及时间。

（3）预热持续约15min。预热结束后，系统会进行自动校准。如果校准失败，3个LED灯会轮流闪烁。

注意：绿色（未闪）灯亮时表示机器处于准备随时取样状态。绿色灯闪烁时表示机器正在进行采样。黄色灯表示待机状态，机器系统忙碌。蓝色灯表示检查的物品中含有爆炸物品（需要进一步确认，避免误报）。绿色/黄色灯表示长时间不使用机器，待机状态时为绿色/黄色灯亮，在机器使用电池时，由于机器长时间不使用自动转为"省电模式"，这时绿色/黄色灯同时闪烁（可以随时使用）。以上三种灯同时闪烁时表示系统正在启动，在机器启动后使用时，三种灯同时闪烁表示机器系统可能出错（这时可以重启机器，如果三种灯依旧同时闪烁则应报修）。

2. QS-H150便携式炸药探测器的采样方式

（1）三硝基甲苯、二硝基甲苯（DNT）和硝化甘油（NG）的蒸气压力较高，当被空气稀释时也可被探测到。

（2）黑索金、泰安（PETN）、奥克托金（HMX）和黑火药的蒸气压力很小，并很难被蒸气法探测到，但通过加热的方法使浓度变高可以探测到。

（3）由于微粒污染比较容易附着在包装和把手等人手容易接触的地方，所以，每次都要先探测这些地方。

（4）要将注意力集中在容易接触到的地方，包括车辆、衣箱、电脑、包裹、衣物、身份证及个人物品等。

（5）爆炸物微粒可以在物体表面保留很长时间。

采样方式可分为直接采样、移动采样和对试纸探测3种，直接采样、移动采样如图3-29所示。

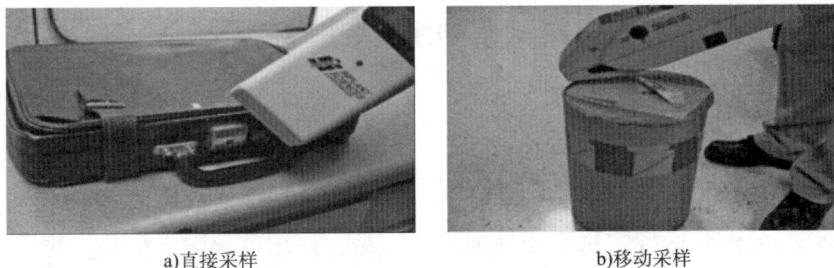

a)直接采样　　　　　　　　　　b)移动采样

图3-29　便携式炸药探测器的采样方式

（1）直接采样法：直接采样法如图3-29a）所示，用于可直接被探测的可疑物。若为密封环境，可打开一个小口让蒸气缓慢散发。探测流程：确认系统为"就绪"状态→按"开始"按钮→采样将持续15s→保持采样口与目标距离1～2cm→查看探测结果。

（2）移动采样法：移动采样法如图3-29b）所示。适用范围：表面加热困难的可疑物；加热可能导致损坏的可疑物；机器不能直接采样的地方；需在短时间内探测大面积区域时；集体行动，每个人都要进行采样时。

（3）对试纸探测：要戴干净的手套，用干净的试纸擦拭待测区域。使用采样试纸擦拭可疑物，在擦拭时请尽量用力以得到更多的样品，同时尽量把样品收集到试纸的中心，分析试纸。当用试纸采集完样品后，可以用直接探测法进行探测，探测时请保持 1 ~ 2cm 的距离，也可以用手拿住试纸进行探测；戴上手套以减少污染并防止被烫伤。对试纸探测操作图如图 3-30 所示。

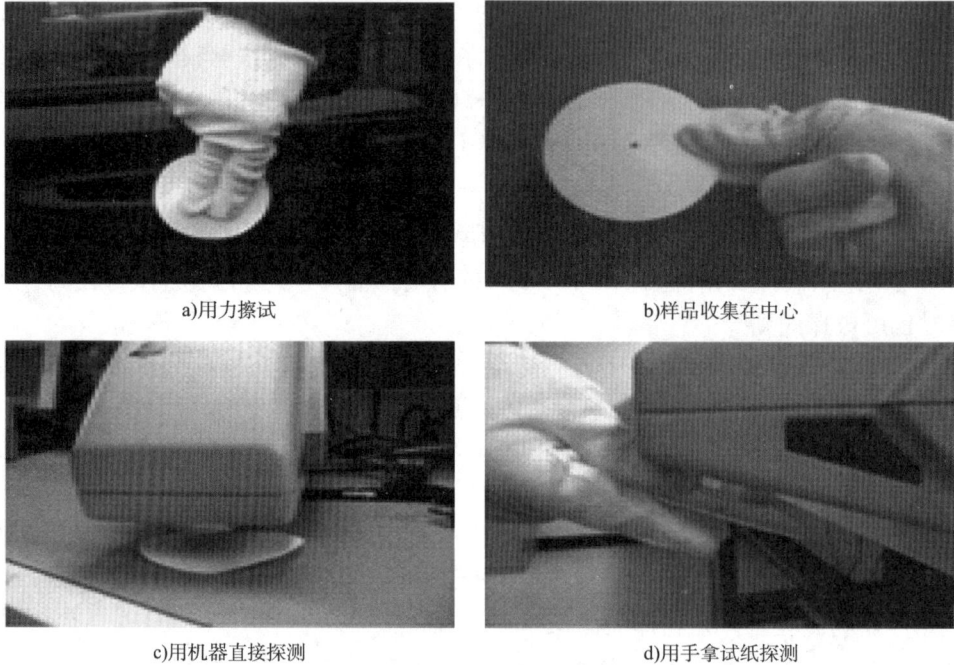

| a)用力擦试 | b)样品收集在中心 |

| c)用机器直接探测 | d)用手拿试纸探测 |

图 3-30　对试纸探测操作图

三　QS-H150 便携式炸药探测器的维修

1. 日常使用和维护

（1）接通电源前确保正确使用电源线。

（2）爆炸物检测仪的触摸屏属于易碎品，在使用过程中要轻触。

（3）爆炸物检测仪的标定物属于易损易耗物品，使用过程中要小心，使用后要盖好并妥善保管。

（4）关机时，必须严格按照关机的流程进行操作，切勿在工作状态下直接关闭电源。关闭电源后，如果要将仪器装入包装箱，尽量先将仪器冷却 10min 后再装箱。

2. 维修

1）探测器的气流

探测器的气流必须保持干燥。干燥剂的作用就是隔绝空气中的湿气，干燥剂放在仪器下方的干燥舱内，当仪器报警"湿度太高"时，请更换干燥剂；否则，会影响机器的正常探测。湿度大的区域需要更频繁地更换干燥剂。

2）更换干燥剂（图3-31）

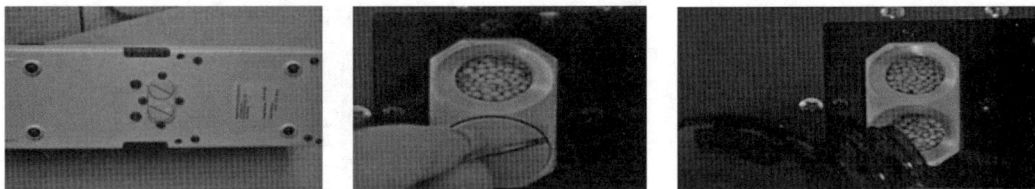

图3-31 更换干燥剂示意图

①关机；

②将机器翻过来，可以看到两个浅黄色的盖子；

③打开盖子；

④倒出旧的干燥剂，并将新的干燥剂倒入，然后拧好盖子。

3）采样口（图3-32）

采样口又是进气口，应每周用酒精和棉签擦拭清洁，当警报无法清洁成功时，也可以用这种方法进行清洁。

4）空气进气风扇口（图3-33）

空气进气风扇口不能触摸，要经常保持清洁。

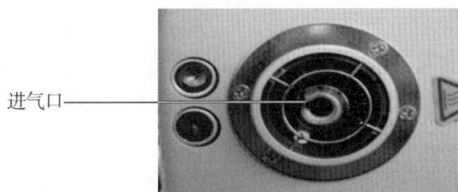

图3-32 进气口

图3-33 进气风扇口

单元3.5 台式爆炸物/毒品检测仪

台式爆炸物/毒品检测仪是一种通过采集空气中或者被检测物体表面的细微颗粒或痕量蒸气以探测爆炸物并分析、鉴别其种类的检查设备。该设备主要应用于：搜查非法毒品，检查乘客、行李和包裹，检测是否携带和藏匿各种不同的爆炸物。本单元以IONSCAN400B设备为例进行介绍，如图3-34所示。

一 IONSCAN400B 型检测仪的特点

（1）可检测45种爆炸物，还可增添新物质。

（2）检测灵敏度达到皮克（10^{-12}g）级。

（3）6.6s分析一个样品。

（4）检测到爆炸物时发出报警声音，同时显示所检测到的物质名称（英文缩写）。

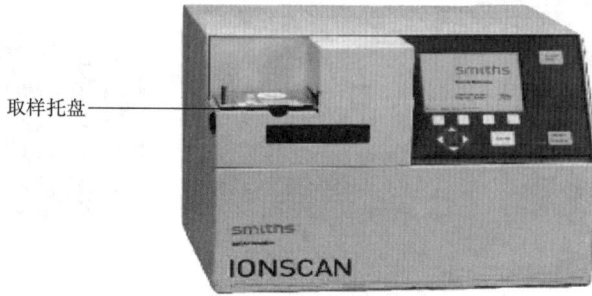

图 3-34　IONSCAN400B 台式炸药/毒品检测仪

二　IONSCAN400B 型检测仪的结构

1. 内部结构和功能

IONSCAN400B 型检测仪内部主要由 IMS 模块、气流系统、电路控制、机械部分组成。

（1）IMS 模块：IMS 模块是 IONSCAN400B 型检测仪的核心，负责样品的分析和识别工作。

（2）气流系统：在样品分析时，样品首先被气化并被样品气流带入 IMS 模块，气流由仪器内部的气流模块提供。

（3）电路控制：IONSCAN400B 型检测仪的电路部分由 CPU 板和模拟板组成，在接收到信号后，由 CPU 板处理，同时参数的存储、逻辑运算等也在此完成。仪器分析所需电源，高压电模拟板提供，温度等也由模拟板控制。

（4）机械部分：机械部分是分析样品时重要的部件，在样品放入仪器后，由解吸器使其加热并使可气化物气化进入 IMS 模块。

2. 设备组件介绍

IONSCAN400B 型检测仪由主机、取样器、取样布、口红、干燥剂瓶、防尘滤清器和控制面板等构成，如图 3-35 所示。

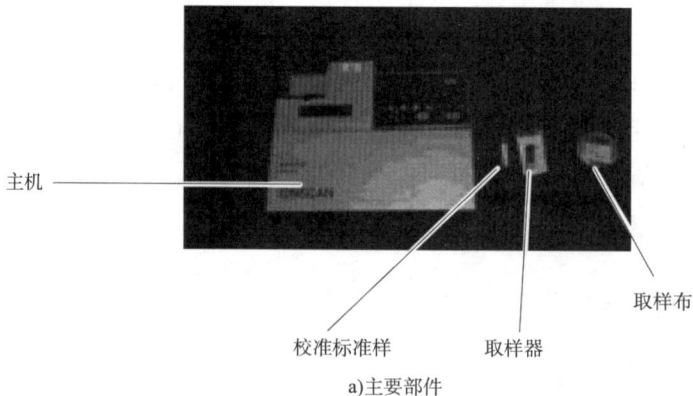

a)主要部件

图　3-35

快速接头
干燥剂
干燥剂瓶
数据接口
防尘滤清器
开关　电源接头
b)后面

报警复位键，报警后按
此键将声音关掉
回车键
箭头键
REAPY/STANDBY键
（准备就绪/待机键）
c)控制面板

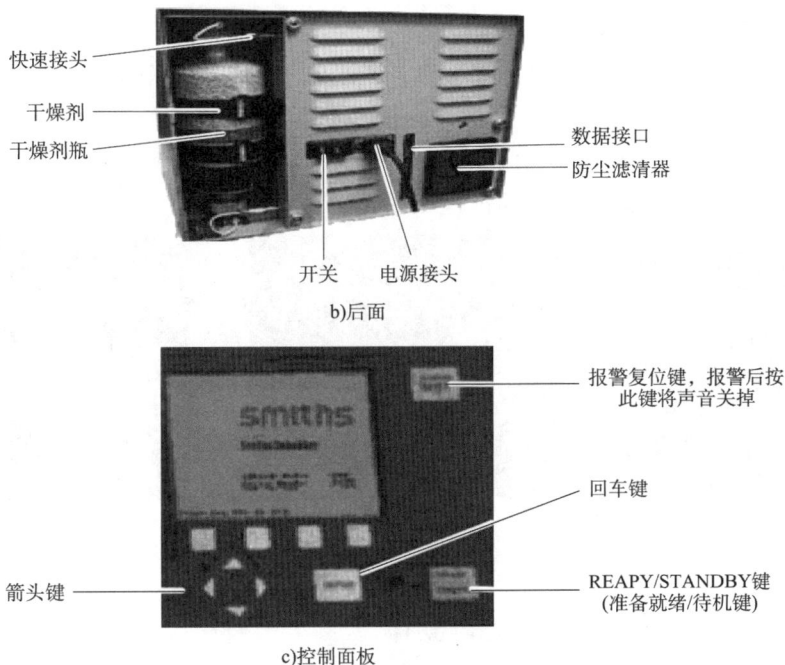

图 3-35　IONSCAN400B 设备组件

三　IONSCAN400B 型检测仪的工作原理和检测到爆炸物的方法

1. 工作原理

IONSCAN400B 型检测仪（图 3-36）采用 IMS（离子迁移光谱）检测技术，这种技术的工作原理如下：很多化学物质会散发出蒸气或颗粒，这些蒸气或颗粒会被它们与之接触的材料（如衣服、行李、皮肤、容器、纸张等）表面吸附或黏附，可通过真空吸附或擦拭表面的方式来收集这些痕量的蒸气或颗粒。所收集的样品被加热变成气体。气化后的样品与放射源（63Ni）发出的 β－离子碰撞后变成带电离子。这些离子在一个受控电场作用下沿离子迁移光谱（IMS）管"漂移"，"漂移"的速度取决于离子的大小和结构。每种离子都有一个特征"漂移"速度，这一速度就像指纹一样，可用来识别产生每种离子的原始物质。离子迁移光谱检测仪如图 3-37 所示。

图 3-36　IONSCAN400B 型检测仪

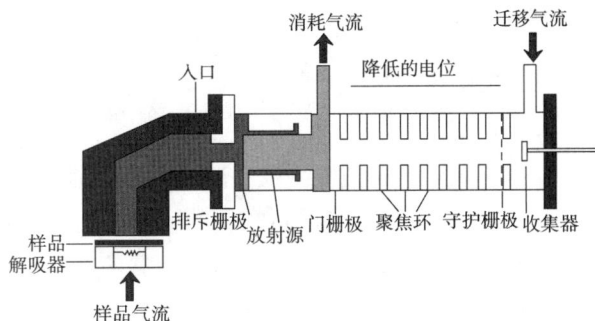

消耗气流　迁移气流
入口　降低的电位
排斥栅极　门栅极　聚焦环　守护栅极　收集器
样品　放射源
解吸器
样品气流

图 3-37　离子迁移光谱检测仪

2. 检测到爆炸物的方法

犯罪分子在制造爆炸装置时，爆炸装置表面会被痕量爆炸物污染。该爆炸装置被隐藏在行李舱中，使箱子外面粘上少量爆炸物。操作员将粘到箱子外面的这些爆炸物收集起来。所收集的样品在 IONSCAN400B 型检测仪上进行分析，检测到可疑物时仪器发出报警，并显示可疑物名称。检测到爆炸物的过程如图 3-38 所示。

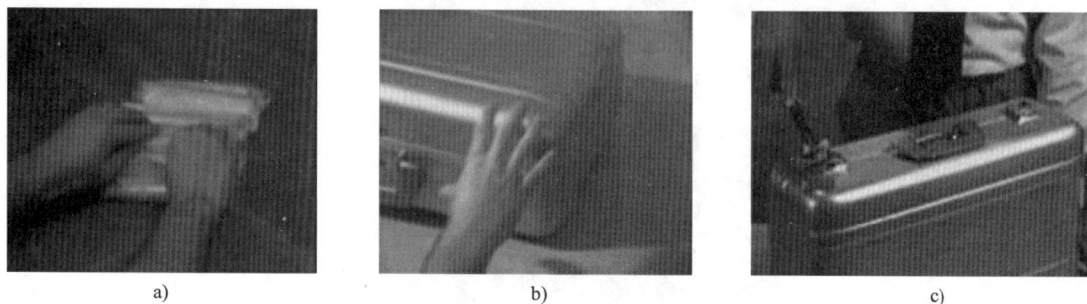

a)   b)   c)

图 3-38　检测到爆炸物的过程

四　IONSCAN400B 型检测仪的操作

1. 开机前检查

确保环境温度在 $0 \sim 40℃$ ，相对湿度小于 95% ，仪器后面干燥剂瓶中粉色（上面）和蓝色（下面）试剂之间的分界线与黑色木炭区的距离超过 2.5cm（否则更换干燥剂后才能开机）。新的干燥剂是蓝色的，湿的干燥剂是粉色的。

2. 开机

打开仪器后面的电源开关。打开电源后，仪器进行一系列自检。自检完成后，根据提示按"准备就绪（READY）/待机状态（STANDBY）"键一次，然后等待约 15min，仪器准备就绪（绿色准备就绪指示灯停止闪烁）。

> **? 提示**
>
> 开机只需两个动作，即按电源开关（在仪器后）和按"准备就绪/待机状态"（在面板上）键。

3. 取样布的使用

1）取样布的存放

IONSCAN400B 型检测仪是通过对被检物品的表面污染取样分析来检查可能隐藏的爆炸物的。取样是利用取样布实现的。取样时先将取样布从密封的真空包装袋中取出，用手将其展开，然后放进随仪器来的取样盒中。

2）取样布的使用

从取样盒中拿出取样布，用手轻轻捏住取样布的边缘，确保不要碰到取样布的中心位置。摆放取样布时，将长方形取样布长的一端顺着取样器手柄的方向，然后按下弹簧按钮将其固定。这样就可以进行样品分析了。

4. 确认操作

确认即校验，在仪器准备好后进行，目的是确保系统干净，功能正常，能正确报警。

（1）分析空白样品（干净取样布），若无报警，进行下一步操作；若有报警，继续分析空白样品，直到连续两次无报警为止。

（2）分析确认标准（口红）：轻轻涂抹即可。分析后应有报警，且 Verific 出现在报警列表中才算确认通过，否则，涂抹更多口红继续分析，直到获得 Verific 报警。

（3）再次分析空白样品：按"报警复位"键将报警声音关掉，再次分析空白样品，直到不再产生报警。

> ❓ **提示**
>
> ①每次开机后要确认；在每个班次开始时或在疑问时也要确认；鼓励用户经常进行确认。
>
> ②如果校准物偏差值大于 $\pm 60\mu s$ 且仪器开机不到 1h，要等到校准物偏差值进入该范围内再进行确认。
>
> ③不要让口红污染周围环境和操作员。

---

5. 自动校准

当进行上述开机操作后如果无法得到认证（Verific）报警，就需要进行自动校准操作。自动校准只能在仪器开机就绪 45min 以上才能进行，而且必须确认干燥剂无须更换。

当偏差值在 $\pm 60\mu s$ 之内，屏幕上显示"校准"；显示"行/未做"时，可以自动校准。

按功能键，用箭头键选择自动校准，然后按回车键进入自动校准界面。用确认标准（口红）轻涂一干净的取样滤纸或取样布，分析该样品。出现通过字样后，证明第一次校正成功。重复该分析过程一次，再次出现通过字样后，证明自动校准结束。

第二次通过后，按"存储"键之后，主屏幕上会显示校准"行/已做"。如果自动分析的结果为"失败"，则重复该分析。仪器需要两个"通过"分析结果，自动校准才能成功。做完自动校准后，一定要用口红确认设备状态。

6. 取样

用取样器和取样布取样。取样时，将取样布夹在取样器中，像擦拭灰尘一样在被怀疑物品表面擦试，也可用取样布直接擦拭来取样。

（1）在被怀疑物品表面上容易与目标分析物接触的地方取样。

（2）取样面积不要超过 $0.2m^2$。样品量太大时，用手指轻轻弹掉一些。

（3）用擦拭的方法将嵌入的颗粒取下来。

（4）取样布只要没有被污染，不是太脏或没有弄湿，就可反复使用（最多 5 次），脏的取样布要扔掉。

7. 样品分析

将所取样品放进仪器中，仪器自动进行检测和分析，并给出分析结果。首先，根据显示屏提示，将取样布放入仪器中，放入取样布时，"脏"的一面朝上；其次，将盖子盖上，使取样布上有样品的部分正好暴露在白色取样环下；最后，将托盘一直推到最右边，仪器自动开始进行分析。

（1）分析过程：分析过程自动进行，不需要操作员干预，分析时间为 6.6s。

（2）移走样品：分析完成后，应根据提示将样品移走，即将托盘向左推回原处。

？ 提示

只有在仪器准备就绪时才能进行分析。

8. 分析结果判读

未检测到可疑物质时，仪器显示"通过"（PASS）。

检测到可疑物质时，仪器会发出报警声音（可选择将报警声音关掉，即可选择在报警时不发出报警声音），同时在屏幕上显示报警结果。

报警结果包括以下主要项目。

（1）报警名称：通常为所检测到的物质名称。

（2）相对强度：用条形图表示，红色格子越多，表示检测强度越大。

（3）频道名称：有些报警可能是一个以上频道的检测结果。

（4）频道参数：频道参数包括最高幅度、偏差值和区段数。最高幅度和区段数越大，偏差值越小，表示检测强度越大。

9. 报警后的处理

（1）按"报警复位"键将声音关掉，同时记录屏幕上显示的报警结果。

（2）将用过的取样布扔掉。

（3）待仪器准备就绪后，分析一块干净的取样布，如结果为"通过"，表示仪器内部已经干净；如结果仍有报警，说明仪器内部尚残留有上次的样品，可通过按维护菜单中的"清洗循环"来加快清洗过程，再用干净取样布测试，直至获得"通过"结果。

10. 关机

快速按"准备就绪/待机状态"键两次，使仪器进入"待机状态"2min 后，关掉仪器后面的电源开关。

11. 烘焙

当仪器中有水汽，或受污染程度过大，或长时间不使用仪器时，仪器再次使用时需要烘焙。

烘焙的操作步骤为：快速按下"准备就绪/待机状态"键两次，在待机模式下，在菜单上选择功能键，然后选择系统维护，点击烘焙键，按照画面提示将取样托盘放入分析位置后，再按回车键。

五 可检测到的爆炸物

用户可方便地自行向 IONSCAN400B 型检测仪中编程更多的爆炸物，爆炸物总数可达 45 种，几乎涵盖全部常见爆炸物。IONSCAN400B 型检测仪检测的部分爆炸物和毒品见表 3-4。

IONSCAN400B 型检测仪检测的部分爆炸物和毒品　　表 3-4

爆炸物名称		毒 品 名 称
英文名称	中文名称	
TNT	三硝基甲苯	可卡因
PETN	季戊四醇四硝酸酯（中文名：太恩，极猛烈的炸药）	海洛因
DNT	二硝基甲苯	亚甲基二氧苯丙胺（MDA）
HMX	奥克托今 1，3，5，7-四硝基-1，3，5，7-四氮杂环辛烷（军事上用）	甲基苯丙胺（冰毒）
TATP	三聚过氧丙酮	摇头丸（MDMA）
HMTD	六亚甲基三过氧化二胺	甲基二乙醇胺（MDEA）
RDX	黑索金	四氢大麻醇（THC）
SEMTEX	塑料炸药	氯安酮（K 粉）
Tetryl	三硝基苯甲硝胺（用作炸药或弹药）	吗啡
Ammonium Nitrate	硝胺	鸦片
NG	硝化甘油	罂粟籽
Black-Powder	黑火药	麻古

六 注意事项

1. 操作注意事项

IONSCAN400B 型检测仪是非常灵敏的痕量分析仪器，因此，操作环境必须非常清洁，操作人员取样和分析时须全程戴手套，防止造成污染。因为污染物能降低系统灵敏度，甚至造成误报。此外，仪器本身、取样工具和操作员被爆炸物交叉污染也会造成误报。仪器使用时，其环境温度应在 0 ~ 40℃，相对湿度应小于 95%。要避免有水汽冷凝。

2. 安全注意事项

⚠️：仪器迁移管内部有一低能放射源，在任何情况下用户不得打开迁移管。

⚠️：在使用仪器前，要注意仪器使用的是高温气化样品，应避免接触高温区，以防烫伤。

⚡：仪器内部有高压装置，在电源断开前，不得打开仪器外壳。

单元 3.6 液体探测器

一 液体探测器概述

危险物品液体探测器可检测的液体包括汽油、煤油、柴油、苯、乙醇、油漆、油漆稀料、香蕉水、甲苯、二甲苯、硝基苯、丙酮、甲醇、乙醛、无水乙醚、二硫化碳、环氧丙烷、异丙醇、正戊烷、正庚烷、异丙醚、正丙醇、乙二醇、松节油、乙酸、油酸等。

危险物品液体探测器检测液体时无须开瓶，也无须将液态物品倒入专业仪器中，整个检测过程不超过 20s。此外，危险物品液体探测器对包装容器的材质、颜色和透明度没有特殊要求，塑料、玻璃、陶瓷、金属等多种材质容器包装的液态物品都可以放入系统中进行检测，对容器内的液态物品也不会产生任何影响和破坏。

二 SW-R2 危险物品液体探测器

SW-R2 危险物品液体探测器采用微波探测原理，不用打开瓶盖也能在瞬间判断容器里的液体是否为可燃性液体，其不仅可探测硫酸、盐酸等腐蚀性危险液体，还可探测液体爆炸物的主要原料。

1. SW-R2 危险物品液体探测器的结构（图 3-39）

注意：休眠状态和关机状态，屏幕外观完全一致。

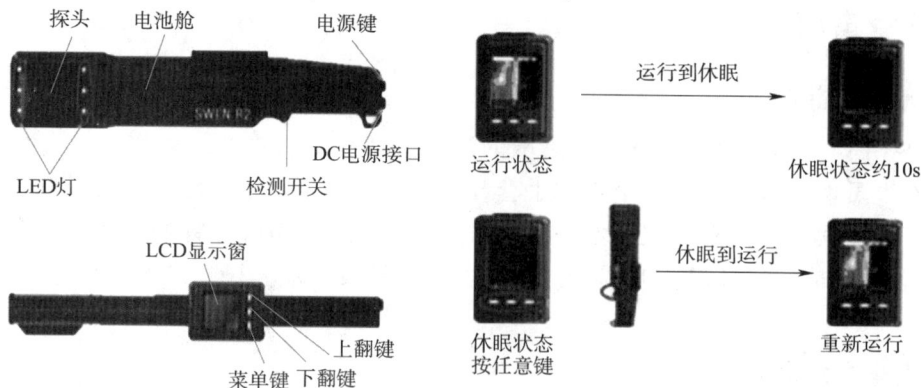

图 3-39 SW-R2 危险物品液体探测器的结构

2. SW-R2 危险物品液体探测器的原理及规格

通过微波的物理性识别额定功率，打开开关后自动进入工作状态，直接扫描目标即可检测。可检测的物品包括腐蚀性液体、液体爆炸物、液体易燃物。

（1）检测原理：通过微波方式物理性识别。

（2）识别信息：目标物的液体性质评测。

（3）测定间歇：2s 内应答。

（4）探测显示：红色 LED 灯亮起及发出警报声来显示危险物。

（5）测定水准：在危险物表面探测，自动识别。

（6）消耗电力：DC12V 输入/0.35A 以下。

（7）使用环境条件：0～50℃，95% 湿度。

（8）尺寸和质量：探测器本身尺寸 64mm×18mm×7mm/，质量为 650g。

3. SW-R2 危险物品液体探测器操作方法

（1）开机前仪器探头部位正面向上，并保持 1.5m 内不要有任何障碍物，待显示窗出现 SUCCESS 标志后方可移动仪器进行检测，如图 3-40 所示。

（2）紧贴被检测物，不要进行任何方向的移动，如图 3-41 所示。

注意：要让仪器与被检测物成 90°夹角，液面高于探头。

（3）持续按下检索键等待结果出现，待结果出现后，一定要先松开扳机。

（4）待松开扳机后再将被检测物拿开。

注意：造成误检的原因可能是检测要求材质以外的物品，或者误操作，或者电量低，等等。

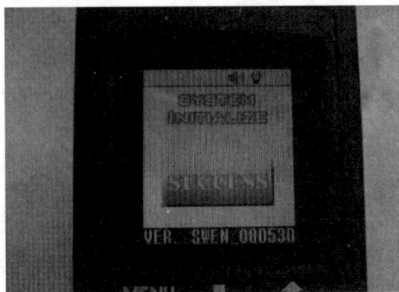

图 3-40 LCD 显示窗

图 3-41 用仪器检查液体

4. SW-R2 危险物品液体探测器系统菜单应用（图 3-42）

（1）BUZZER（警报音开关）。

（2）FLASH LIGHT（照明灯开关）。

（3）LCD BRIGHT（画面亮度调节）。

（4）CLOCK SET（时钟设置）。

（5）CAL IBRATION（系统初始化）。

（6）LOG HISTORY（历史记录查询）。

（7）EXIT（退出菜单）。

5. SW-R2 危险物品液体探测器操作注意事项

（1）开机时，如显示屏显示"FAILURE（失败）"字样，需以正确方法重新启动。

（2）检测物必须为液态物质，其包装必须为玻璃、塑料、纸制品，不可为金属物质或含有金属元素。

（3）检测时，被检测物须紧贴在探头中心部位。

（4）当仪器出现误报、错误提示或违规操作时，请选择菜单第五项进行系统初始化，初始化操作步骤与开机步骤相同。

（5）不能将本产品随意分解。

（6）避免仪器进水、乱按扳机键或磕碰，这样有可能会损坏仪器。

（7）当出现"LOW BATTERY（低压电池）"字样时，应及时充电，请将设备关机充电至少 12h；否则，将缩短电池寿命，同时也可能造成误检。

（8）使用完毕，必须将 LCD 显示窗向上放置，以防损坏，如图 3-43 所示。

（9）当待机状态时，屏幕中央显示"ERROR CODE：03（错误码）"字样，以正确方法重新启动即可（该问题为开机过程中机器按键被按住造成）。

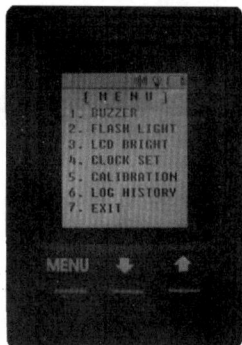

图 3-42　探测器系统菜单　　　　　图 3-43　正确放置仪器

三　SLC-315D 加强型便携式液体检查仪

针对密闭容器液体检测的全新仪器，无须开启瓶盖即可迅速检测塑料、玻璃、陶瓷和金属等材质容器中的液体是否为易燃易爆、腐蚀性物品；无放射源，可保证工作人员的健康和容器内的液体不受污染。检测时只需将容器放入相应的检测槽即可，探测时间为 1 ~ 3s，探测结果通过绿、红、黄三色指示灯显示并同时伴随报警声音提示，其中，绿色指示灯表示所测液态物品为安全物品，可放行；红色、黄色指示灯亮同时伴随连续报警声音，表示所测物品危险。

1. SLC-315D 加强型便携式液体检查仪的结构（图 3-44）

2. SLC-315D 加强型便携式液体检查仪的结构特点

（1）尺寸：45cm × 32cm × 20cm。

（2）功率：11.7W（待机）。

（3）质量：5.9kg。

（4）操作环境：10～40℃。

（5）相对湿度：0～90%（无冷凝）。

（6）受检液体温度：0～40℃。

（7）电源：AC 100～240V（50/60Hz）。

（8）颜色：灰白色。

（9）报警：声音报警、指示灯报警。

a)正面

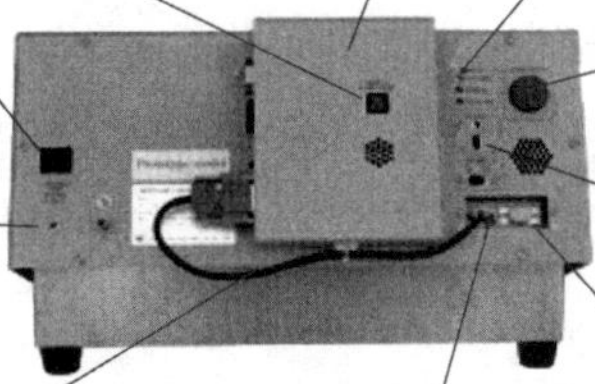

b)背面

图3-44　SLC-315D加强型便携式液体检查仪的结构

3. SLC-315D加强型便携式液体检查仪的基本原理和检测方法

1）漏磁通法（塑料、玻璃、陶瓷瓶检测槽）

不同物质具有不同的介电特性，将装有不同成分液态物品植入静电场中后，有两面电极形成的电场穿过液体，因不同成分液体的介电常数对电场产生的影响不同，通过探测其感应电场等输出量变化判断液体的成分。

2）热扩散法（金属检测槽）

不同成分液体具有不同的导热性，从加热电源接通之时开始测量，得到温升对时间的函数，由此得出试样材料、导热系数。据此原理通过感测输出变化量来区分不同成分液体。

SLC-315D加强型便携式液体检查仪检测及放置方法如图3-45所示。正确的放置方法是将受检物品的较宽的表面平放在检测槽位置上。

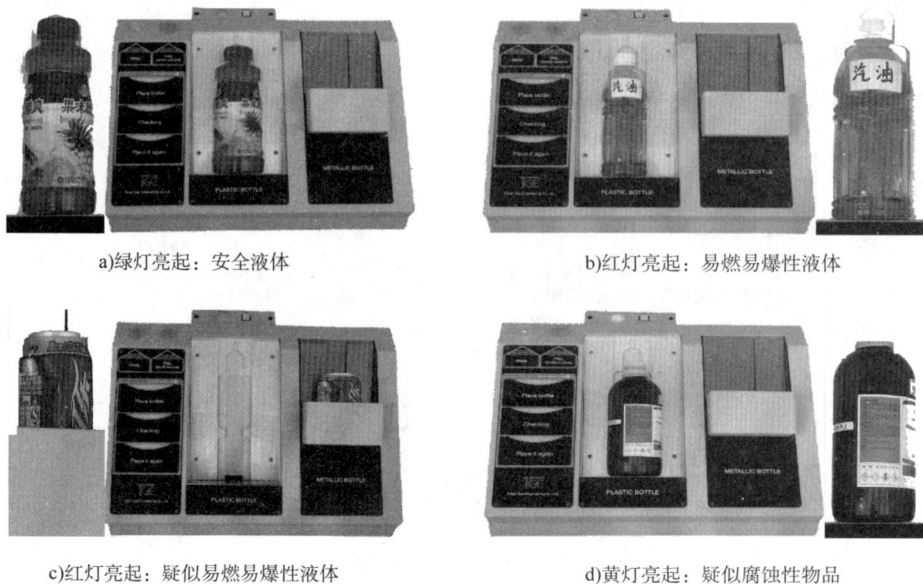

a)绿灯亮起：安全液体　　　　　　　　　　b)红灯亮起：易燃易爆性液体

c)红灯亮起：疑似易燃易爆性液体　　　　　d)黄灯亮起：疑似腐蚀性物品

图 3-45　液体检查仪检测及放置方法

4. SLC-315D 加强型便携式液体检查仪的操作

（1）开启位于背部面板的电源开关，启动仪器。

（2）等待系统启动完毕，显示主界面及准备检测字样时，说明设备已自检。

（3）将检物放入检测区域，使其紧贴探测器。传感器的整个探测面都要与容器壁正对且相接触。

（4）当黄色指示灯亮起时，示意正在检测中。

（5）检测结果：绿色指示灯亮起，表示样品液体是安全的；红色指示灯亮起并伴有蜂鸣声，表示被检物为易燃易爆液体；黄色指示灯亮起并伴有蜂鸣声，表示被检物为腐蚀性液体。

（6）如果设置为自动复位，将样品从检测区域取走，系统将记录检测时间、结果及类型，并等待下一次检测。如果设置为手动复位，并产生报警，需要先将液体取走并按后部面板复位开关，才能进行下一次检测。

5. SLC-315D 加强型便携式液体检查仪的日常维护

（1）如发生任何异常，请立即切断电源并拔出插头。

（2）若设备或被检物是湿的，请将其擦干后再进行操作。

（3）不要在设备中插入其他物品，否则可能会引起短路。

（4）不要私自拆卸设备。

（5）在设备维护或长期不用时要拔出电源插头。

6. SLC-315D 加强型便携式液体检查仪安全使用注意事项

（1）SLC-315D 加强型便携式液体检查仪检测的液体的容积与容器壁厚度见表3-5。

加强型便携式液体检查仪检测的液体容积与容器壁厚度　　表 3-5

项目	塑料瓶	玻璃、陶瓷	金属瓶
容积（mL）	100～2000	100～2000	100～500
厚度（mm）	0.4	3.6	0.1

（2）不符合要求的容器：

①容积大于 2000mL 的容器。

②容积小于 100mL 的容器。

③超过允许的厚度。

④瓶子外部有其他材料包覆（如毛巾、绝缘材料等）或者表面有绝热材料。

⑤瓶内液体凝结成固体。

⑥瓶内液体过少，不足 5cm 深。

注意： 如发现被检测容器壁有液体，检测前应将其擦干后再进行检测。

单元 3.7　手台的使用和管理及防暴器械

一　安保人员无线通信设备的管理和使用规定

（1）在使用对讲机前应检查天线、电池、腰卡等零部件是否安装齐全。

（2）在同一通话组使用对讲机进行组呼时，可直接按住通话键，在听到"嘀"声后讲话即可。通话结束后，应立即松开通话键，避免闭塞通话。

（3）当使用对讲机进行组呼时，顶部麦克风与嘴的距离应保持在 5～10cm，天线与头部和身体的距离至少保持 2.5cm。

（4）当使用对讲机进行个呼时，首先，进行号码编辑，然后，按通话键进行通话（此通话内设录音装置，切勿谈论与工作无关的内容）。

（5）对讲机顶部设有紧急呼叫按键，使用时整个通话组将会闭塞，无法进行个呼，因此，非紧急情况下不得使用该按键。如不小心触碰紧急呼叫按键后，可将对讲机电池直接拔下，进行重新启动，方可正常使用。

（6）通过"编程"旋钮可以对对讲机所在的通话组进行调频。

（7）与安保勤务工作无关的内容不准使用无线通信设备进行通话。

（8）必须严格按照规定的呼号和通信方式进行通信联络，不得在通信中使用人名及呼号以外的人称和岗位代称。

二　手台的结构和使用方法

1. 手台的外观结构及使用

手台的外观结构如图 3-46 所示。

图 3-46　手台的外观结构

手台各指示灯的状态及含义见表 3-6。

手台各指示灯状态及含义　　　　　　　　　　　　　　　　表 3-6

指 示 灯	状 态
绿灯长亮	正在使用通话设备
闪烁绿灯	在服务区内
红灯长亮	不在服务区内
闪烁红灯	正在连接网络
闪烁黄灯	有单呼叫正在呼入

2. 通信联络用语规范

总原则：对讲机呼号代表岗位，不代表个人。通信联络语言力求简洁，表达内容准确、清晰、流畅、灵活，尽量避免重复。

其他：以总原则为前提，依据实际情况灵活运用。必要时如需对方重复，应及时告知对方"请重复！"

标准发音：1（yao），2（liang），7（guai），9（gou），0（dong）。

呼叫规则：对方岗位呼号 + 本岗岗位呼号 + 叫。

应答规则：本岗岗位呼号 + 收到请讲，听清对方表达内容后应答"明白"。

保安员：安保勤务控制中心（KOO）、KOO + 本岗呼号 + 叫。

KOO：收到请讲。

保安员：现安保××中队依次汇报各岗执勤情况，我是××岗位，目前一切正常；××

岗位目前一切正常，报告完毕。

KOO：收到。

岗位工作中如出现迟报、漏报、不报等情况，KOO、所属中队的中队长应立即用对讲机进行查岗，所属值班班长立即赶往该岗，查明情况后迅速逐级上报，必要时可直接与安保部联系。

三 防暴器械

目前我国各城市的城市轨道交通车站配备了防爆罐、防暴叉、橡胶警棍、防爆毯、防暴盾牌等警用器材，以构建车站保卫的"阻、防、攻、制"安全体系。

（一）防爆毯、防爆围栏（图3-47）

防爆毯是一种用高强度防弹纤维材料，经过特殊工艺加工制成的一种毯子形状的防暴器材。防爆毯的表面耐磨、防水；它可替代原防爆罐笨重的沙包，可以阻挡易爆物爆炸时产生的冲击波和碎片。

图3-47 防爆毯和防爆围栏

1. 尺寸

防爆毯的尺寸约为1560mm×1560mm。防爆围栏规格约为直径42cm、高度41cm、质量19.4kg。

一般的防爆毯可防TNT的质量约为60g，PWFBT-2R型防爆毯最高防护级别可达到70g的TNT，保护离爆炸源中心1m之外的人员不会受到伤害。

防爆毯与防爆围栏合用能有效地阻挡一枚手榴弹（82-2）或等量的爆炸物爆炸时所产生的冲击波和碎片的横向效应，保护离爆炸源中心1m之外的人员不会受到伤害。

2. 使用方法

（1）当发现爆炸物或可疑爆炸物时，应迅速用防爆围栏罩住该物体。

（2）注意按印字或箭头方向摆放，不可倒置。将防爆毯盖在防爆围栏顶部，盖防爆毯时应尽量将防爆毯中央对准围栏中央位置。此外，还要注意将有字的一面朝上，不可盖反。

（3）人员应迅速撤离现场，远离爆炸物，并尽快报警，请专业排爆人员排除爆炸物。

（4）储放时应置于避光、通风、干燥处。

注意：当在车站发现有疑似爆炸物，不能确定该疑似爆炸物的机械装置，同时不能确定该物品是否可以移动时，可使用防爆毯进行防护。

3. 储存方法

防爆毯因内部材料性能，不能放置在强紫外线光照条件下，所以在储放时，尽量背光，否则，会影响其使用寿命和防爆能力。

4. 使用注意事项

（1）防爆围栏属于一次性防护产品，不可重复使用。

（2）防爆毯不可洗涤，不可在阳光下暴晒。

（3）防爆毯请在干燥、通风、避光条件下存放，且不能与腐蚀性物品一起存放。

注意：防爆毯是高强度防弹纤维材料制成的，与腐蚀性物品放在一起会损坏防爆毯。

（二）防爆罐和防爆球

防爆罐是一种可减弱爆炸物品爆炸时，对周边人员及物品造成损伤的器材。按形状划分，防爆罐可分为桶形与球形两种，也称防爆桶和防爆球；根据实际使用情况可配装牵引车。防爆罐如图 3-48 所示，防爆球如图 3-49 所示。

图 3-48　防爆罐

图 3-49　防爆球

1. 使用要求

（1）防爆罐（球）应放置在干燥、背光的环境下，并应保持周围通道通畅。

（2）防爆罐（球）内不得存放任何其他物品，顶盖上禁止覆盖杂物。

（3）定期检查防爆罐（球）管是否完好，以确保正常使用。

2. 储存和运输

（1）防爆罐（球）应储存在干燥、避光、防热、防潮的室内环境中。

（2）在存储运输过程中应轻拿轻放，严禁磕碰、撞击、跌落、划伤。

3. 操作说明

（1）将防爆罐（球）转移现场，打开防爆罐（球）顶盖。

（2）由专业排爆人员将可疑爆炸物品放置于防爆罐（球）内筒，内筒半球的球心就是防爆罐的爆心，应尽可能将爆炸物品靠近爆心位置放置。

（3）盖好顶盖并顺时针旋转一个齿位，直至倒转不动为止。

注意：防爆盖起到锁定作用，盖好顶盖可有效地降低爆炸物爆炸时对外造成的伤害。

（4）迅速转移放置有可疑爆炸物品的防爆罐（球）至排爆场地。

注意：可疑爆炸物可移动时，请将可疑爆炸物放置在防爆罐（球）中，按照专业人士的转移路线进行转移。

4. 重要说明

（1）应尽可能将可疑爆炸物品放置于爆心位置。

（2）防爆盖顶盖留有泄压缝隙，当罐（球）内爆炸物发生爆炸时，上方产生强灼热冲击气体。

（3）操作人员身体应避开防爆盖顶盖上方。

注意：爆炸物品爆炸时都会产生热，防爆罐（球）在防爆盖顶盖留有泄压缝隙，起到排压及保护罐体的作用，同时爆炸物品在罐内爆炸时禁止人员靠近，更不允许站在防爆盖上。

（4）使用非封闭车辆转移防爆罐（球）时，应将防爆罐（球）固定，平稳行驶。

（5）操作时应先使用机械手、绳钩组、排爆机械人等专用转移工具以降低危险。

（6）可疑爆炸物未发生爆炸时，检查各部件无损伤后，防爆罐（球）可继续使用。

注意：可疑爆炸物发生爆炸时，应对各部件进行质检。

（三）防暴钢叉系列

防暴钢叉系列包括防暴钢叉、U形抓捕器、防暴抓捕器等，其结构与使用如图3-50所示。防暴钢叉又包括弧形叉、叉杆、齿轮杆。防暴钢叉一般可以伸缩，其长度收缩时为102cm，展开时为203cm。

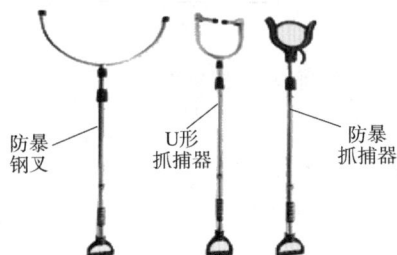

a)防暴钢叉系列结构　　　　　　　　　　b)防暴钢叉的使用

图3-50　防暴钢叉系列的结构与使用

使用方法：通常用右手握把手，左手握住防暴钢叉中段，使用时主要叉击对象胸腹部；左手抓握时，手不要超过防暴钢叉的中段，防止被防暴对象击伤或被接口处夹伤。

注意：抓握时，左手位于接口后方；使用者下半身为弓步向前。

（四）防暴警棍

防暴警棍（图3-51），一般为橡胶警棍，头部为空心，其手把主要为钢芯，钢芯前部橡胶内埋设了一根钢丝弹簧。橡胶警棍在攻击时韧性和回弹性好，使用自如，且由于头部为空心，使用时不致伤残，是一种安全、有效的自卫防身和攻击警械；但因橡胶材质钝性偏大，不易造成划伤，力量集中易造成内脏损伤。

注意：使用防暴警棍击打时，不可击打对象的颈部及以上部位。

（五）防暴盾牌

防暴盾牌及使用如图 3-52 所示。防暴盾牌是一种类似于中世纪的盾牌的防御器具，由优质透明聚碳酸酯 PC 材料制成。用于在镇暴过程中推挤对方和保护自己，可以抵挡硬物、钝器及不明液体的袭击，也可以抵挡低速子弹，但是不能抵挡爆炸碎片和高速子弹。

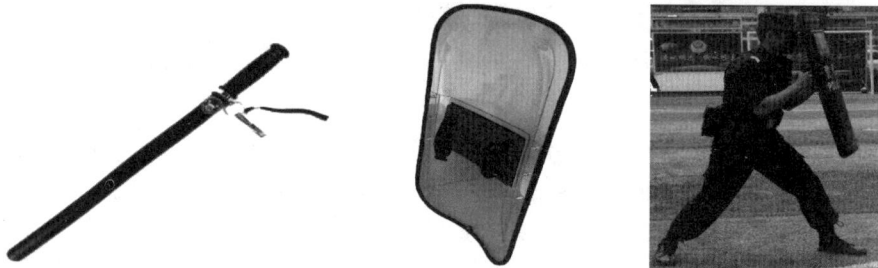

图 3-51　防暴警棍　　　　　　图 3-52　防暴盾牌及使用

使用方法：通常将防暴盾牌调节带套于左肘弯处，左手握把手，虎口紧靠把手上端，防暴盾牌朝自己方向倾斜约 15°，防止袭击物撞击盾牌后砸伤自己。

注意事项：

（1）使用时，防暴盾牌与眉心同高。

（2）使用者下半身弓步向前。

（3）右手顶住防暴盾牌上段，保持防暴盾牌的稳定性。

（六）防暴器械的使用条件

防暴器械的使用条件如下：

（1）精神病患者、酗酒者、泄私愤者危害到公民人身安全和公共安全时。

（2）发生持械行凶、纵火等个人极端暴力事件时。

（3）发生以暴力方法抗拒执法或采取暴力侵害危及生命时。

（4）发生危害公共安全、社会秩序和公民人身安全的事件时。

单元3.8　智慧安检系统简介

一　"安检＋票务"合二为一的智慧安检系统

为了解决传统安检模式下难以兼顾的效率与安全问题，缓解高峰期带来的大客流，广州地铁 3 号线、APM 线广州塔站实现了智慧安检和刷脸支付一站式入闸，不仅节约了乘客的出行时间，还增强了地铁站的安全性。乘客过安检时，智能安检门上方的屏幕会直观地展示出乘客类别和随身携带金属物品的位置及种类，升级的安检门可分辨钥匙、手机等非违禁品，以减少误报率，安检员根据乘客类别和金属类别提示快速放行或进行针对性检查；同时，智能安检门与人脸闸机合二为一组成"安检票务一体机"，支持车票、二维码、银行卡及人脸识别扣费等所有过闸手段，通过 App 注册人脸并审核通过的乘客，"刷脸"后便可以一步式过安检进闸乘车，显著地提高进站效率。部分安检门还运用了太赫兹技术，不仅可以探测金属物品，还可以探测人身上携带的粉末、液体、胶体等非金属危险品，大大提升了安检效率和安检质量。

二 第五代移动通信技术（5G）+人工智能（AI）智慧安检辅助系统

深圳地铁 5G+AI 智慧安检辅助系统是辅助安检员进行安检机判图的外接 AI 设备，通过 AI 技术对安检机拍摄的照片进行智能分析，自动识别各类违禁物品，后台人员可以通过 5G 网络在手机 App 上查看报警照片，进行远程监控。该系统使用的是深圳地铁与腾讯共同研发的卷积神经网络深度学习算法，专门针对城市轨道交通安检要求，通过大规模 AI 训练，实现对扫描图像的智能判断，并依托联通 5G 网络提供的高速率、大容量、低延时通信能力，快速回传安检机扫描的报警照片，实现远程判图，创新地提出"两地三判"（本地人工判断、异地人工判断、AI 辅助判断）的全新安检模式，进一步保障乘客出行安全。智慧安检辅助系统能够自动、准确地识别刀具、鞭炮等违禁物品。使用智慧安检辅助系统后，大大降低了安检的误检率。

三 人脸识别的安检门

北京地铁正在研究在车站建立"白名单"及快速安检通道制度，应用人脸识别技术实现乘客分类安检。人脸识别功能的安检门是在安检门上安装显示屏的监控探头，如图 3-53 所示。首先形成对应的人脸库，依托人脸识别系统对乘客进行判别，并将信息推送给安检员，安检员据此对应采取不同的安检措施，从而提升安检效率。乘客通过下载"智慧安检"App，在 App 内开通智慧安检服务，添加人脸及实名信息，阅读并承诺遵守《智慧安检开通服务协议》相关内容，通过认证和审核后，即可使用智慧安检服务。这项服务针对经常乘坐地铁出行的通勤乘客，还需要其进行"通勤乘客认证"，系统将绑定乘客的亿通行和一卡通账号，要求申请智慧安检服务的乘客上个月使用亿通行或一卡通乘坐地铁需要超过 10 次。但只有携带小双肩背包、小挎包等小件行李的乘客在开通人脸识别安检服务后可以使用这一通道，无须排队，携带大件行李的乘客仍需进行正常安检。

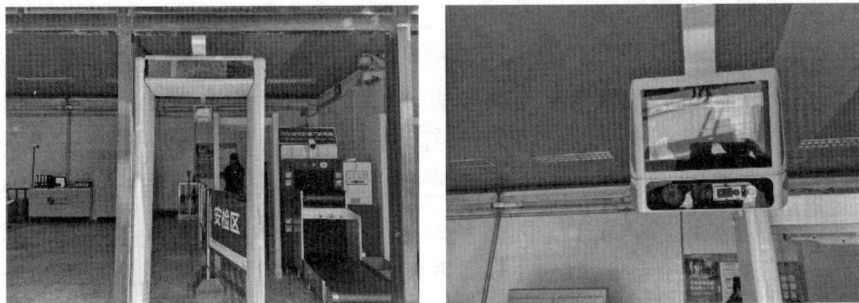

图 3-53 带有人脸识别功能的安检门

四　**人脸识别流程和技术难点解决措施**

1. 人脸识别流程

人脸识别技术的实现，需要先搭建功能齐全的人脸识别系统，配备优质的网络条件，并在后台建立完善的人脸特征库。在人脸识别过程中，通常包括人脸图像获取、人脸检测、人脸图像预处理、人脸特征对比识别等过程。人脸识别技术流程如图 3-54 所示。经过整个识别流程，最后输出结果。

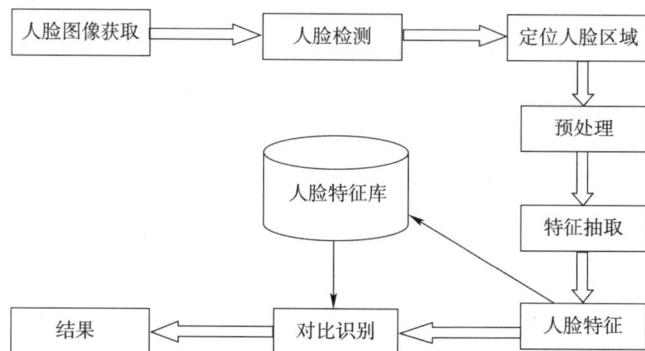

图 3-54　人脸识别技术流程

2. 技术难点及解决措施

乘客通过人脸识别乘坐地铁前，需要通过地铁 App 或智能客服终端完成人脸图像上传和实名注册，此阶段需对图像清晰度、图像亮度、面部表情、姿态等方面提出一定的要求。此过程涉及的技术难点及解决措施如下：

（1）信息安全性问题。人脸识别支付系统保留乘客的实名账户、人脸图像等涉及乘客隐私的关键信息，因此，需要建立完善的安全防护机制和管控措施，以保证乘客的隐私安全。

（2）识别精度问题。在城市轨道交通车站现场环境下，人脸识别成功率难免会受到站内灯光照明、乘客姿态及表情、网络通信速度及人脸面部遮挡等因素的影响。因此，需要根据现场实际环境，测试、调整人脸识别模块的功能参数；增设移动网络信息点，确保人脸识别系统通信顺畅；同时利用人工智能自学习能力，通过大量试验数据不断更新并完善人脸识别算法，提高识别精度。

（3）识别速率问题。随着城市轨道交通客流的不断增长，人脸特征库的数据信息也随之增长，人脸辨认 $1:N$ 模式的比对速度相应也会受到影响。尤其在乘客过闸阶段，当识别速率无法满足现场乘客通行需求时，极易造成车站现场的客流拥堵。因此，需要通过采取一定的技术措施，提高人脸图像的比对识别速度。目前，国内郑州地铁和济南地铁已正式上线包含付费人群的人脸识别支付系统，并已在全线网所有车站设置了人脸识别支付终端设备；其他几家城市轨道交通运营企业仅针对免费人群试点上线了人脸过闸设备。各城市轨道交通运营企业均采用人脸辨认 $1:N$ 模式。

由于人脸辨认 1:N 的识别速率与人脸特征库的信息量直接相关，可通过缩库的方式提高现场识别速率。基于城市轨道交通 App 定位的方法，在入站口通过获取乘客手机位置信息权限，实现车站级人脸特征库的缩库操作。人脸识别云平台根据城市轨道交通 App 实时上传的乘客定位信息及移动轨迹等特征值，判断乘客是否已进入城市轨道交通车站入口，并通过以下措施实现缩库操作：

①乘客进入城市轨道交通车站入口时，人脸识别云平台对车站入口摄像头采集的乘客人脸图像进行预处理，将与该乘客人脸特征相似的图像信息传送至该车站本地的人脸特征库。

②乘客过闸时，摄像头检测乘客人脸图像，实时上传后与车站级人脸特征库进行 1:N 比对，并反馈结果，实现乘客过闸和后台信用扣费；乘客完成过闸后，车站级人脸特征库再将该乘客人脸信息删除，同时上传过闸交易至人脸识别云平台。

知识链接

毫米波安检门的扫描技术

L-3 毫米波安检门的扫描设备如图 3-55 所示。毫米波是指频率为 30GHz～300GHz 的电磁波，波长在 10mm 以下。毫米波频率介于光波和低频微波之间，其可利用的频谱范围宽、穿透力强、信息容量大。近年来毫米波安检门得到了广泛应用。不仅可以快速识别包括金属、非金属在内的各种危险品，其更大的优点在于安全性。该设备具有强大的物体分析技术和图像处理技术，能揭开即使是被其他物体隐藏的可疑物面纱，可以让操作员快速、轻易地辨认出原材料，适用于任何安检站。该系统利用无害的非电离信号，能在几秒钟内产生清晰的图像。毫米波技术是一种成熟的成像技术，类似于红外成像。它们的不同之处在于毫米波技术能穿透某些可见光和红外不能穿透的物质。

人脸识别技术中 1:1 模式表示自己与自己对比，如验证本人与上传证件是否匹配；1:N 模式表示个体与人脸库对比。

图 3-55　L-3 毫米波安检门的扫描设备

实训

请完成"实训3 使用X射线安检机进行危险品、违禁品的识别",见本教材配套实训工单。

复习思考题

一、填空题

1. 无机物在通道式X射线安检机图像中呈现的颜色是＿＿＿＿＿＿＿＿＿＿＿。

2. 通道式X射线安检机传送带有脏的地方时的处理方法是＿＿＿＿＿＿＿＿＿＿＿。

3. 决定通道式X射线安检机性能指数的是＿＿＿＿＿＿＿＿＿＿、穿透力、分辨率、刷新率。

4. 通道式X射线安检机的铅门帘若有损坏或脱落现象,应采取＿＿＿＿＿＿＿＿＿＿的处理方法。

二、选择题

1. 通道式X射线安检机的正确开机步骤为（   ）。

①接入电源;②检查紧急停止按钮手柄是否旋起;③打开操作台箱门锁;④插入钥匙,启动电源;⑤按下绿色电源按钮皮带倒转;⑥按下键盘前进键皮带正转开始检包。

 A. ⑥④③⑤①②   B. ②①③④⑤⑥

 C. ③②①④⑤⑥   D. ①②③④⑤⑥

2. 如果发生装有液体的瓶子突然在通道式X射线安检机的通道中破裂或者发生其他突发事情,正确的处理方法是（   ）。

 A. 按紧急停止按钮后处理   B. 告诉领导后处理

 C. 无所谓

3. 炸检设备（量子鼻）初次开机预热至少需要（   ）min。

 A. 10   B. 15   C. 20   D. 30

4. 目前常用的通道式X射线安检机传送带的速度是（   ）。

 A. 0.1m/s   B. 0.2m/s   C. 0.3m/s

5. 通道式X射线安检机检测物品时,物品卡在通道内部时应如何处理?（   ）

 A. 倒转传送带将物品倒出

 B. 手动将物品取出

 C. 立即停止传送带,并手动将物品取出

6. 通道式X射线安检机红色指示灯是（   ）。

 A. 电源指示灯   B. 射线指示灯   C. 以上两种都是

三、简答题

1. 简述TX-101B型手持式金属探测器的操作。

2. 简述手持金属探测器的维护。

3. 简述金属探测门的操作和维护。

4. 简述通道式 X 射线安检机系统的结构组成及工作原理。

5. 简述 X 射线安检机图像颜色的含义。

6. 简述通道式 X 射线安检机的注意事项和开关机流程。

7. 识别 X 射线图像有哪些方法？

8. 各类危险品、违禁品 X 射线图像有何基本特征？

9. X 射线安检机安检员在识别一幅 X 射线图像时应做到哪几点？

10. 简述 X 射线安检机的常见故障、原因及排除方法。

11. 如何使用 QS-H150 便携式炸药探测器？

12. QS-H150 便携式炸药探测器的工作原理是什么？

13. 简述 IONSCAN400B 型检测仪的结构组成与工作原理。

14. 简述 SLC-315D 加强型便携式液体检查仪检测的基本原理和检测方法。

人身检查和开箱(包)检查

1. 了解安检工作程序。
2. 掌握手持式金属探测器检查程序。
3. 掌握手工人身检查的要领和注意事项。
4. 掌握开箱（包）检查的方法。
5. 掌握开箱（包）检查的要求及注意事项。

建议学时

6 学时。

案例导入

1. 案例描述

2018 年 11 月 11 日北京地铁八通线管庄站，张某乘坐地铁在经过安检时被发现随身携带的物品中有一把 10cm 长的水果刀。面对安检员的阻拦，她既不愿扔下，又不愿换乘公交车，于是与安检员发生了冲突。派出所民警接到报警后迅速赶到现场，告知张某的行为已涉嫌扰乱车站治安秩序。但张某拒不服从民警的警告提示，在民警依法传唤她到警务室的过程中，拒不配合，并从包里掏出水果刀，用力摔在安检机上。为防止情绪失控的张某拿刀滋事，民警迅速控制刀具。在带离期间，张某辱骂、诽谤民警，用脚踢踹、用手抽打民警，被民警果断当场制服。张某因涉嫌妨害公务犯罪被北京市公交总队刑事拘留。

据北京市交通委、北京市公安局统计，2018 年 7 月至 2019 年 7 月的一年间，北京市轨道交通共安检人员 20.8 亿余人次，安检物品 16 亿余件次，查获限带物品 37.6 万余件（军警用械具类 794 件，刀具类管制器具 11.2 万余件，有易燃易爆隐患的危险物品 23.8 万余件，其他类禁带物品 2.5 万余件），确保了地铁及乘客的安全。查获的部分危险物品如图 4-1 所示。

2．案例分析

根据本事例可以看出，城市轨道交通安检是非常必要的。安检是保证城市轨道交通运营安全的重要手段。

3．案例思考

（1）安检工作中哪些属于违禁品？

（2）发现乘客携带违禁品应如何处置？

本单元将重点学习人身检查的操作方法、开箱（包）检查的方法和操作技巧，以及常见物品的检查方法。

图 4-1　安检查获的危险物品

单元 4.1　人身检查的操作

一　人身检查概述

人身检查是指采用公开的仪器检查和手工人身检查相结合的方式，对乘客人身进行安检，其目的是发现乘客身上藏匿的危险品、违禁品及限带物品，保障城市轨道交通运营和人民生命财产安全。

仪器检查是指安检员按规定的方法对乘客进行安全门检查或采取手持式金属探测器等检查发现危险品、违禁品。

手工人身检查是指安检员按规定的方法对乘客身体采取摸、按、压等检查方法发现危险品、违禁品。

二　人身检查的要领和文明用语

对乘客进行人身检查（图 4-2），一般采用以仪器检查为主、手工人身检查为辅的方法。

（1）手检员面对或侧对安检门站立，注意观察安检门报警情况及动态，确定重点手检对象。人身检查顺序为由上到下、由里到外、由前到后。

（2）指引乘客接受人身检查。安检员成45°斜角面向乘客，语言引导"您好，请您双臂微张，五指分开，左脚（右脚）平跨一步"。

（3）身体轮廓（身体的外部）扫描。

（4）身体前部的扫描。保持手持式金属探测器平行于身体，从头部到脚部，以5～8cm宽度的带状上下扫描。

（5）身体后部的扫描。与扫描身体前部相同，从头部到脚趾依次扫描身体的后部。

（6）在安检过程中发现乘客身上携带的物品为危险品时，安检员应引导其到一旁接受检查询问，并第一时间上报相关负责人及公安机关。若未发现危险品，应引导乘客进站，并使用感谢词。

（7）提示乘客进行人身检查时要注意目视对方，面带微笑，提前伸手，不要等乘客走到面前才伸手示意。

（8）提醒乘客举双臂，可以做动作引导。

（9）手的力度控制到位，不要触摸乘客裸露皮肤。

（10）重点检查头部、肩胛、胸部、手部（手腕）、臀部、腋下、裆部、腰部、腹部、脚部。

（11）检查时要顺乘客身体的自然形状，通过摸、按压、拍打，用手来感觉出藏匿的物品。拍打是指在手不离开乘客的衣物或身体的情况下用适当的力度进行按压，以感觉出乘客身体或衣物内不相贴合、不自然的物品。

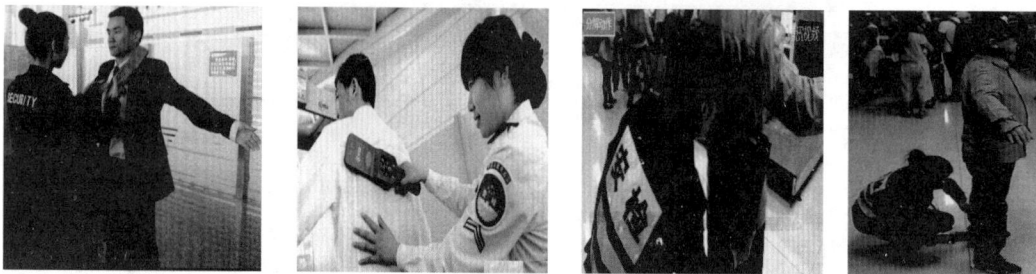

图4-2 使用手持式金属探测器进行人身检查

三 必检类物品

必检类物品共有四类，包括大件箱包、各种包袋、大容量容器和可疑物品。其中，可疑物品包括有明显刺激性气味的物品、涉恐宣传品、管制刀具等。这类物品可以通过观察外形，嗅有无气味，听是否发出异常声响等来辨别。

1. 上机必检物品

上机必检物品包括各种编织袋、麻袋、手提箱包和拉杆箱、塑料包、类似枪套、钓鱼用具、电脑包、包装纸箱等大小包裹。

2. 人工必检物品

（1）安检员应对乘客携带的塑料袋、手持拎袋等进行询问或打开检查。

（2）开过封的饮料瓶或食用油大瓶。

（3）逢疑必检类物品，如各种不透明的瓶装物品。

（4）尺寸小于 40cm × 30cm × 20cm 的包、袋等上机抽检类物品。

四　手持式金属探测器的检查程序

从前衣领→右肩→右大臂外侧→右手→右大臂内侧→腋下→右上身外侧→右前胸→腰、腹部→左肩→左大臂外侧→左手→左大臂内侧→腋下→左上身外侧→左前胸→腰、腹部从右膝部内侧→裆部→左膝部内侧。

从头部→后衣领→背部→后腰部→臀部→左大腿外侧→左小腿外侧→左脚左小腿内侧→右小腿内侧→右脚→右小腿外侧→右大腿外侧。

安检员面对乘客，先从乘客的前衣领开始，至双肩、前胸、腰部止；再请乘客转身，从后衣领起，至双臂外侧、内侧、腋下、背部、后腰部、裆部、双腿内侧、外侧和脚部止。

冬季着装较多时，可请乘客解开外衣，对外衣也必须进行认真检查。

所有乘坐地铁的乘客都必须通过安检门检查。乘客通过安检门之前，安检门前的引导员应首先让其取出身上的金属物品，然后引导乘客按次序逐个通过安检门（要注意掌握乘客流量）。如发生报警，应使用手持式金属探测器或手工人身检查的方法进行复查，彻底排除疑点后才能放行。

对乘客放入盘中的物品，应通过 X 射线安检机进行检查，如遇到不便进行 X 射线安检机检查的物品，要注意采用摸、掂、试等方法检查是否藏匿违禁物品。

五　手工人身检查注意事项

（1）检查时，检查员双手掌心要切实接触乘客身体和衣服，因为手掌心面积大且触觉敏锐，这样能及时发现藏匿的物品。

（2）要进行全身检查，特别要注意检查重点部位。

（3）对乘客从身上掏出的物品，应仔细检查，防止夹带危险物品。

（4）安检员在检查过程中要不间断地观察乘客的表情，防止发生意外。

（5）对女性乘客实施检查时，必须由女安检员进行。

六　引导员的岗位要求和程序

（1）引导员将衣物筐放于安全门一侧的工作台上。

（2）引导员站立于安全门一侧，面对乘客进入通道的方向；当乘客进入检查通道时，引导员提示其将随身行李有序地放置于 X 射线安检机传送带上，同时请乘客将随身物品取出放入衣物筐内；若乘客穿着较厚重的外套，应请其将外套脱下，一并放入衣物筐过机检查。

（3）引导员观察手检区手检员工作情况（当手检员正在对乘客进行检查时，引导员应请待检乘客在安全门一侧等待），待手检员检查完毕，引导员应疏通待检乘客有序通过安全门，合理控制过检速度，保证人身检查通道的畅通。

（4）对于易碎、贵重物品或其他特殊物品，应及时提醒开机员小心注意。

（5）对不宜经过 X 射线安检机检查的物品，从安全门一侧交给手检员，并通知开包员检查。

单元4.2 开箱（包）检查和常见物品的检查方法

一 安检级别和开箱（包）检查岗位人员职责

城市轨道交通安检实行 A、B 两个级别，具体实行级别由公安机关决定。

当城市轨道交通实行 A 级安检时，对进入城市轨道交通车站人员携带的物品一律进行器材检查。器材检查是指由安检员对进入城市轨道交通车站人员的携带物品实施以安检专用器材、设备为主的安全检查。

当城市轨道交通实行 B 级安检时，对进入城市轨道交通车站人员携带的物品可单独使用器材检查、人工检查，或者两种方式相结合的安全检查。

人工检查是指由安检员对进入城市轨道交通车站人员实施人工直观检查的安全检查。

开箱（包）检查岗位主要是对 X 射线安检机的重要补充。根据值机岗位安检员的提示，要求乘客开箱（包）进行检查或乘客同意后打开箱（包）检查，若发现危险品、违禁品及限带物品，要劝说携带乘客离开车站或主动上缴物品；对于携带危险品、违禁品及限带物品且不愿配合处理、执意进站的乘客，要及时向车站民警报告，请民警到场处理。同时，该岗位安检员需手持便携式安检设备检测乘客携带的易碎物品（如玻璃器皿等）、易损物品（如食品、电脑等），对乘客携带的液体执行"逢液必检"。

二 安检工作程序

初检：要求进入城市轨道交通车站的乘客将本人携带物品放置在通道式 X 射线安检机上通过检查。

复检：经通道式 X 射线安检机及其他安检设备检查时，对可疑物品，现场安检员认为需要进一步检查的，应当向受检乘客说明并要求其自行开箱（包）或取出物品接受复检。复检时应有两名安检员在场。复检仍不能排除疑点的，应当立即报告公安机关处理。

三 开箱（包）检查的方法

一般是通过人的眼、耳、鼻、手等感官进行检查，根据不同的物品采取相应的检查方法。开箱（包）检查主要有以下几种常见方法。

看：是指对物品的外表进行观察，看其是否有异常，包袋是否有变动等。

听：此法可用于对被怀疑有定时爆炸装置的物品进行检查。

摸：就是直接用手的触觉来判断是否藏有异常或危险物品。

拆：对可疑物品，通过拆开包装，检查其内部有无藏匿危险物品（检查完毕后用胶带将其尽量恢复成原状）。

捏：主要用于对软包装且体积较小的物品，如衣服等物品的检查，靠手感来判断有无异常物品。

掂：对受检物品用手掂其重量，看其重量与正常重量的物品是否相符，从而确定是否需要进一步检查。

嗅：对可疑物品（主要是爆炸物品、化工挥发性物品），通过鼻子的嗅闻，判断物品的性质。基本动作应注意使用"扇闻"的方法。

摇：对可疑物体，如用容器盛装的液体、佛像、香篓等中间可能是空心的物品，可以用摇晃的方法进行检查。

敲：对某些不易打开的物品如拐杖、石膏等，用手敲击，听其发音是否正常。

以上方法不一定单独使用，常常是几种方法结合起来，以便更准确、快速地进行检查。

四 开箱（包）检查的实施

（1）手检员位于 X 射线安检机行李传送带出口处疏导箱（包），避免受检箱（包）被挤压、摔倒。

（2）当有箱（包）需要开检时，值机员给手检员以语言提示，待物主到达前，手检员控制需要开检的箱（包），等物主到达后，手检员请物主自行打开箱（包）对其实施检查［如箱（包）内疑有枪支、爆炸物等危险品的特殊情况下需由开箱（包）检查员控制箱（包），并做到人物分离］，如图 4-3 所示。

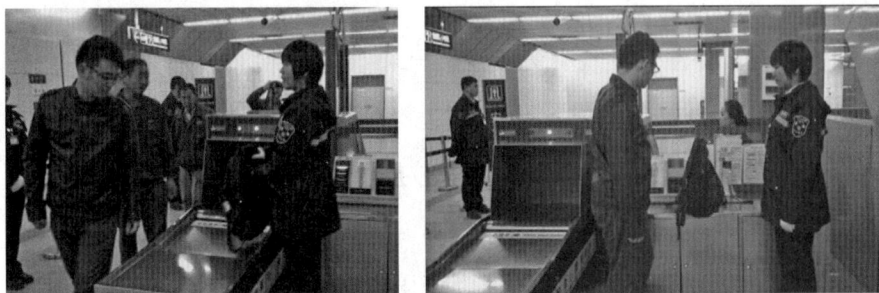

图 4-3　发现可疑物品要人物分离

（3）开箱（包）检查时，开启的箱（包）应侧对物主，使其能通视自己的物品。

（4）根据值机员的提示对箱（包）进行有针对性的检查。已查和未查的物品要分开，放置要做到整齐、有序，如图 4-4 所示。

图 4-4　开箱（包）检查物品要做到整齐、有序

①检查箱（包）的外层时，要注意检查其外部小口袋及有拉链的外夹层。

②检查箱（包）的内层和夹层时应用手沿包的各个侧面上下摸查，将所有的夹层、底层和内层小口袋完整、认真地检查一遍。

（5）检查过程中，手检员应根据物品种类采取相应的方法（看、听、摸、拆、捏、掂、嗅、摇）进行检查。

（6）手检员将检查的物品请值机员复核。

①若属安全物品则请乘客本人或协助乘客将物品放回箱（包）内，协助乘客将箱（包）恢复原状，而后进行 X 射线安检机复检。

②若为违禁品则交由地铁民警处理。

③遇有下列情况之一者，必须进行开箱（包）检查（复检）：

a. 用通道式 X 射线安检机检查时，图像模糊不清，无法判断物品性质的。

b. 用通道式 X 射线安检机检查时，发现有疑似利器、爆炸物、枪或弹状物等危险物品的。

c. 遇有受检乘客携带胶片、计算机软盘等不愿意接受 X 射线安检机检查时，应进行手工检查。

d. 若受检乘客申明携带的物品不宜接受 X 射线安检机检查时（如食物、玻璃、药物、超大、超高、超重物品等），应进行手工检查。

e. 对乘客声明不宜公开检查的物品，应当征得其同意后，单独实施检查。

f. 复检对箱（包）的底部、角部和内外侧小兜等部位，应当要求受检乘客自行打开或取出物品接受检查，并注意发现有无夹层。开箱（包）检查后应重新通过通道式 X 射线安检机检查。

五　安检时的文明用语（以北京地铁为例）

（1）在引导乘客安检时，应使用引导词："您好，请您接受安检。"

（2）对需开箱（包）检查的乘客，应当使用告知词："您好！您的箱包（挎包、箱子、行李等）需要进行开包检查，请您配合。"

（3）对于乘客携带的箱（包）经打开确认安全后，应当使用感谢词："检查完毕，谢谢合作，请您拿好随身物品，祝您乘车愉快。"

（4）遇有乘客不配合安检时，应当使用劝检词："您好！根据《北京市轨道交通安全运营管理办法》第三十四条规定，请您接受、配合安检。"

（5）遇有乘客携带城市轨道交通限带物品时，应当使用告知词："您好！您携带的物品属于城市轨道交通运营企业公示的限带物品，您不能携带该物品乘坐城市轨道交通工具。请您主动丢弃该物品后乘坐城市轨道交通工具，或者携带该物品乘坐其他交通工具。谢谢您的配合。"

（6）遇有乘客携带液体（手持、箱包内）时，应使用："您好！您所携带的液体需要进行安检，（请试喝/使用仪器检查）谢谢合作！"

六　开箱（包）检查的要求及注意事项

（1）开箱（包）检查时，物主必须在场，并请物主将箱（包）打开。

（2）检查时要认真细心，特别要注意重点部位［如箱（包）的底部、角部、外侧小兜］，并注意观察其有无夹层。

（3）防止已查验的行李舱（包）与未经安检的行李相调换或夹塞违禁（危险）物品。

（4）对乘客的物品要轻拿轻放，如有损坏，应照价赔偿。检查完毕，应尽量按原样放好。

（5）开箱（包）检查发现危害大的违禁物品时，应采取措施控制住携带者，防止其逃离现场，并将箱（包）重新经 X 射线安检机检查，以查清是否藏有其他危害物品，必要时将其带入检查室彻底检查。

（6）若乘客申明所携带物品不宜接受公开检查时，安检部门可根据实际情况，避免在公开场合检查。

七　常见物品的检查方法

一般通过人的眼、耳、鼻、舌、手等感觉器官进行检查，根据不同的物品采取相应的检查方法，如看、听、摸、拆、捏、嗅、探、摇、烧、敲、开等。

1. 仪器仪表的检查

通过 X 射线安检机检查，或者采用看、掂、探、拆等方法进行检查，看螺栓是否松动、掂重量或拆开检查。

2. 容器的检查

取出物品，采取敲击、测量的方法；听发出的声音，分辨有无夹层；测外高与内深、外径与内径的比差是否相符；如不能取出物品，可以采用探针检查。

3. 容器中的液体检查方法(手工检查)

（1）请乘客试喝。

（2）对液体的检查一般可采用看、摇、嗅的方法，看容器是否为原始包装封口；摇液体有无泡沫（易燃液体轻摇动一般产生泡沫且泡沫消失快）；嗅闻液体气味是否异常（酒的气味浓，汽油、酒精、香蕉水的刺激性大）；试烧。

4. 各种文物、工艺品

对各种文物、工艺品采用摇晃、敲击、听等方法，听有无杂音或异物晃动声。

5. 衣物的检查

对衣物采用摸、捏、掂等方式进行检查；对冬装、皮衣皮裤应仔细检查，看是否有夹层，捏是否暗藏有异常物品（衣领处能暗藏一些软质的爆炸物品），掂重量是否正常；对衣物检查时用手掌心进行摸、按、压。

注意：衣服的衣领、垫肩、袖口、兜部、裤腿等部位容易暗藏武器、管制刀具、爆炸物和其他违禁物品。

6. 皮带（女士束腰带）的检查

对于皮带主要看边缝处有无加工痕迹，摸带圈内是否有夹层。

7. 书籍的检查

将书打开翻阅检查。

注意：书籍容易被忽视，厚的书捆在一起挖空可以暗藏武器、管制刀具、爆炸物和其他违禁物品。

8. 笔的检查

看外观是否异常；掂重量是否和正常笔的重量相符；按下笔身的开关或打开笔身查看是否改装成笔刀或笔枪。

9. 雨伞的检查

采用捏、摸、掂直至打开的方法进行检查，特别要注意对折叠伞的检查。在伞骨、伞柄等处可藏武器、匕首等危险物品。

10. 手杖

敲击手杖，听其声音是否正常，认真查看其外观是否被改成拐杖刀或拐杖枪。此外，还可以掂其重量。

八　容易被乘客忽视的地铁违禁品

城市轨道交通安检工作中较为常见的违禁品有发胶、空气清新剂、杀虫剂、自喷漆、染发剂、清洁卫生间使用的盐酸溶液、小瓶装的医用酒精、超过 2kg 的白酒等液体，生活用品类的菜刀、水果刀等管制刀具，女性使用的防狼喷雾、电击器，以及锯子、榔头等。此外，携带充电宝、锂电池乘车也应多加注意。《轨道交通禁止携带、限带物品目录》明确规定，乘客携带容量之和超过 20000mA 的充电宝、锂电池将被禁止搭乘地铁。

九　禁带物品和限带物品的处理

1. 禁带物品的处理

禁带物品是指国家现行法律法规明令禁止携带的物品。

（1）禁、限带物品的种类，按照所在城市现有规定执行；城市轨道交通运营企业可以根据运营安全的实际需要，增补限带物品的种类。

（2）城市轨道交通运营企业应当在车站内显著位置公示禁、限带物品的目录。

（3）发现受检乘客携带危险物品的，应当立即报告公安机关，并将该物品置于危险物品存储设备内，公安机关应当迅速依法处置。

（4）发现受检乘客携带限带物品的，应当告知受检乘客可以自弃该物品后乘坐城市轨道交通工具或者直接改乘其他交通工具；受检乘客拒不接受上述两种处理方式的，安检员有权拒绝其进站乘车；必要时，报告公安机关，由地铁民警将其带离车站。

（5）城市轨道交通车站安检工作站（点）不得接受乘客限带物品的暂存和其他物品寄存。

2. 限带物品的处理

对安检过程中乘客自弃的限带物品，应当由车站专人负责管理，并建立台账，记录收到时间、地点、数量及品名。发现乘客遗留在安检现场的物品，应当由两人以上安检员共同清点和登记，及时交由车站专门保管。

十　安检特别处置

（1）发现受检乘客携带枪支、爆炸物品，应当立即报告公安机关，并采取必要的先期处置措施；公安机关应当迅速依法处置。

（2）在城市轨道交通安检现场无理取闹、扰乱安检工作秩序、妨碍安检员正常工作、不听劝阻的，应当及时报告公安机关。公安机关应当迅速恢复并维护正常的安检秩序，对扰乱安检秩序、影响公共安全的人员予以处理。

（3）对在接受安检过程中声称本人随身携带爆炸、危险物的，现场安检员应当立即报告公安机关，并采取必要的先期处置措施；公安机关应当迅速依法处置。

（4）如果安检设备发生故障，现场安检员应当立即报告现场负责人，尽快恢复设备，同时及时开展人工检查。

（5）安检工作站发生人员拥堵时，现场安检员应当立即报告现场负责人，迅速采取增开人工检查通道、设置蛇形通道等措施提高安检通过速度；城市轨道交通运营企业应当立即采取限制客流等措施，与地铁民警共同维护安检现场秩序。

> **知识链接**
>
> 在进行人身检查和开箱（包）检查中应注意的可疑人员：
> （1）精神恐慌、言行可疑、伪装镇静者。
> （2）冒充熟人、假献殷勤、接受检查过于热情者。
> （3）匆忙赶到安检现场者。
> （4）窥视检查现场、探听安检情况等行为异常者。
> （5）表现不耐烦、催促检查或者言行蛮横、不愿接受检查者。
> （6）公安部门等单位掌握的嫌疑人和群众提供的有可疑言行的人员。
> （7）上级有关部门通报的来自恐怖活动频繁国家和地区的人员。
> （8）着装与其身份不相符或不合时令者。
> （9）男性青、壮年受检乘客。
> （10）身体上有文身或刀伤者。
> （11）极少数极端民族主义者。
> （12）检查中发现的其他可疑人员。

> **实训**
>
> 请完成实训4　人身检查和开箱（包）检查实操训练，见教材配套实训工单。

复习思考题

一、选择题

1. 对孕妇、残障人士等乘客携带的物品，如何进行安检？（　　）

　　A. 手检　　　　　　B. 机检　　　　　　C. 可不检　　　　　　D. 抽检

2. 下列物品中不属于爆炸物品的是（　　）。

　　A. 弹药　　　　　　B. 炸药　　　　　　C. 烟花　　　　　　D. 发令枪

3. 安检工作中，遇乘客携带液体时，应（　　）。

　　A. 提示乘客试喝一口　　　　　　　　B. 不用管

　　C. 使用液体检查仪　　　　　　　　　D. 让乘客换乘其他交通工具

4. 采用手持式金属探测器进行人身检查的程序是（　　）。

　　A. 由上到下　　　B. 由里到外　　　C. 由前到后　　　D. 兜检

5. 在检查箱（包）过程中，值机员发现有不确定物品时，应（　　）。

　　A. 放乘客进站　　　　　　　　　　　B. 对乘客进行询问

　　C. 请乘客再复检一次　　　　　　　　D. 通知公安人员

6. 乘客携带超长、超高或（　　）的物品时，手检员应主动进行手式检查。

　　A. 超宽　　　　　　B. 超重　　　　　　C. 超大　　　　　　D. 超小

7. 当醉酒及其他无理取闹人员扰乱安检现场秩序时应该（　　）。

　　A. 及时劝阻、制止，对劝阻制止无效的报公安机关处理

　　B. 立即拨打 110 报警

　　C. 立即向值班站长报告

　　D. 将其轰走，疏导乘客

二、简答题

1. 简述人身检查的相关操作步骤。

2. 简述人身检查的重点对象和重点部位。

3. 安检员手工人身检查时有哪些注意事项。

4. 简述开箱（包）检查的操作步骤。

5. 简述开箱（包）检查的要求及注意事项。

6. 简述常见物品的安检方法。

7. 城市轨道交通安检服务用语主要有哪几类，请举例说明。

8. 使用通道式 X 射线安检机时在什么情况下需要开箱（包）检查？

9. 每日城市轨道交通运营结束后驻站安检员应做好哪些工作？

10. 在安检工作中，查处违禁物品十大类具体指什么？

11. 在安检工作中发现乘客携带禁带物品时，应如何处置？

12. 乘客不配合安检时应如何处理？

模块 5

安检操作规范和突发事件应急处置

1. 了解城市轨道交通安检员配置办法，掌握安检各岗位操作规范，能够进行安检各岗位的规范操作。

2. 掌握城市轨道交通安检突发情况的种类，能够针对不同突发情况进行应急处置。

3. 了解伤害急救常识，掌握基础的现场急救方法以及其他伤害的急救方法，能够进行简单的急救处理。

4. 了解城市轨道交通安检突发事件处理原则，树立安检工作的高标准、严要求的思想。

建议学时

10 学时。

案例导入

1. 案例描述

地铁安检是个人素养的探测器

青年员工小张每天乘坐地铁上下班，对于地铁入口处需要安检乘客随身背包的规定，他认为是多此一举、浪费时间。一天早上，他匆匆忙忙赶到地铁站，眼看着列车马上要进站，他不顾车站工作人员的指引，硬要闯过安检口，拒不配合检查。在这个过程中，小张情绪失控，恶意推搡工作人员，造成了地铁站内较为严重的拥堵和混乱。根据《上海市轨道交通管理条例》和《中华人民共和国治安管理处罚法》，小张被警方带走，处以行政拘留 5 天的处罚。

2. 案例分析

主动配合地铁安检是每个地铁乘客保障地铁列车和乘客安全应尽的义务，是一个城市安全和文明的缩影，也是个人综合素养的具体体现。小张原本只是错过一班列车，却因冲动受到拘留 5 天的行政处罚。

3. 案例思考

（1）城市轨道交通安检员的基本岗位职责是什么？

（2）如遇城市轨道交通安检突发情况，城市轨道交通安检的处理原则有哪些？

单元5.1　城市轨道交通安检操作规范

　　城市轨道交通安检工作是保证城市轨道交通安全的重要环节，风险大、责任重。城市轨道交通安检员需要在各自相应的岗位上分工协作，共同配合，才能将各种安全隐患及时消灭在萌芽之中。每一位安检员都必须牢牢严守操作规范，强化风险忧患意识，严格执行安检工作流程，才能严防危险事件的发生，实现城市轨道交通安检通道的正常运行。

一　城市轨道交通安检员基本岗位职责

　　以北京地铁为例，安检员主要由引导员、值机员、安全员和手检员组成。各岗位之间互相联系、互相配合，共同实现安检通道的正常运行。

（一）引导员岗位职责

　　引导员位于安检机入口处旁边（靠近安检机一侧），面对乘客进站方向，如图5-1所示，其主要职责包括：

　　（1）负责宣传、引导、提示乘客接受安检。

　　（2）对乘客携带超长、超高、超大物品，易碎、易损物品，其他不宜机检的物品，要及时提示，并与其他安全员共同进行手检。

　　（3）协助受检乘客将被检物品放置在传送带上，同时观察受检乘客的神态、动作，遇有可疑情况，示意值机员实施重点检查。

图5-1　地铁安检引导员

（二）值机员岗位职责

值机员位于安检工位监视器前，如图 5-2 所示。值机员主要职责是辨别安检机监视器上受检行李图像中的物品形状、种类，将需要开箱（包）检查的行李及重点检查部位通知安全员。

图 5-2　地铁安检值机员

（三）安全员岗位职责

安全员位于安检机出口处，与值机员同处安检机一侧，如图 5-3 所示。

图 5-3　地铁安检安全员

安全员的主要职责包括：

（1）负责维护安检区秩序。

（2）对经安检机发现的可疑物品，要使用爆炸品检查仪、液态危险品检查仪、金属探测器等设备进一步检查，并随时观察受检乘客的神态、动作，保持警惕。

（3）与受检乘客保持适当距离，控制安检中发现的可疑物品，观察并掌握可疑人员动向，遇有突发事件应迅速采取措施进行先期处置并报告现场负责人。

（四）手检员岗位职责

手检员位于安检机出口处另一侧，与安检机保持一定距离，以方便乘客通过，且面对乘客进站方向，如图5-4所示。手检员的主要职责包括：

（1）负责使用金属探测器对通过安检门的乘客进行人身检查。

（2）与受检乘客保持适当距离，控制安检中发现的可疑物品，观察并掌握可疑人员动向，遇有突发事件应迅速采取措施进行先期处置并报告现场负责人。

图5-4　地铁安检手检员

📖 知识链接

北京地铁安检员应知应会

两必须：必须经过公安机关安全背景调查，必须取得经公安机关培训且考试合格后所颁发的"安检员"证件。

三知：知道本岗位工作职责，知道信息上报方式，知道应急设施位置。

四会：会使用安检设备，会使用标准动作，会使用宣传用语，会处置突发事件。

六禁止：禁止无证上岗；禁止岗前八小时内饮酒和值岗期间饮食、饮酒；禁止非工作原因使用手机；禁止值岗期间聊天、嬉戏打闹；禁止值岗期间睡觉；禁止各种不文明行为。

（资料来源：北京市地铁运营有限公司文件地保卫文〔2017〕316号）

二 城市轨道交通安检员各岗位操作规范

城市轨道交通安检工作是运营安全工作的重要保障环节，为了做好安检工作，发挥城市轨道交通安全第一保障的作用，安检员各岗位务必要谨守岗位要求，履行岗位职责，做好本职工作。这里以北京地铁为例，从引导员、值机员、安全员和手检员四个岗位出发，介绍安检岗位设置及工作要求。

（一）引导员操作规范

引导员按以下要求向进站乘客宣传，提示乘客主动接受并配合安检，负责向值机员和手检员等岗位同事预警可疑人员和物品：

（1）遇乘客携带物品进站，当其距离安检点约2m时，伸出右手示意其将物品放入安检机，由本岗位右侧安检后进站。

图5-5 安检"停"字牌

（2）遇乘客未携带物品进站，当其距离安检点约2m时，伸出左手示意其由本岗位右侧进站。

（3）遇乘客携带物品进站并拒检闯站时，应伸出右手示意其在安检机前停止进入，并伸出左手阻拦其通过安检点。

（4）当安检点限流时，应将"停"字牌平举并向乘客展示；当安检点解除限流时，应将"停"字牌放下并按前述方法示意乘客接受安检或直接进站，如图5-5所示。

（二）值机员操作规范

值机员按以下要求认真监视安检机屏幕，通过图形、颜色判断乘客携带物品是否为可疑物：

（1）遇乘客携带物品中有禁、限带物品时，立即按动X射线安检机暂停按钮，将箱（包）控制在安检机内，并高举右手示意安全员开包复检。

（2）遇无法判断乘客携带物品的性质时，应高举右手示意安全员提示乘客再次过机安检。

（三）安全员操作规范

安全员按以下要求对经安检机发现的可疑物品进行精查：

（1）遇乘客携带物品中有禁、限带物品时，应立即将相关物品控制在手里，请受检乘客配合进行开箱（包）检查，并密切观察其神态。

（2）确认乘客携带的是法律法规规定的限带品（不含刀具类），应告知乘客可主动自弃物品乘坐列车，同时对乘客自弃物品按规定进行登记，并将限带物品放入危险物品存储罐内，或告知其可改乘其他交通工具。

（3）确认乘客携带的是法律法规规定的违禁品，应立即上报值班站长、地铁民警，组织其他同岗人员共同进行先期处置，根据现场情况，在保证自身安全的情况下尽可能控制乘客，稳定其情绪。

（四）手检员操作规范

手检员按以下要求对通过安检门的乘客进行人身精检：

当乘客通过安检门时，手检员伸出左手示意其止步并接受人身检查；检查完毕后手检员再次伸出左手示意其由本岗位左侧进站。若查出乘客随身携带可疑物品时手检员应告知乘客主动出示，并伸出左手阻拦乘客通过安检点。

此外，安检员在工作中还应注意以下要求：

（1）值机员连续操机工作时间不得超过40min，每工作日值机时间累计不超过6h。

（2）在三人配置模式中，手检员撤销。

（3）在安检点中，应设一位指挥员，负责安检员站位、协调安检相关工作，并协助引导乘客接受安检。指挥员需定时向安检指挥机构报告情况，遇有紧急情况立即报告。

> **知识链接**
>
> ## 北京地铁安检"六不准、四必查"
>
> 安检员上岗工作着装应当统一规范，遵守岗位工作规定，做到"六不准、四必查"（表5-1）。
>
> 北京地铁"六不准、四必查"　　　　　　　　　　　表5-1
>
> | "六不准" | "四必查" |
> |---|---|
> | 不准擅自离岗；
不准玩手机；
不准聚集聊天；
不准不看屏；
不准看书报、戴耳机；
不准辱骂乘客 | 大件箱（包）必查；
大容量液体必查；
各种编织口袋必查；
可疑人员物品必查 |

三 城市轨道交通安检员配置方法

以北京地铁为例，各运营分公司要严格按照配置标准，督促安检服务公司进行安检员的招聘及岗位配置等筹备工作的有效落实。根据安检标准，城市轨道交通车站分为物检车站和人、物同检车站两类。

（一）物检车站

物检车站安检员在原配置基础上，按照下列标准进行人员调剂：

（1）按照1人/点增配手检员，确保高峰时段安检点岗位人员不少于5人、非高峰时段不少于4人。

（2）以车站安检点为统计单位，高峰时段进站量超过（含）1万人，按照1人/点增配手检员，确保高峰时段安检点岗位人员不少于6人、非高峰时段不少于4人。

（3）以车站安检点为统计单位，高峰时段进站量超过（含）2万人，按照2人/点增配手检员，确保高峰时段安检点岗位人员不少于7人、非高峰时段不少于4人，如图5-6所示。

（二）人、物同检车站

可结合车站客流实际，按照下列标准进行人员调剂：

（1）人、物同检安检点高峰时段人员配置不少于6人，非高峰时段不少于5人。

（2）以车站安检点为统计单位，高峰时段进站量超过（含）1万人，按照4人/点增配手检员，确保安检点高峰时段人员配置不少于10人、非高峰时段不少于5人。人物同检车站站位图如图5-7所示。

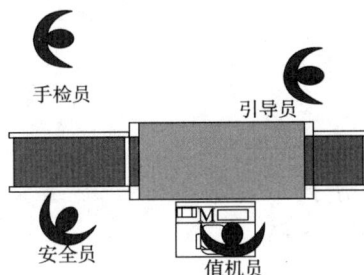

图5-6　物检车站站位图　　图5-7　人、物同检车站站位图

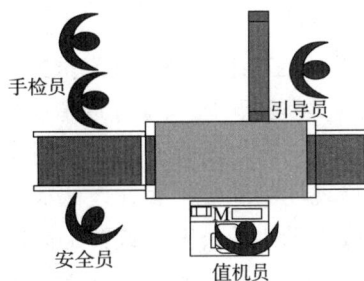

按照北京市委市政府决定，北京地铁自2017年10月26日起至2017年底为"物检"到"人、物同检"的过渡阶段；自2018年1月1日起，北京地铁当时所管辖的16条运营线路全部安检点正式实施人、物同检。

单元5.2　安检工作现场各类突发事件和应急处置

根据《中华人民共和国突发事件应对法》的规定，突发事件是指突然发生，造成或者可能造成严重社会危害，需要采取应急处置措施予以应对的自然灾害、事故灾难、公共卫生事件和社会安全事件。

安检突发事件通常发生在各安检现场，如民航、铁路、大型活动场所的突发事件。就城市轨道交通而言，地铁爆炸案在很多国家都发生过，西方国家发生的频率更高，如震惊世界的"巴黎地铁爆炸案""俄罗斯圣彼得堡地铁爆炸事件"等。

有效的安全措施可以遏制各类突发事件的发生，这是自20世纪70年代以来各国采取强有力的安检措施而取得的显著效果。因此，各机场、城市轨道交通车站及重要场所的安检现场要建立健全应急机构，制订出处理各种紧急情况的应急计划，并组织人员、机构不断进行演练，以提高应急处置能力。安检突发情况主要分为特殊情况处置及重大突发事件处置。

本单元主要介绍安检突发情况应急处置方案。

一 安检突发情况处置的人员组成

（1）安检部门领导：主要职责是负责组织分配安检应急工作。

（2）安检现场执勤的安检部分人员：听从指挥，积极配合，负责处置突发事件。

（3）安检部门机关职能部门：负责信息传达、支援现场处置突发事件。

（4）保障车辆的司机：负责运送增援现场人员。

二 安检现场突发情况的种类及应急处置

（一）犯罪分子携带凶器、炸药劫持人质，强行闯隔离区的应急预案

（1）发现情况迅速报告值班领导，值班领导立即上报地铁公司等相关上级单位，并及时通报公安值班民警。

（2）值班领导迅速组织安检员工把好自己的关口。

（3）安检科负责隔离区和检查通道受检乘客。

①停止安检，立即封闭检查通道，对未检受检乘客进行疏散。

②疏散安检现场的受检乘客，设法稳住犯罪分子。

③依据上级指示协助公安、武警部队制服犯罪分子。

（二）安检现场发现无人认领箱（包）的应急预案

1. 检查的方法

安检采用一看、二听、三闻方法。

（1）一看。看箱（包）的表面是否有附着物，拉链或其他部位是否有凸出的线或绳。

（2）二听。听箱（包）内有无钟表或机械定时器走动的"嘀嗒"声。

（3）三闻。闻箱（包）内是否有刺激性的气味，如黑火药是臭鸡蛋的味道，硝铵炸药是氨水的气味。

如发现上述问题的其中一项，禁止任何操作，并应及时上报指挥中心和公安部门，由专门人员进行处置。

如以上检查方法均是安全的，应按照开可疑箱（包）的程序进行：

（1）有人动过但无人认领的箱（包）或者曾经有人动过，再放下的箱（包），可以按照程序检查后拿走箱包。

（2）无人动过或无人认领的箱（包），不能随意动，按照程序检查：如果无疑点，先用挑杆挑起箱（包）过安检仪，进行 X 射线安检机检查；如果有疑点，用挑杆挑起箱（包）放入防爆罐内，等待专业人员处置。

（3）无论有人动过或无人动过的箱（包），一旦发现可疑点后，应用防爆毯和防爆围栏将其覆盖，并疏散周围人员，拉出警戒线，然后等待专业人员处置。

2. 开包方法

（1）整体观察，掂重量。

（2）检查箱（包）六个面，尤其注意副兜和拉杆。

（3）打开拉链时，手贴拉链内侧检查是否有拉线，如有拉线应禁止拉开；如一切正常，慢慢拉开拉链，打开箱（包）盖时，用手轻压衣物，看是否有连线。

（4）将箱包内的物品分层取出，轻拿轻放，取上一层物品时要用手轻压衣物等下层物品，看上下层之间有无可疑连线，取出的物品要分清顺序和方向，左边物品放左侧，右边物品放右侧，注意检查夹层。

（5）检查箱子内侧和底部，检查完毕后，要按照原来的码放顺序复原。

（6）在打开箱（包）拉链及在检查过程中如发现两层物品中有连线或可疑装置时，必须停止检查，及时上报指挥中心和公安部门。

（三）受检乘客列车大面积延误的应急预案

1. 了解造成大面积受检乘客列车延误的因素

（1）因雨、雪、冰雹、雾等恶劣天气造成大面积受检乘客列车延误。

（2）因车站设备系统、安检系统等故障造成大面积受检乘客列车延误。

（3）因突发特别重大事故造成大面积受检乘客列车延误。

（4）因恐怖袭击事件造成大面积受检乘客列车延误。

2. 各岗位职责任务

（1）安检值班领导：负责现场的勤务组织、协调、解释工作，做好防止受检乘客冲闯的准备。

（2）安检现场带班人员：负责对安检区域加强巡视，同时防止受检乘客对流。

（3）安检现场的安检员：负责宣传疏导、安抚受检乘客情绪、稳定现场秩序，负责受检乘客快速、有序地通过检查，做好防止受检乘客冲闯的准备。

3. 应急处置程序

（1）遇受检乘客列车大面积延误时，安检现场带班人员应根据受检乘客列车发送动态及受检乘客流量，预留出能够保障安检勤务正常运行的安检备勤人员，以保证出现受检乘客列车大面积延误时，加强安检力量。

（2）安检现场带班人员及时组织维护秩序人员宣传疏导、安抚受检乘客情绪，稳定现场秩序，并及时请示安检队长调配人员，增加人身、开箱（包）等检查人员，以确保受检乘客快速有序地通过检查。

（3）若发生受检乘客冲闯安检区域通道，带班班长应立即下令关闭通道，对冲闯人员进行控制，并引导其他候检乘客到其他安检通道接受检查，同时上报公安部门、安检队长。安检员应避免与受检乘客发生语言及肢体冲突。

4. 恢复工作

预案解除后，恢复正常检查工作。

（四）安检现场设备故障的应急预案

1. 各岗位工作职责

（1）安检通道现场人员第一时间发现安检系统故障后，立即向安检现场班长、地铁民警上报，积极配合地铁民警对安检现场候检乘客秩序进行维护。

（2）安检队长、地铁民警负责向公安部门及现场值班领导报告安检系统故障信息，同时组织安检员对进站受检乘客实施人身手检、行李开包的应急检查。此外还要紧急协调专业部门进行维修，并记录安检系统故障信息。

（3）公安部门值班领导、安检队长负责故障通道安检员的调配。

2. 应急处置程序

（1）当发现安检系统故障时，该故障通道引导员应及时疏导通道外候检乘客到其他安检通道过检。

（2）故障通道安检员立即向安检班长汇报安检通道故障信息。

（3）安检班长向公安部门和安检队长上报安检通道系统故障。

（4）通道安检值机员记录故障时间、通道号、故障现象等具体情况。

（5）由公安部门值班领导、安检队长负责决定临时关闭故障通道，组织疏导候检人到其他正常通道等候检查，或者立即决定在不关闭通道的情况下实施手工人身及开包检查，并维护好现场秩序。

（6）必要时公安部门值班领导、安检队长可调配更多手检人员对候检乘客进行手工检查。

（7）在故障通道抢修期间，如有备用通道，公安部门值班领导、安检队长应根据安检现场受检乘客流量决定是否加派安检员、增开备用通道，减少受检乘客排队候检时间，维护好安检现场秩序。

（8）公安部门值班领导、安检队长负责组织做好维护秩序宣传工作，安抚候检乘客情绪。

（9）待系统设备恢复正常后，公安部门值班领导、安检队长负责下达撤销手工检查工作方案的指示，恢复正常安检程序，同时将故障通道恢复。

（五）安检现场预防受检乘客冲闸应急处置程序

安检通道发生冲闸事件，主要是因列车延误、受检乘客误车或其他情况导致大量受检乘客不满，情绪激动而引发的。如发生冲闸行为，按以下方案进行处置：

（1）安检队长迅速组织关闭安检通道，阻止受检乘客冲闸。

（2）安检队长派遣安检备勤人员迅速到达安检现场进行宣传、劝阻和疏导工作。需要注意的是，在与受检乘客接触的过程中避免发生语言冲突和肢体冲突。对已冲入隔离区的受检乘客，安检队长派遣安检员进行控制；同时，通报执勤民警，上报公安部门指挥中心。

（3）安检队长及时、准确地将现场信息呈报公安部门值班领导，公安部门值班领导接到信息后应赶到现场指挥调配，现场协调控制事态。

（4）安检员如发现有不法分子趁机搞破坏，应采取果断措施制止，等待执勤民警到达后进行处置。

（5）执勤民警到达现场后，安检队长应组织人员协助并配合执勤民警开展工作。

（6）做好善后工作，及时将信息书面报送公安部门指挥中心。

（六）X射线安检机发现爆炸物品先期处置程序

1. 在包裹中发现疑似爆炸物品的处置程序

（1）当值机员在X射线安检机图像上发现疑似爆炸物品时，应立即暂停机器，把行李控制在X射线安检机中。

（2）立即向值班领导和现场公安和地铁民警报告。

（3）冷静处置，通知开包员控制好包裹。

（4）在地铁民警的指挥下准备好防爆罐或防爆毯。

（5）如果需要，协助地铁民警由搜爆犬对疑似包裹进行识别确认。

（6）控制包裹携带者，进行重点人身检查，由公安人员将其带离现场。

（7）恢复安检现场工作，安检队长组织安检员对安检现场进行清理检查。

2. 人身检查中发现疑似爆炸物品的处置程序

（1）在人身检查中发现疑似爆炸物品时，应立即做出反应，冷静处置。

（2）发现人立即用暗语告知安检通道其他岗位人员，引导员立即关闭安检通道，疏散受检乘客；值机员对嫌疑人包裹进行重点检查，并将此情况上报值班领导及现场地铁民警；开包员协助手检员控制嫌疑人。将人和物分开，如疑似爆炸物绑在身上，立即将其带离人群，用防爆毯等隔离。

（3）如果需要，协助地铁民警由搜爆犬对爆炸物品进行识别确认。

（七）安检现场停电处置预案

安检现场停电处置预案是指安检现场遇到全部停电、设备不能正常运行等情况的处置预案。

1. 目的

制订处置预案的目的是最大限度地减轻安检现场停电对安检工作的影响，确保安检质量和服务质量。

2. 范围

所制订的处置预案适用于安检现场发生停电故障时，设备不能正常运转的勤务处置。

3. 处置方法

（1）因停电安检设备全部不能正常使用，安检员立即上报安检现场值班领导，暂停安检。

（2）现场值班领导通知设备维修部门进行修复，并就安检设备断电具体情况（时间、通道号、断电原因等）做好记录。

（3）现场值班领导现场督导指挥应急救援工作，并向上一级领导汇报现场情况。

（4）现场值班领导组织人员对现场通道安全进行有效管理控制，防止受检乘客因情绪激动冲闯安检通道。

（5）现场值班领导安排人员做好候检乘客的秩序维护，稳定受检乘客不安、烦躁、不满的情绪，做好宣传、解释、安抚工作，并根据受检乘客流量决定是否申请从其他安检区域调动安检员支援。

（6）现场值班领导做好应对新闻媒体的准备工作，准确掌握故障原因，了解故障排除进度、安检所能采取的应对措施及给予受检乘客的帮助等。

（7）停电恢复，待设备正常后，安检值班领导下达开启通道指令，恢复正常安检运行，并将恢复信息上报公司安检值班领导。

（八）安检现场发生火灾的应急预案

1. 目的

在发生火灾时，为确保受检乘客、安检员生命安全，降低公私财产损失，最大限度地防止和减少重、特大火灾的发生，特制订本预案。

2. 范围

本预案适用于安检现场。

3. 安检现场发生火灾的处置方法

1）第一发现人

（1）立即通知现场值班队长。

（2）立即组织本通道其他安检员疏散受检乘客。

（3）尽量切断现场设备电源。

（4）远离火灾现场。

2）值班队长

（1）立即拨打火警电话119，说明详细地点、火情、人员撤离情况等。

（2）立即通知现场值班领导及公司值班领导，汇报详细地点、火情、人员撤离情况等。

（3）组织人员疏散受检乘客，维持现场秩序（注意区分已检受检乘客和未检受检乘客）。

3）现场值班领导

（1）立即到达现场了解情况。

（2）立即向公司领导汇报现场情况。

（3）指挥安检员疏散受检乘客、维持现场秩序，做好人员自保工作。

4）公司值班领导

（1）接到报警后立即赶到现场。

（2）协助相关单位（消防、公安）工作。

（3）处置突发事件。

（4）做好善后工作。

5）安检员

通道内其他安检员要服从命令、听从指挥，积极疏散受检乘客，维护现场秩序。

三 安检突发事件处理原则

紧急情况的发生原因复杂、时间紧迫、突变性大、危险性大、涉及面广，给处置工作带来许多困难，指挥员和参加处置的人员往往没有仔细考虑和研究的时间，因此，应根据平时制订的预案，结合当时的具体情况，果断、灵活地处置。

处置紧急情况和拟定紧急情况处置预案应遵循以下基本原则。

（一）发现一般危险物品的处置原则

1. 发现限带物品的处置原则

安检中对于受检乘客携带的限带物品，根据具体情况处理，可让乘客选择自行放弃或场外寄存等。

2. 发现禁带物品的处置原则

安检中发现禁带物品应立即报告公安部门，将携带者及禁带物品一同移交公安部门处理。如遇犯罪分子行凶时，安检员应使用配备的防御模具或其他物品进行抵挡，然后待机将犯罪分子制服。

（二）安检突发情况处置原则

1. 发现爆炸物品的处置原则

在安检中发现爆炸品时，安检员首先要控制爆炸物品和嫌疑人，疏散所有无关人员，并立即报告公安部门和排爆人员获得支援。然后对爆炸物品进行初步判断并利用防爆器材采取应急措施，如有可能立即将爆炸物移至防爆罐内或加盖防爆毯；对不稳定爆炸物品立即按应急预案布置实施。一旦发生爆炸，应立即保护现场并迅速开展自救、互救工作。

2. 发现枪支的处置原则

安检中发现枪支类物品应立刻扣留，控制携带者并立即报告公安部门处置。如携带者反抗或企图开枪袭击时，安检员应按预案将携带者制服。但情况危急无法制服携带者时，应尽量寻找合适的地方进行躲避，等待时机制服携带者，以免造成不必要的牺牲。

3. 发现释放毒气的处置原则

组织群众迅速卧倒，避开迎风的地方；利用手帕、毛巾、衣物等进行自我防护或用以上物品加盖在毒源上，尽量遏制毒源的扩散，以免造成更多的人员中毒；同时，迅速将情况上报指挥中心。

4. 发生拥挤骚乱的处置原则

打开大门，保证进出口畅通；及时疏散群众，迅速上报指挥中心，及时调配警力增援。若为个别人蓄意闹事制造骚乱，则应立即控制闹事者，移交公安机关处理。

5. 发生火灾的处置原则

打开大门，保证进出口畅通。如遇小火，可就近利用灭火器材自行扑救；如火势不能控制，应立即上报指挥中心，同时疏散群众，保护现场，并做好自救、互救工作。

单元 5.3　伤害急救常识

为了保证城市轨道交通运营工作的正常开展，城市轨道交通系统须采取恰当的安检模式以应对客流和社会需求。

在任何生产活动过程中，都可能会发生一些人身伤害事故，城市轨道交通系统也不例外。而发生事故后的现场急救对抢救作业非常关键，如果现场急救正确、及时，不仅可以减轻伤者的痛苦，降低事故的严重程度，而且可以争取抢救时间，挽救人的生命。

案例导入

1. 案例描述

地铁男子突然休克，工作人员实施心肺复苏术救下一命

10 月 1 日早上 7 时 55 分，广州地铁 3 号线广州塔站站台岗王××接到司机通知：车厢内有乘客报警。王××迅速赶到对应的屏蔽门处，发现一名年轻男子晕倒在车上，他与几名好心的乘客合力将男子抬下车。王××尝试呼唤、轻拍男子肩膀，对方均无反应，于是他立即报告车控室拨打 120。

7 时 56 分，夜班值班站长湛××赶到现场，发现该名乘客脸色紫黑，双眼翻白，呼吸困难，毫无意识，于是马上指挥员工疏散乘客、按压人中、用屏风围蔽现场、拿大衣给乘客取暖……一场生死救援就地展开。因 120 到来尚需时间，湛××当机立断，调整好乘客的身体，对其进行心肺复苏术。

在抢救过程中，一名热心的中医师听到地铁广播需要医务人员，他马上找到工作人员，在其带领下到达现场，看到工作人员正在对晕倒的乘客进行心肺复苏，于是他拿起自己随身携带的针灸盒，实施穴位针灸救助。车站员工和医务人员共同努力，时间一分一秒过去，湛××手臂麻木了，早班值班站长李×接着对晕倒的乘客进行心肺复苏。

8 时 11 分，男乘客终于恢复呼吸。120 医务人员赶到现场，对其进行后续的抢救工作。广州地铁员工通过及时有效的心肺复苏，在"黄金十分钟"内对晕倒的乘客进行正确抢救，为病人争取到了抢救的时间。

2. 案例思考

（1）心肺复苏的具体操作方法有哪些？

（2）胸部严重损伤、肋骨骨折、气胸或心包填塞的伤员适合心肺复苏吗？

一　人员伤害的现场急救方法

1. 人工呼吸

人工呼吸图解如图 5-8 所示。

图 5-8 人工呼吸图解

口对口（鼻）吹气法是现场急救中采用最多的一种人工呼吸方法，其具体操作方法如下：

（1）对伤员进行初步处理。将需要进行人工呼吸的伤员放在通风良好、空气新鲜、气温适宜的地方，解开伤员的衣领、裤带、内衣（包括文胸），清除口鼻分泌物、呕吐物及其他杂物，保证呼吸道畅通。

（2）使伤员仰卧，施救人员位于其头部一侧，捏住伤员的鼻孔，深吸气后，将自己的嘴紧贴伤员的嘴吹入气体。如此有节律地反复进行，每分钟进行 14～16 次。吹气时不要用力过度，以免造成伤员肺泡破裂。

（3）吹气时，应配合对伤员进行胸外心脏按压。一般吹一次气后，做 4 次心脏按压。

2. 心肺复苏

胸外心脏按压是心肺复苏的主要方法，它是通过压迫胸骨，对心脏进行间接按压，使心脏排出血液，参与血液循环，以恢复心脏的自主跳动。

1）具体操作方法

（1）让需要进行胸外心脏按压的伤员仰卧在平整的地面或木板上。

（2）施救人员位于伤员一侧，双手重叠放在伤员胸部两乳正中间处，用力向下挤压胸骨，使胸骨下陷 3～4cm，然后迅速放松，放松时手不离开胸部。如此有节律地反复进行，其按压速度为 60～80 次/min。

2）胸外心脏按压时的注意事项

（1）胸部严重损伤、肋骨骨折、气胸或心包填塞的伤员，不应采用此法。

（2）胸外心脏按压应与人工呼吸配合进行。

（3）按压时，用力要均匀，力量大小根据伤员的身体及胸部情况而定；手臂不要弯曲，用力不要过猛，以免使伤员肋骨骨折。

（4）随时观察伤员情况，做出相应的处理。

胸外心脏按压姿势如图 5-9 所示。

3. 止血

当伤员身体有外伤出血时，应及时采取止血措施。常用的止血方法有以下几种。

1）手压止血法

手压止血法是指临时用手指或手掌压迫伤口靠近心端的动脉，将动脉压向深部的骨头上，阻断血液的流通，从而达到临时止血的目的。手压止血法通常在急救中与其他方法配合使用，其关键是要掌握身体各部位血管止血的压迫点。

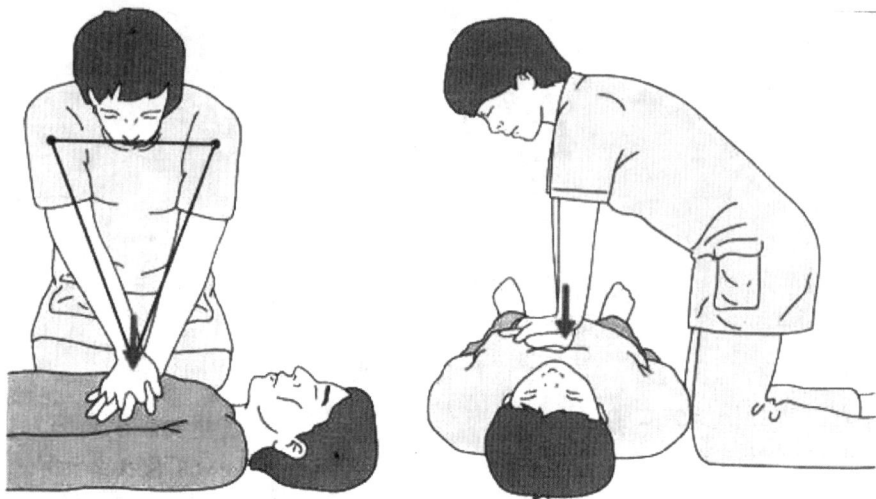

图 5-9　胸外按压姿势图解

手压止血法仅限于无法止住伤口出血或准备敷料包扎伤口的情况，施压时间切勿超过15min。如果施压过久，肢体组织可能因缺氧而损坏，以致不能康复，继而还可能需要截肢。

2）伤口加压法

伤口加压法主要适用于出血量不太大的一般伤口。通过对伤口的加压和包扎，减少出血，让血液凝固。其具体做法是：如果伤口处没有异物，可以用干净的纱布、布块、手绢、绷带等物或直接用手紧压伤口止血；如果伤口出血较多时，可以用纱布、毛巾等柔软物垫在伤口上，再用绷带包扎以增加压力，达到止血的目的。

3）止血带法

止血带法适用于四肢伤口大量出血时，主要有布止血带绞紧止血、布止血带加垫止血和橡皮止血带止血三种方法。使用止血带法止血时，绑扎松紧要适宜，以出血停止、远端不能摸到脉搏为好。使用止血带的时间越短越好，最长不宜超过3h，并在期间内每隔0.5h（冷天）或1h慢慢解开、放松一次，每次放松1～2min，放松时可用指压法暂时止血。不到万不得已时不要轻易使用止血带，因为上好的止血带能把远端肢体的全部血流阻断，造成组织缺血，时间过长会引起肢体坏死。

4. 搬运转送

转送是危重病人经过现场急救后由救护人员安全送往医院的过程，是现场急救过程中的重要环节。因此，必须寻找合适的担架，准备必要的途中急救力量和器材，尽可能调度速度快、振动小的运输工具；同时，应注意掌握各种伤病员不同的搬运方式。

（1）上肢骨折的伤员托住固定伤肢后，可让其自行行走。

（2）下肢骨折可用担架抬送。

（3）脊柱骨折伤员，用硬板或其他宽布带将伤员绑在担架上。

（4）昏迷病人，头部可稍垫高并转向一侧，以免呕吐物吸入气管。

二　机械伤害的急救方法

发生机械伤害事故后，现场人员不要害怕和惊慌，要保持冷静，迅速对受伤人员进行检查。急救检查应先看神志、呼吸，接着摸脉搏、听心跳，再查瞳孔，有条件时测血压。检查局部有无创伤、出血、骨折、畸形等变化，根据伤者的情况，有针对性地采取人工呼吸、心脏按压、止血、包扎、固定等临时应急措施。

（1）迅速拨打急救电话，向医疗救护单位求援。记住报警电话很重要，我国通用的医疗急救电话为120，但除120外，各地还有一些其他的急救电话，也要留意。在发生伤害事故后，要迅速及时拨打急救电话。拨打急救电话时，要注意以下问题：

①在电话中应向医生讲清伤员的确切地点、联系方法（如电话号码）、行驶路线。

②简要说明伤者的受伤情况、症状等，并询问清楚在救护车到来之前，应该做些什么。

③派人到路口迎候救护人员。

（2）遵循"先救命，后救人"的原则。例如，优先处理颅脑伤、胸伤、肝或脾破裂等危及生命的内脏伤，然后处理肢体出血、骨折等伤。

（3）检查伤者呼吸道是否被舌头、分泌物或其他异物堵塞。

（4）如果呼吸已经停止，立即实施人工呼吸。

（5）如果脉搏不存在，心脏停止跳动，立即进行心肺复苏。

（6）如果伤者出血，要进行必要的止血及包扎。

（7）大多数伤员可以毫无顾忌地抬送医院，但对颈部、背部严重受损者要慎重，以防止其进一步受伤。

（8）让伤者平卧并保持安静，如有呕吐，同时无颈部骨折时，应将其头部侧向一边以防止噎塞。

（9）动作平缓地检查伤者，必要时剪开其衣服，避免突然挪动，增加患者痛苦。

（10）救护人员要安慰伤者，自己也应保持镇静，以消除恐惧。

（11）不要给昏迷或半昏迷者喝水，以防液体进入呼吸道导致窒息；也不要用拍击或摇动的方式试图唤醒昏迷者。

三　触电伤害的急救方法

1. 脱离电源

触电发生后，必须迅速使触电者脱离电源。如果触电者触及低压带电设备，应立即切断电源，拉开电源开关或闸刀，使用绝缘工具、绝缘手套和干燥的木棒、竹竿等不导电物体使触电者脱离电源。抢救者要避免碰到金属物体和触电者裸露的身躯，切忌直接用手去接触触电者或用无绝缘的东西接触触电者；抢救者可以站在绝缘垫或干木板上进行抢救。

如果触电者触及断落在地上的带电高压导线时，在尚未确定线路是否带电、救护人员尚未做好安全措施前，不得接近断线点8～10m范围内，以防止跨步电压触电。

触电者脱离电导线后，应迅速离开断线点8～10m以外处进行急救，如已确定线路无电，可在触电者脱离触电导线后，立即就地进行抢救。

对触电者进行急救时，应考虑触电者所在的环境，防止引起二次伤害。

2. 现场急救

迅速将脱离电源的触电者移至通风、凉爽处，使其平卧并解松衣裤，保持呼吸道畅通，检查触电者有无呼吸、心跳。若发现呼吸停止，应立即实施心肺复苏。及时、正确地实施心肺复苏术，不但能够挽救触电者的生命，而且能减少和减轻其并发症和后遗症的发生。

人工呼吸和胸外心脏按压要坚持不懈地进行，在医务人员未到达之前，现场的抢救人员不应放弃抢救，直到触电者复苏或出现尸僵、尸斑为止。触电者复苏后应密切注意其心跳情况，千万不要随意搬动，以防心室颤动再次发生而导致心跳停止，应等医务人员到达或触电者完全清醒后再搬动。切忌在未弄清触电者情况时做长途搬运而错过抢救时机。在现场抢救的同时，应请其他人协助拨打120急救电话，并通知附近的医疗单位。

四 其他伤害的急救方法

1. 中暑

中暑是指在高温作用下，机体发生体温调节功能障碍，水电解质平衡失调，以心血管和中枢神经系统功能紊乱等为特征的一组急性热损伤疾病。

中暑的急救方法如下：

（1）对于先兆中暑、轻症中暑患者，首先，迅速脱离高温环境，将其转移至阴凉通风处休息或平卧；然后，给予口服凉盐水、糖盐水、各种含盐的清凉饮料、人丹、藿香正气水等，涂擦清凉油、万金油等，掐捏合谷穴、风池穴、太阳穴等穴位处理。

（2）对于重症中暑的患者，除积极采取以上措施外，还应采取以下急救措施：

①将患者移至空调室内，没有空调设备时，可在室内放置冰块、电风扇等，尽快使室温降至25℃以下。

②用凉水淋浴，用冰水或酒精擦浴，也可在头部、腋窝、腹沟等处放置冰袋。

③保持呼吸道畅通，改善缺氧。

④在采取以上各种措施的同时，请其他人协助拨打120急救电话，尽快将患者送往就近医院治疗。

2. 高空坠落

高空坠落伤是指人们在日常工作或生活中，从高处坠落，受到高速的冲击力，使人体组织和器官遭到一定程度的破坏而引起损伤。高空坠落损伤除有直接或间接受伤器官表现外，还可能有昏迷、呼吸窘迫、面色苍白和表情淡漠等症状，可导致胸、腹腔内脏组织器官发生损伤。

高空坠落时，足或臀部先着地，外力可沿脊柱传导至颅脑而致伤；由高处仰面跌下时，背或腰部受冲击可引起腰椎前纵韧带撕裂，椎体裂开或椎弓根骨折引起脊髓损伤。脑干损伤时常有较重的意识障碍、光反射消失等症状，也可能有严重的并发症。

高空坠落的急救方法如下：

（1）去除伤员身上的用具和口袋中的硬物。

（2）在搬运和转送过程中，颈部和躯干不能前屈或扭转，应使脊柱伸直，绝对禁止一个抬肩、一个抬腿的搬法，以免发生或加重截瘫。

（3）创伤局部妥善包扎，但对疑似颅底骨折和脑脊液漏患者切忌做填塞，以免导致颅内感染。

（4）对于颌、面部受伤伤员首先应保持呼吸道畅通，撤除假牙，清除移位的组织碎片、血凝块、口腔分泌物等，同时松解伤员的颈、胸部纽扣。

（5）对于复合伤，要求伤员平仰卧位，保持呼吸道畅通，解开衣领扣。

（6）对于周围血管伤，压迫伤部以上动脉干至骨骼。直接在伤口上放置厚敷料，绷带加压包扎，以不出血和不影响肢体血液循环为宜。当上述方法无效时可用止血带，原则上尽量缩短使用时间，一般以不超过 1h 为宜（做好标记，注明上止血带时间）。

（7）快速、平稳地送往近医院救治。

3. 有害气体中毒

有害气体中毒的基本急救原则如下：

（1）清除毒气，将患者立即转移，离开毒气污染的区域。

（2）患者应安静休息，保持呼吸道通畅。必要时清除鼻腔、口腔内分泌物，并给予充分的氧气吸入。

（3）如果呼吸心跳停止，要立即做人工呼吸和胸外按压。

（4）污染眼睛者，迅速用清水冲洗眼睛。

（5）使用特效解毒药物。

（6）经抢救处理后应尽快送医院治疗。

（7）凡进入有毒有害气体污染区域内的急救人员，必须戴防毒面具、预防眼镜、口罩等防护用品，避免自身受伤。

实训

请完成"实训5 安检现场发现无人认领箱包的应急处置演练"，见本教材配套实训工单。

复习思考题

一、填空题

1. 安检员主要由_____、_____、_____和_____组成。各岗位之间互相联系、互相配合，共同实现安检通道的正常运行。

2. _____位于安检机入口处旁边（靠近安检机一侧，且面对乘客进站方向）。

3. _____按要求认真监视安检机屏幕，通过图形、颜色判断乘客携带物品是否为可疑物。

二、选择题

1. 吹气时，应配合对伤员进行胸外心脏按压。一般吹一次气后，做（　　）次心脏按压。

  A. 4   B. 3   C. 2

2. （　　）的操作规范：当乘客通过安检门时，伸出左手示意其止步并接受人身检查，检查完毕后再次伸出左手示意其由本岗位左侧进站。

  A. 引导员   B. 手检员   C. 安全员

3. 当开机人员在 X 射线安检机图像上发现可疑爆炸物品时，应立即暂停机器，将行李控制在（　　）中。

  A. 车站   B. X 射线安检机   C. 手

三、判断题

1. 发生机械伤害事故后，现场人员不要害怕和惊慌，要保持冷静，迅速对受伤人员进行检查。   （　　）

2. 如果触电者触及断落在地上的带电高压导线时，可以直接接近断线点 8～10m 范围内。   （　　）

3. 对于先兆中暑、轻症中暑的患者，首先迅速脱离高温环境，将其转移至阴凉通风处休息或平卧。   （　　）

4. 安检中对于被检人员携带的限带物品，根据具体情况处理，可让携带人选择自行放弃或场外寄存等。   （　　）

四、简答题

1. 简述城市轨道交通安检员基本岗位及分别对应的职责。

2. 简述城市轨道交通安检员各岗位操作规范。

3. 安检现场发现无人认领箱包的应急预案包含哪些内容？

4. 简述触电伤害的急救方法。

5. 安检突发事件处理原则有哪些？

6. 简述人工呼吸的具体操作方法。

模块 6

城市轨道交通火灾、水灾及疫情防控

学习目标

1. 了解城市轨道交通的火灾特点及燃烧的基本知识。
2. 掌握城市轨道交通火灾的预防、扑救、自救与逃生。
3. 掌握城市轨道交通发生火灾的应急处置方法。
4. 学会使用城市轨道交通内各种消防设施设备。
5. 掌握水灾和疫情的防控方法及应急处置程序。

建议学时

6 学时。

案例导入

1. 案例描述

韩国大邱地铁火灾

2003 年 2 月 18 日，韩国大邱市的地铁遭人蓄意纵火，但火灾发生后地铁方面消极应对，地铁设备调度室当班人员虽在 18 日上午 9 时 53 分左右在显示器上看到"火灾警报"四个字并听到警报声，但以平时误报警为由，无视警报且未采取任何措施。行车调度员没有及时扣停驶向该站的载客列车；列车司机在不知火灾事实的情况下驶入该站，此时接触网停电列车无法开门，导致人员伤亡。大火从当地时间上午 9 时 55 分开始燃烧，约 3 个小时后才于 13 时 30 分被扑灭。此次大火至少造成 196 人死亡、289 人失踪、146 人受伤，并导致大邱市地铁系统陷入瘫痪，市中心秩序一片混乱。

北京地铁火灾

2005 年 8 月 26 日早上，北京地铁 1 号线一列车在运营中由于车辆老旧，导致风扇短路在运营中失火，对此地铁公司启动了应急预案，虽无乘客伤亡，但地铁和平门站着火之后冒起浓烟，火苗蹿起半米高，致使列车司机呼吸道灼伤，内环地铁停运近50min，由于是上班高峰时期，导致环线地铁地面交通部分瘫痪。

2. 案例分析

由上述两起地铁火灾事故发现：地铁火灾事故的发生不但会造成大量的人员伤亡，而且会造成城市交通堵塞，社会影响严重。因此，要求城市轨道交通安检员掌握火灾的预防、救援知识和人员疏散方法，会使用灭火设备，尽量减少火灾的损失。火灾是城市轨道交通可能会遇到的主要灾害之一，城市轨道交通消防安全是社会公共安全的一个重要组成部分，应引起高度重视。

单元 6.1　火灾与城市轨道交通火灾

一　火灾的基本知识

（一）燃烧的概念

燃烧是可燃物与氧化剂作用发生的放热反应，通常伴有火焰、发光和发烟现象。火焰是发光的气相燃烧区域，是燃烧过程中最明显的标志。

1. 燃烧的条件

燃烧必须具备三个条件，具体如下：

（1）可燃物。凡是能与空气中的氧或其他氧化剂起化学反应的物质，均称为可燃物，如木材、纸张、汽油、液化石油气、氢气、硫、钾、钠、镁等。

（2）助燃物。凡是与可燃物结合能导致和支持燃烧的物质，均称为助燃物，如空气、氧气、氯气、硝酸钾、过氧化钠等。

（3）着火源。使物质开始燃烧的外部热源为着火源，如明火、电弧与电火花、雷击、高温等。

只有以上三个条件同时具备，燃烧才会发生。燃烧根据表现形式不同可分为着火、自燃、闪燃和爆炸四种。

2. 自燃与自燃点

可燃物在没有外界明火火源的作用下，由于受热或本身发热并蓄热所产生的燃烧现象叫作自燃。

可燃物在没有外界明火的直接作用下，在空气中受热或蓄热引起自燃的最低温度，叫作该可燃物的自燃点。可燃物自燃点越低，发生火灾的危险性越大。

（二）火灾的分类

1. 火灾的分类

依据《火灾分类》（GB/T 4968—2008）第 2 条规定，火灾根据可燃物的类型和燃烧特性可分为 A、B、C、D、E、F 六大类。

（1）A 类火灾：指固体物质火灾。这种物质通常具有有机物质性质，一般在燃烧时能产生灼热的余烬，如木材、干草、煤炭、棉、毛、麻、纸张等火灾。

（2）B 类火灾：指液体或可熔化的固体物质火灾，如汽油、煤油、柴油、原油、甲醇、乙醇、沥青、石蜡、塑料等火灾。

（3）C 类火灾：指气体火灾，如煤气、天然气、甲烷、乙烷、丙烷、氢气等火灾。

（4）D 类火灾：指金属火灾，如钾、钠、镁、钛、锆、锂、铝镁合金等火灾。

（5）E 类火灾：指带电火灾，即物体带电燃烧的火灾。

（6）F 类火灾：指烹饪器具内的烹饪物（如动植物油脂）火灾。

2. 等级划分

根据 2007 年 6 月 26 日公安部下发的《关于调整火灾等级标准的通知》，新的火灾等级标准由原来的特大火灾、重大火灾、一般火灾三个等级调整为特别重大火灾、重大火灾、较大火灾和一般火灾四个等级。

二　城市轨道交通火灾特征

1. 突发性强

城市轨道交通线长面广，客流量大，火灾发生的时间和地点具有不确定性，而且火灾发生初期极具隐蔽性，不易发觉，一旦发现，火灾已达到一定的危害范围和程度。因此，城市轨道交通火灾成灾的不确定性决定了城市轨道交通火灾的突发性。

2. 排烟排热差、扩散蔓延快

受城市轨道交通隧道空间限制，热交换十分困难，火焰延伸，炽热气流可以传播很远，遇到易燃物品迅速燃烧。烟气形成的高温气流会对人体产生巨大的影响，这些流动性很强的烟和有毒气体，在地下通道内四处流窜，短时间内充满整个地下空间，热量不易散出，容易发生"爆燃"。若不加以控制或及时排出这些烟气，会给现场遇险人员和救援人员构成极大的生命威胁。

3. 逃生困难

逃生困难的主要原因如下。

（1）安全逃生途径单一，安全疏散通道是唯一逃生途径。城市轨道交通区间隧道和车站内并无紧急避难场所，突发火灾事故中，大量乘客同时涌向狭窄的通道及楼梯，另有检票闸机等障碍物挡道，严重影响乘客快速逃生。

（2）地下垂直高度过高，一些城市轨道交通车站修建在地下很深的地方，遇突发火灾事故后，乘客从地下仅凭体力往地面逃生，既耗时又耗力，安全逃生的把握性不大，对老弱病残乘客而言，更是凶多吉少。

（3）个体逃生能力降低，火灾发生后，氧含量急剧下降，缺氧状态下的个体判断力下降，肌体活动力下降。

（4）允许逃生的时间过短，曾有试验研究表明，地铁的车厢起火后，快则 1.5min，慢则 8min 之后就会出现对人体有害的气体；2~5min 内，车厢内烟雾弥漫就无法看清逃生出口，相邻的车厢在 5~10min 内也会出现相同情形。试验证明，允许乘客逃生的时间只有约 5min。

4. 救援困难

火灾发生后，隧道内烟雾大，能见度低，散热慢，温度较高，起火点附近未进行防火保护的，作为隧道承重结构体的混凝土容易发生崩落，因此，会阻碍火灾的扑救。此外，城市轨道交通发生火灾时，究竟发生在哪个部位，无法直观火场，需要详细研究地下工程图，分析可能发生火灾的部位和可能出现的情况，才能做出灭火方案。同时出入口有限，而且出入口又经常是火灾时的冒烟口，消防人员难以接近着火点，往往会延长扑救时间、增加喷水损失，扑救工作难以展开。再加上地下工程对通信设施的干扰较大，扑救人员与地面指挥人员通信联络困难，为消防扑救工作增加了障碍。

5. 易发生电气火灾

城市轨道交通的机电设备较多，各种强弱电气设备、电子设备不仅种类数量多且配备复杂，供配电线路信息数据布线等密如织网，一旦出现绝缘不良或短路等情况，极易发生电气火灾并沿着线路迅速蔓延。

6. 影响严重

城市轨道交通作为特大容量的公共交通工具，一旦发生事故，人员产生恐惧心理，很容易发生拥挤和踩踏事故，极易发生死伤；同时城市轨道交通投资巨大，火灾事故不仅会使个人生命财产和国家财产受到损害，而且易造成不良的社会影响，甚至引发市民对政府的信任危机，后果严重。

三　城市轨道交通火灾原因

1. 人的因素

人指城市轨道交通乘客、操作人员、管理人员及其他在场人员。人的因素是造成事故的主要因素，因人的因素引发的火灾主要来自以下三个方面：

（1）隧道维修施工过程中进行焊接、切割工作；或者机械碰撞、摩擦引起的火花都有可能引燃易燃物的装修材料而造成火灾。

（2）乘客吸烟时产生火星或随便乱丢烟头或携带易燃、易爆物品。虽然城市轨道交通运营安全乘车规定禁止乘客携带易燃、易爆等危险品，但还是经常会有此类事故发生。

（3）人为故意纵火或恐怖袭击等其他原因。

2. 物的因素

物指发生事故时所涉及的实物。物的因素要比人的因素复杂得多，但物在很大程度上属于可控制的因素，可通过一些具体措施和可量化的指标实施控制。

（1）城市轨道交通内存在违禁和易燃物品：这些物品多由乘客携带进入，若能在事故发生前查出，则可以有效防止火灾事故的发生。

（2）城市轨道交通工程及车辆材料选用不当：如车站建筑装修材料没有采用阻燃无烟材料，地铁列车车身和座椅材料没有进行防火处理，电缆电线没有采用耐火阻燃低烟无卤材料等。

（3）消防设施设置不当：如没有设置火灾探测器和报警器，缺乏足够的消防设备，导致对火情反应不灵敏而造成火势发展。

（4）附属设施及装备没有重视安全化处理：为了给乘客在乘车过程中提供便利，城市轨道交通内布置了很多附属设施，包括车站内的垃圾箱、公共厕所等，这些附属设施及装备极易成为恐怖分子蓄意制造火灾和爆炸的渠道。

（5）城市轨道交通电气设备存在隐患：这多是由于设计存在缺陷、设备老化或没有定期检修所造成的。

3. 环境因素

环境一般分为社会环境、自然环境和系统状态环境。

（1）社会局势的影响：社会环境不安定或社会局势发生动荡，有可能造成人员的不稳定因素急剧上升，诱发城市轨道交通突发事件。

（2）没有建立良好的法治体系环境：缺乏有效的专门的防火法律条款和规定，将使得城市轨道交通防火处于无法可依的状态，同时也不利于营造一个安定的社会环境。

（3）学校和家庭教育不力：这两者的教育对人的影响是深远的。倘若没有接受良好的教育，人员素质不高，则有可能诱发城市轨道交通火灾和其他突发事件。

（4）自然环境变化：比如雷击、地震等不可抗拒的自然环境因素的影响，造成城市轨道交通系统设备受损发生事故。

（5）城市轨道交通运营环境不舒适：城市轨道交通系统中较暗的照明光线、不佳的通风条件、迷失方向感、信息闭塞和阻断、空间的压迫感、噪声等因素都将可能诱发人的不安全行为。

4. 管理因素

（1）技术上存在缺陷：有些设备因设计不合理、检修不够而存在安全隐患。

（2）劳动组织不合理：城市轨道交通运营部门没有制定完善的安全管理操作规范，或者操作流程存在安全隐患等。

（3）安全教育和技能培训不够：城市轨道交通运营部门没有对职工进行系统的安全培训，将可能使得员工由于违章操作而出现意外事故；没有对乘客和公众进行足够的防火安全教育，使得乘客的防火意识和应对火灾的能力不强，诱发事故出现。

四　消防标志

1. 消防标志的意义

总结以往的火灾事故，可以看出，往往是在发生火灾事故的初期，人们看不到消防标志、找不到消防设施，因而不能采取正确的疏散和灭火措施，以致造成大量人员伤亡。因此，消防标志不但是消防救援人员处理火险时的好帮手，也是群众在火灾危急关头的救命符。

2. 红色消防标志牌

红色的消防标志牌用于说明各种消防设备、设施安装的位置，引导人们在发生火灾时采取合理正确的行动。常见消防标志见表6-1。

常见消防标志（红底）　　　　　　　　　　表 6-1

水泵接合器	火警电话	地上消火栓	消防梯
灭火设备	手动启动器	灭火设备方向	灭火设备方向
发声警报器	灭火器	消防水带	地下消火栓

3. 绿色发光疏散指示标志

绿色的发光疏散指示标志设置在疏散走道和主要疏散路线的地面或靠近地面的墙上。常见绿色发光疏散指示标志见表 6-2。

常见绿色发光疏散指示标志（绿底）　　　　　　表 6-2

推开	拉开	疏散通道方向	疏散通道方向
紧急出口	紧急出口	滑动开门	滑动开门

📖 知识链接

站内发生火灾时的处置方法

（1）及时通知综控室（车控室）启动消防预案，说明起火地点及原因并上报指挥中心，做好先期处置，拨打 119 报警电话。

（2）向公安机关、上级部门报告。

（3）疏散乘客，维护秩序。

（4）如是人为纵火，发现嫌疑人立即控制。

单元6.2　城市轨道交通火灾预防、扑救、自救与逃生

一　防火的基本知识

1. 防火的基本方法

（1）控制可燃物。例如，以难燃或不燃材料代替易燃材料，对性质相互抵触的化学危险物品采用分仓、分堆存放等措施。

（2）隔绝助燃物。例如，对密闭容器抽真空以排出容器内的氧气，在密闭容器内充入惰性气体等。

（3）消除着火源。例如，在易燃、易爆场所严禁烟火，在有火灾危险的场所严格禁止电焊、气割等动火作业。

2. 日常防火知识

（1）不乱丢烟头，不躺在床上吸烟；车站范围内严禁吸烟。

（2）不乱接、乱拉电线，电路熔断器切勿用铜线、铁线代替。

（3）炉灶附近不放置可燃、易爆物品。

（4）明火照明时不离人，不使用明火照明来寻找物品。

（5）必须使用明火时，用后要检查明火是否熄灭。

（6）多种大功能电器不要插在同一插座上使用。尽量少用或不用移动式的电源插座板。

（7）发现燃气泄漏，要迅速关闭电源阀门，打开门窗通风，同时切勿开启室内电源开关。

（8）不随意倾倒液化残液。

（9）公共场所严禁存放汽油、酒精、香蕉水等易燃易爆物品。

二　灭火的方法

火灾通常都有一个从小到大逐步发展直到熄灭的过程。火灾过程一般可分为初起、发展、猛烈、下降和熄灭五个阶段。燃烧面积不大、火焰不高、辐射热不强时，是扑救火灾的最好时机，只要发现及时，用较少的人力和应急消防器具便能将火控制或扑灭。灭火的基本原理是根据起火物质和燃烧状态，针对破坏燃烧必须具备的基本条件而采取一些措施。灭火的基本方法有隔离法、窒息法、冷却法和抑制法。

1. 隔离法

隔离法是指将还在燃烧的物质与未燃烧的物质隔离开，中断可燃物质的供给使燃烧中止，如把靠近火源的可燃物、易燃物和助燃物搬走；关闭可燃气体、液体管道的阀门、切

断电源；放下防火帘、关闭防火门、开设隔火带等。

2. 窒息法

窒息法是指通过隔离空气或稀释燃烧区的空气含量，使燃烧物缺氧而熄灭，如用石棉毯、湿麻袋、湿棉被等盖在燃烧物上。

3. 冷却法

冷却法是指将灭火剂直接喷洒在燃烧的物质上，降低燃烧物表面的温度，使其低于燃点，使燃烧停止，如用水或二氧化碳来冷却降温。

4. 抑制法

抑制法是指使有抵制作用的灭火剂参与到燃烧反应的过程中去，使燃烧时产生的游离基消失，形成稳定的分子使燃烧停止，如用灭火器向着火点喷射。

三 城市轨道交通的消防设施设备

（一）火灾自动报警系统

火灾自动报警系统（FAS），其主要功能是通过在城市轨道交通车站、主变电所及车辆段等建筑内按规范设置烟感、温感或红外线等探测器对火灾进行监测，将火灾报警信息传送到车站及控制中心，并自动联动防灾设备运行，达到火灾预警及防灾救灾的目的。全线火灾自动报警系统由控制中央级和车站级二级监控管理方式构成。其中，控制中央级实现对全线火灾自动报警系统集中监视和管理。车站级在各车站、车辆段、停车场设火灾报警控制器，对其所管辖范围独立执行消防监控和管理。火灾自动报警系统主要由控制中央级设备、车站级设备、现场各类设备（如探测器、输入模块、输出模块、控制模块、手动火灾报警按钮、消防电话等），以及全线设备维修维护系统等组成，如图 6-1 所示。

图 6-1　城市轨道交通车站火灾自动报警系统

（二）灭火系统

城市轨道交通自动灭火系统不仅包括气体自动灭火系统、自动喷水系统等，还配备有消火栓给水系统、移动式灭火系统，在车站、区间隧道、地铁列车上还会配备一定数量的各类型的灭火器。

（三）灭火器

1. 灭火器的种类

灭火器按充装灭火剂的类型划分，有以下五种类型，如图6-2所示。

a)手提式干粉灭火器　　b)推车干粉灭火器　　c)二氧化碳手提灭火器　　d)泡沫灭火器

e)水基灭火器　　　　　f) 热气溶胶(落地式和便携)灭火器

图6-2　各类灭火器

（1）干粉灭火器：干粉灭火器药剂的主要成分是碳酸氢钠，即小苏打和磷酸氢二铵。干粉灭火器分为手提式干粉灭火器和推车式干粉灭火器，如图6-2a)、图6-2b) 所示。干粉灭火器适用于易燃、可燃液体、气体及带电设备的初起火灾（A、B、C、E 类火灾）。

（2）二氧化碳手提式灭火器：结构简单、操作灵活、使用方便，具有灭火速度快、效率高，可连续或间歇喷射等优点，如图6-2c) 所示，二氧化碳手提式灭火器适用于扑救油类、易燃液体、固体有机物、气体和电气设备的初起火灾。

（3）泡沫灭火器 ［图6-2d)］：泡沫灭火器内有两个容器，分别盛放硫酸铝和碳酸氢钠溶液两种液体，这两种溶液互不接触，不发生任何化学反应（平时千万不能碰倒泡沫灭火器）。当需要使用泡沫灭火器灭火时，把灭火器倒立，两种溶液混合在一起，就会产生大量的二氧化碳气体，由于泡沫灭火器喷出的泡沫中含有大量水分，灭火后不污染物质，

145

不留痕迹。泡沫灭火器主要适用于扑救各种油类、木材、纤维、橡胶等固体可燃物火灾。

（4）水基灭火器［图6-2e)］：水基灭火器采用清水作灭火药剂，加入一定量的添加剂，可扑灭纸张、木材、纺织品等引起的A类火灾。

（5）气溶胶式：气溶胶灭火器分为热气溶胶［图6-2f)］和冷气溶胶两种（冷气溶胶灭火器还处于研究阶段）。气溶胶灭火剂的灭火原理是，气溶胶灭火剂生成的气溶胶中，气体与固体产物的比约为6∶4，其中固体颗粒主要是金属氧化物、碳酸盐或碳酸氢盐、炭粒以及少量金属碳化物，气体产物主要是 N_2、少量的 CO_2 和 CO。固体颗粒气溶胶同干粉灭火剂一样，是通过若干种机理发挥灭火作用的，如吸热分解的降温作用、气相和固相的化学抑制作用以及惰性气体使局部氧含量下降等。

2. 灭火器的日常检查

（1）灭火器的压力值应处于正常压力范围，压力表无雾化、损伤、变形，如图6-3所示。

图6-3　灭火器压力表

①绿色：灭火器处于正常状态。

②红色：压力不够，需补充驱动气体。

③黄色：罐体内压力异常，应进行维护。

（2）灭火器保险销和铅封应保持完好，如图6-4所示。

（3）灭火器筒体无锈蚀、变形现象。

（4）灭火器铭牌应完整清晰，注意检验日期是否过期，如图6-5所示。

a)保险销

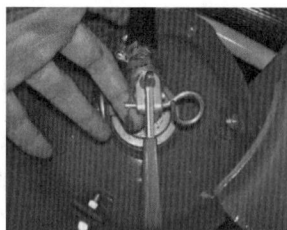
b)铅封

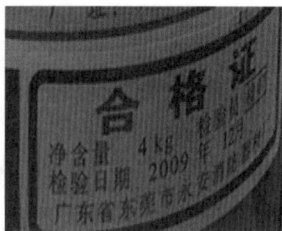

图6-4　灭火器保险销和铅封　　　　　　　图6-5　灭火器有效期

（5）灭火器喷嘴无变形、开裂、损伤，喷射软管畅通且无变形和损伤，如图6-6所示。

（6）灭火器压把、阀体等金属件无严重损伤、变形、锈蚀等影响使用的缺陷。

（7）灭火器橡胶、塑料件无变形、变色、老化或断裂现象。

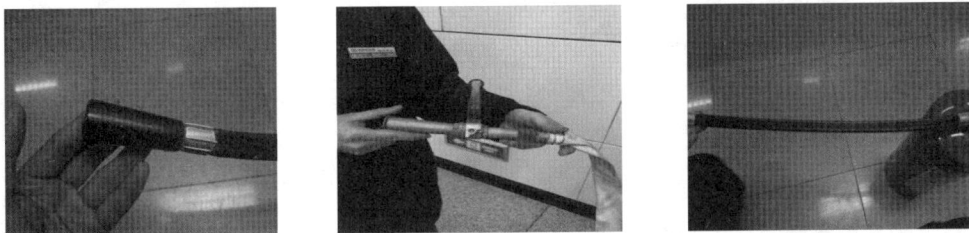

图6-6　灭火器喷嘴、软管

3. 灭火器的使用

1）手提式干粉灭火器的使用

（1）灭火时，使用者要站在上风方向。

（2）灭液体火灾时，不能直接向液面上喷射，要由近及远，在燃烧物约10cm快速摆动，覆盖燃烧面，切割火焰。

（3）灭A类火灾时，先由上向下压制火焰后，对燃烧物上下、左右、前后都要喷匀灭火剂，以防止复燃。

（4）存放时不能靠近热源或日晒。

（5）不要扑救电压超过50kV的带电物质火灾。

（6）灭火操作步骤如下：

1摇：上下颠倒摇晃使干粉松动，防止灭火器内灭火剂凝固，影响灭火效果，但喷射时不能倒置；

2拔：拔出保险栓；

3瞄：侧身瞄准火焰根部；

4压：压下灭火器手柄；

5扫：左右扫射，先灭近火再灭远火。

2）90kg推车式干粉灭火器的使用

（1）推车式干粉灭火器需要双人进行配合操作，火灾时，将灭火器拉至距着火点6～10m。

（2）一人迅速展开软管并紧握喷枪呈立射姿势对准燃烧物做好喷射准备，打开枪头阀门，示意开阀；另一人拔掉插销，向上扳动启动把手。

（3）灭火使用方法与5kg干粉灭火器相同。

3）二氧化碳灭火器使用方法

（1）使用二氧化碳灭火器灭火时应先将灭火器提到距燃烧物5m的地方，放下灭火器，拔出保险销，一只手握住喇叭筒根部的手柄，另一只手紧握启闭阀的压把，由近及远向燃烧物质火焰喷射。

（2）灭火器在喷射过程中应保持直立状态。

（3）不要用手直接握喇叭筒，以防冻伤。

（4）在室外使用时应选择上风方向。

（5）在狭小室内使用时，灭火后应迅速撤离。

（6）灭室内火灾时，应先打开门窗通风，以防窒息。

4. 使用灭火器实施灭火

1）确认火警

（1）查看火情：到火灾现场，查看具体火情，确认可以用灭火器进行灭火。

（2）确认火灾报警，汇报给车站行车值班员。

2）选择灭火器

根据着火物质和场景选择类型适应的灭火器。

（1）识别灭火器的型号。

国家标准规定，灭火器型号应以汉语拼音大写字母和阿拉伯数字标于筒体，如"MF2"等。其中，第一个字母"M"代表灭火器，第二个字母"F"代表灭火剂类型（F是干粉灭火剂，FL是磷铵干粉，T是二氧化碳灭火剂，Y是卤代烷灭火剂，P是泡沫灭火剂，QP是轻水泡沫灭火剂，SQ是清水灭火剂），后面的阿拉伯数字"2"代表灭火剂质量或容积，一般单位为每千克（kg）或升（L）。形式号编在型号中的第三位，是各类灭火器结构特征的代号。目前我国灭火器的结构特征有手提式（包括手轮式）、推车式、鸭嘴式、舟车式、背负式五种，其中型号分别用字母S、T、Y、Z、B表示。

（2）对灭火器进行检查，看是否能正常使用。

3）实施灭火

（1）判断风向，站在上风口：通过观察失火场景中火焰和烟雾的飘向，移步至上风口位置，距火源位置3～5m处。

（2）侧身朝向火焰根部：迅速采取正确的灭火器操作方法，进行灭火。

（3）先灭近火再灭远火：在火灾被扑灭的过程中往火灾中心移动。

（4）放回灭火器：火势熄灭后，将灭火器放回指定位置。

（四）消火栓的使用方法

城市轨道交通消火栓给水系统主要由消防水源（市政供水或消防水池）、消防水管、室内消火栓箱（包括水带、水枪、消防软管卷盘）和室外消火栓、消防水泵、消防水泵控制器等组成。

使用消火栓时，应先打开消火栓箱，取出水带，右手握住水带，然后用力向前方抛出，使水带向正前方摊开，右手将水带接头与消防栓接头对接并顺时针转动至卡紧为止，然后迅速拿起另一头水带接头，拿着水枪朝着火部冲去。射水时，采取包围灭火战术阻止火势和烟雾向四周扩散，以便有效控制火势，直至将火扑灭。需要注意的是，如遇电气火灾，应先断电后再灭火。

四 消防重点部位防火制度

（1）容易发生火灾或一旦发生火灾可能严重危及人身和财产安全，以及对消防安全有重大影响的部位确定为消防安全重点部位。例如，城市轨道交通车站的变电所、蓄电池室、环控电控室、通信设备房、信号设备房、车站控制室等，控制中心大楼内控制中心大厅、变电所、通信设备房、信号设备房、消防控制室等，车辆段内运用库、检修库，信号楼内通信设备房、信号设备房、物资仓库、食堂厨房等，主变电所主要设备房，地铁列车，等等，这些地方都属于消防安全的重点部位，要严格加强管理。

（2）消防重点部位防火工作必须确定责任人，明确防火工作的范围、内容、责任。

（3）消防重点部位为禁火区域，严禁火种带入。

（4）消防重点部位要加强门卫管理，非工作人员严禁进入，因工作需要进入时，必须办理登记手续。

（5）对于化学物品、易燃易爆物品，要严格按要求入库、按标准堆放，要做好入库品种、规格、数量的统计，要有专人负责，做好防范工作。

（6）消防重点部位必须指定专人，每2h进行防火巡查一次。

（7）消防重点部位每日巡查的主要内容如下：

①用火、用电有无违章情况；

②安全出口、疏散通道是否畅通；

③安全疏散指示标志、应急照明是否完好；

④消防设施、器材和消防警示标志是否在位、完整；

⑤常闭式防火门是否处于关闭状态，防火卷帘、消防通道周围是否堆放物品影响其使用；

⑥消防重点岗位的人员在岗情况；

⑦消防安全其他情况。

（8）消防重点部位的火灾隐患一旦发现，必须立即整改，不得拖延。

五　消防器材、设施、设备管理制度

（1）城市轨道交通企业配置的消防器材、设施是专用灭火工具，必须人人爱护，不准任何人损坏和擅自动用，各中心（部）、班组（车站）负责管理辖区内的消防器材、设施，指定专人管理，保证消防设施、器材的完好有效。

（2）地铁自动报警和自动灭火装置、消防泵及消火栓等防火装置由设备维修中心定期检查维护，以确保设备完好。

（3）灭火器、空气呼吸器、防烟面具由各管理部门检查，检查中发现需要维修、更换、添置的，由各中心（部）报安全监察部处理。各中心（部）对所管辖的消防设备，要建立档案，及时掌握变动情况。

（4）城市轨道交通列车消防器材的检查由车辆中心具体负责组织实施。检查周期为每月进行一次。一旦发现器材丢失、损坏或失效，应及时更换、补充、维护。列车上的消防器材需送修时，由车辆中心专（兼）职消防管理人员汇总上报安全监察部，统一由安全监察部进行购置、更换、补充、维修（送厂家维修）。

（5）各部门和个人应当保护消防设施、器材、设备，禁止有下列行为：

①不得随意更改消防设施、器材、设备的用途；

②保护消防设施、器材、设备的完整，防止消防设施、器材、设备被偷窃、毁坏；

③避免堵塞消防通道。

（6）安全监察部每季度组织一次城市轨道交通企业防火检查，对检修基地及车站消防器材、设施、设备的使用、维护和管理情况进行监督和指导，对违反有关法律法规和相关规定的行为进行调查并提出处理建议。

六　城市轨道交通火灾的自救与逃生

（一）安检员自救与逃生

（1）贯彻"救人第一，救人与灭火同步进行"的原则，积极施救。

（2）火灾发生后，应首先配合现场指挥员做好乘客的疏散和救护工作。

（3）把握起火初期的关键时刻，在消防人员到来前积极组织灭火自救。

（4）开展灭火自救工作时，应注意做好个人防护。

（5）消防员到场后，应将火灾任务交给消防员。

（6）当火势不可控制，可能危及生命安全时，应主动撤离。

（7）在遇到火灾时，要求乘客服从指挥，听从事故广播指引，沿疏散指示方向出站逃生。

（8）当车站发生火灾时，不要使用垂直升降电梯。

（二）车站火灾的自救与逃生

（1）火灾发生后，车站工作人员应首先做好乘客的疏散、救护工作，并确保所有乘客安全疏散。

（2）火灾初期，在消防员到达前应积极组织灭火自救。

（3）车站工作人员开展灭火自救工作时应注意做好个人防护。

（4）消防员到场后，灭火任务应交给消防员。

（5）当火势不可控制，可能危及自身生命安全时，车站工作人员应主动撤离。

（6）受检乘客在车站遇到火灾时，应服从工作人员指挥，听从广播指引，沿疏散指示方向出站逃生。

（7）当车站发生火灾时，不要使用垂直升降电梯。

（三）列车火灾的自救与逃生

1. 列车在车站内发生火灾时的逃生

（1）要求乘客保持冷静。

（2）按压车厢内的紧急情况按钮或紧急通话器，通知列车司机车厢内发生的情况。

（3）在可能的情况下，使用车载灭火器灭火。

（4）必要时可拉下列车车门紧急解锁手柄，向两侧用力推开车门。

（5）向车站外方向疏散。

2. 列车在隧道内发生火灾时的逃生

（1）要求乘客保持冷静。

（2）按压车厢内的紧急情况按钮或紧急通话器，通知列车司机车厢内发生的情况。

（3）在可能的情况下，使用车载灭火器灭火。

（4）列车司机将会尽可能将列车驶入车站进行人员疏散，要求乘客听从列车广播的指挥，千万不要惊惶失措，不要乱动车厢内的其他设备。

（5）在列车无法到达前方车站而又需要紧急疏散的情况下，要求乘客听从列车广播的指挥。列车停稳后，列车司机打开列车车门，要求乘客走出列车，到达隧道内的疏散平台，沿疏散平台向车站方向疏散。

单元6.3　城市轨道交通水灾的应急处理和疫情防控

案例导入

1. 案例描述

案例一：2011年6月23日16时30分，北京突降暴雨，造成市区不少地方积水严重。多个地铁车站出入口附近的积水沿车站出入口的楼梯迅速涌进地铁站厅及站台。期间，站内运营秩序一度混乱。地铁1号线苹果园站、古城站停运。地铁1号线古城站至苹果园站上下行区间接触轨采取停电措施，1号线列车在八角游乐园站至四惠东站运营。在此期间地铁相关车站通过广播等告知乘客。

案例二：2012年6月6日，当地时间13时39分，泰晤士水务公司因修理地铁隧道的管道造成地面管道突然破裂，导致200万L水涌入地铁中，数百名乘客沿铁轨逃离。

2. 案例分析

当城市轨道交通车站内发生水灾时，由于涉及乘客安全、运营管理、行车安全、设备设施安全等方面，车站工作人员必须高度重视迅速处理。

一　城市轨道交通水灾

暴雨期间，各岗位应加强巡视，发现情况及时汇报；发现车站出入口水浸，应及时采取设置挡水板、防洪沙袋等防洪设施，防止雨水涌入站内；在出入口处地面、楼梯、通道处设置"小心地滑"警示牌，防止乘客摔伤；当出入口发生拥堵时，引导乘客到人少的出入口或进入站内，必要时组织工作人员向乘客发放一次性雨具；需关闭出入口时，设置隔离带、"暂停服务"警示牌，引导乘客由别的出入口出站；做好乘客的广播；发现设备故障（区间消防水管破裂、废水泵故障）、水淹轨道，及时报告行车调度员，安排设备维修人员进行抢修及排水；如抢修作业需要进入轨行区，必须经行车调度员同意，确认停电后，方可安排进入轨行区。

1. 车站站务员和安检员的职责

（1）发现车站地面积水持续上涨，有积水进入车站时，可立即报行车值班员。

（2）确认扶梯无人后停止自动扶梯运行，切断电扶梯电源。

（3）在站厅通道和出入口处设置隔离栏杆，张贴关闭出入口告示，并做好乘客服务解释工作，引导乘客从其他出入口进出。

（4）观察水位情况，做好雨水导流工作。

（5）协助厅巡运送沙袋，堆砌挡水墙，并在抢险人员指挥下投入抢险。

（6）水灾抢险结束后撤除隔离栏杆及告示，恢复车站正常服务。

2. 抢险工具的使用及操作方法

一般来说，遇上台风、暴雨等极端天气，城市轨道交通出入口是最有可能被积水涌入的地方。为了防止出入口进水，地铁有"三道防线"，即防水板、沙袋，台阶下设集水槽，地漏、地铁防淹门。

1）防水板、沙袋

城市轨道交通的每个标准车站，出入口均高出周边地面75cm以上，出入口特意设计了数个向上的台阶（一般为3个或4个台阶），然后才一路往下。当积水漫过二级台阶时，车站工作人员应在值班站长的指挥下放置防水板，这个铝合金材质的防淹挡板会一道道地扣在地铁出入口凹槽里，形成一道防线。

在这道防线后面，还会堆置重7.5kg的防汛沙袋。沙袋的堆放应尽可能密实，并逐层堆放，避免因积水的迅速涌入而导致沙袋被冲垮。沙袋的堆放由站内工作人员协同负责，一般堆积3~5层。

2）台阶下设集水槽

如果第一道防线失守，那么站务员应将出入口的电梯关闭，停止使用。城市轨道交通地下还有一套排水系统。在车站每个出入口的最后一级台阶下方，都有一个集水槽。集水槽2m见方，深约2.5m，里面设置了抽水泵，通过管道和埋设在地表的市政雨水管相接。

3）地漏、城市轨道交通防淹门

如果倒灌的雨水实在太多，第二道防线也失守时，最后一道防线显得尤为重要。在城市轨道交通车站站厅层，下面设置了长方形的地漏，水将直接进入地漏，然后用水泵抽出车站。

另外，为了保护城市轨道交通区间隧道，还有一个防淹的重要工具——地铁防淹门。这种防淹门，用于城市轨道交通区间隧道有水淹可能的防护部位；在洪水通过地面出入口入侵城市轨道交通车站时应根据人员疏散撤离情况，适时关闭区间隧道的防淹门，以免造成更大的损失。

3. 暴雨预警信号标准

暴雨预警信号分四级，分别用蓝色、黄色、橙色、红色表示。在我国，红色暴雨预警信号为最高级。

（1）蓝色预警：12h内降雨量将超过50mm，或者已超过50mm且降雨可能持续。

（2）黄色预警：6h内降雨量将超过50mm，或者已超过50mm且降雨可能持续。

（3）橙色预警：3h内降雨量将超过50mm，或者已超过50mm且降雨可能持续。

（4）红色预警：3h内降雨量将超过100mm，或者已超过100mm且降雨可能持续。

发布暴雨预警信号有助于提高预警，减少人们的生命财产损失等。

二　城市轨道交通的疫情防控

随着我国疫情防控进入常态化，城市轨道交通行业作为市域范围内公共交通的主要承担者，对于疫情防控更应当有前瞻性，在疫情初期，应及时制定相关疫情防控措施，防止疫情的传播。

（一）城市轨道交通疫情防控制度

（1）制订应急工作预案，落实单位主体责任，加强对工作人员进行疫情防控知识培训，提前储备防护物资，做好城市轨道交通恢复营运前的准备。

（2）城市轨道交通车站宜配备口罩、手套和消毒剂等防疫物资。

（3）建立员工健康监测制度，每日对员工健康状况进行登记，身体不适时应及时就医。

（4）在城市轨道交通车站增加体温测量设备，对进站乘客进行体温测量，高于37.3℃的乘客应在应急区域进行暂时隔离，并尽快就医做进一步排查。

（5）增加城市轨道交通车站公用设施，配备速干手消毒剂，有条件时可安装感应式手消毒设施。

（6）加强设备巡检，保证站台和列车车厢通风系统正常运行。

（7）车辆保持环境卫生整洁，及时清运垃圾，对座位、扶手等做好清洁，定期消毒。

（8）乘客和工作人员均应加强个人防护，佩戴口罩，并做好手部卫生。

（9）乘客优先用扫描方式购票或付费。

（10）在城市轨道交通站厅和列车车厢通过广播、视频、海报等开展卫生防护知识宣传。

（11）根据客流情况，合理组织运力，降低车厢拥挤度。

（12）当出现疑似病例时，应在当地疾病预防控制中心的指导下进行终末消毒。

（二）各地城市轨道交通运营企业对疫情的防控措施

1.测量体温

根据测量体温设备的原理，体温测量设备分为电子体温计和热成像仪。电子体温计的优点是成本低，缺点是误差大。热成像仪按照结构组成分为移动式和固定式两种，移动式热成像仪一般为手持式，移动式热成像仪需要工作人员手持操作；固定式热成像仪不需要人工辅助，一般放置在固定通道，乘客正常通行即可。热成像仪的优点是误差小，缺点是成本较高，且固定式热成像仪比移动式热成像仪成本高。车站采用差异化方案，客流量大的重点车站采用固定式热成像仪，客流量较小的车站由工作人员穿戴防护服使用移动式热成像仪或电子体温计对乘客进行体温检测。客流量较小的车站，可以只开设一条安检进站通道，并做好有间距的排队引导。对于体温异常者，一经发现，应进行一系列流程操作：退票→引导至隔离区→等候120安排车辆送医→记录乘客相关信息方便防疫部门后续跟踪→

处置完立即消毒。

2. 佩戴口罩

要求进站、乘坐地铁的乘客全程佩戴口罩，对于不配合者，运营企业有权进行劝离。车站广播系统应配合宣传。

3. 限流

为做好疫情防控，控制站内人员密度，运营企业可根据客流及其在车站的分布情况适时采取限流措施，降低排队及站厅、站台、换乘通道等处的人群密集度，控制减少乘客在有限空间内聚集。同时，可视情况启动站外限流，并做好提示及引导工作。限流措施包括站内限流、线路远端限流。

4. 调整运营时间

根据疫情实际情况，可以适当缩短运营时间、延长行车间隔，鼓励乘客在乘车时保持间距，科学引导乘客减少聚集，适当关闭车站内客流较少的安检点或客服中心。

5. 消毒

消毒分为列车消毒、车站消毒、办公区域消毒三类。在高峰时段过后应增加列车及车站的清洁与消毒次数。

（1）列车消毒。在正常清洁和消毒的基础上，应增加消毒频率。推荐在列车车厢对消毒日期、时间进行标注。

（2）车站消毒。按照乘客接触设备的程度进行分等级消毒，可以分为以下三个级别：一级，回收的单程票及车站安检设备；二级，电扶梯扶手带、自动售票机、自动进站检票机、自动出站检票机、垃圾箱、站台座椅、卫生间等公共区域的设备设施；三级，沿途商业设备设施。应根据疫情程度对于不同级别的设备设施进行不同频率的消毒工作，每日运营结束进行深度清洁、消毒。

（3）办公区域消毒。对于员工办公区域进行一天多次消毒。

6. 通风

确保车站和列车内新鲜空气有效流通。根据疫情具体情况，调整车站空调通风系统运行模式，增大车站通风量，确保车站公共区域空调通风顺畅。加强对空调通风系统的清洗及维护工作，在列车上线运行中增强通风量，确保空气畅通。

7. 宣传疫情相关知识

运营企业可以充分利用列车和站台的乘客信息系统显示屏、LED 屏、官方网站、微信公众号、微博等平台，进行有关预防知识的宣传。鼓励乘客尽量通过 App 等方式购买电子票，减少或停止售卖普通单程票。

8. 员工防疫

员工每日上岗前需要进行体温测量；必须佩戴口罩、手套上岗，视物资储备情况佩戴护目镜；对随身携带的工作物品进行消毒；开展员工教育，增强一线员工的自我防护意识和能力。

9. 应急物资储备

启动紧急采购程序，做到物资的合理分配。在大客流的重要车站，对安检员配置护目镜、一次性手套、防护服等；每天对防护物资消耗库存进行统计，实时掌控储备情况便于合理调配。

10. 其他

设置专门垃圾桶，用于车站回收废弃口罩。

实训

请完成"实训6　消防器材的使用训练"，见本教材配套实训工单。

复习思考题

一、选择题

1. 下列选项中关于灭火器的使用步骤正确的是（　　　）。

①一手握紧喷管；②一手捏紧压把；③拔下保险销；④站在火场上风头 $1.5\sim2m$ 处喷嘴对准火焰根部扫射

　　A. ③②①④　　　　B. ②①③④　　　　C. ④③①②　　　　D. ③④②①

2. 地铁消防"三知"的内容包括（　　　）。

　　A. 知本岗位火灾的危害性　　　　B. 知消防安全设施

　　C. 知灭火方法　　　　　　　　　D. 知疏散人群

3. 地铁消防"三会"的内容包括（　　　）。

　　A. 会正确报警　　　　　　　　　B. 会扑救初级火灾

　　C. 会组织人员疏散　　　　　　　D. 会逃离现场

4. 城市轨道交通（　　　）在发生火灾、事故或恐怖活动的情况下，是进行应急处理、抢险救灾和反恐的主要手段。

　　A. 消防系统　　　B. 供电系统　　　C. 环控系统　　　D. 通信系统

5. （　　　）是扑救精密仪器火灾的最佳选择。

　　A. 二氧化碳灭火剂　　　　　　　B. 干粉灭火剂

　　C. 泡沫灭火剂　　　　　　　　　D. 其他灭火剂

6. 用灭火器灭火时，灭火器的喷射口应该对准火焰的（　　　）。

　　A. 上部　　　　　B. 中部　　　　　C. 根部　　　　　D. 其他

7. 用灭火器进行灭火的最佳位置是（　　　）。

　　A. 下风位置　　　　　　　　　　B. 上风或侧风位置

　　C. 离起火点 $10m$ 以上的位置　　　D. 离起火点 $10m$ 以下的位置

二、简答题

1. 简述火灾的分类及城市轨道交通发生火灾的特点。

2. 简述常见手提式干粉灭火器的种类、使用方法及日常检查要求。

3. 城市轨道交通火灾的自救与逃生的要求有哪些?

4. 二氧化碳灭火器主要用于扑救哪些火灾?

5. 简述消火栓的使用方法。

6. 灭火的基本方法有哪些?

7. 谈谈你对初起火灾扑救的基本原则的理解。

8. 简述水灾的应急处理程序。

9. 地铁口要筑成哪三道防线,才能防止地铁进水?

模块 7

城市轨道交通安检员的基本素养

📚 **学习目标**

1. 了解城市轨道交通安检员服务礼仪的内涵及基本表现形式。
2. 掌握城市轨道交通安检员的引导手势。
3. 了解城市轨道交通安检员工作压力及调适方法。
4. 掌握城市轨道交通安检员体能与防卫训练。

📝 **建议学时**

8 学时。

案例导入

城市轨道交通安检员的服务礼仪是城市的形象

1. 案例描述

乘客刘女士在地铁通过安检时，随身携带的行李箱经过 X 射线安检机检查显示图像不清晰，要求用防爆检测仪做进一步检测，以排除可疑不明物品。防爆检测员接到此通道开机员的防爆检测指示后，按照防爆检测流程对其箱（包）进行防爆检测。防爆检测员在对箱（包）进行取样时，乘客刘女士对防爆检测表示不理解，并反复追问，但安检员未能给予合理、详尽的解释说明。刘女士对安检员未能及时、耐心地解答其疑问表示不满。

2. 案例分析

本案例中安检员的工作态度不端正、岗位动作不规范、责任心不够、个人素质修养及服务意识有待增强。地铁虽然高峰时段乘客流量大，检查工作强度相对提高，但工作质量丝毫不能放松。因此，应注重安检员的心理健康和思想意识教育，加强安检员服务礼仪规范、心理自我调节能力的培训，端正工作态度，避免将个人情绪带到工作岗位上，以致影响工作效率和服务质量。

3. 案例思考

（1）城市轨道交通安检员的基本素养是什么？

（2）如遇城市轨道交通安检突发情况，安检员的处理原则有哪些？

单元7.1　城市轨道交通安检员的服务礼仪

一　服务礼仪概述

服务是为了满足顾客需要，通过一定的方式和活动，使顾客从中受益的一种有偿或无偿的活动。服务的实施过程既可以在为顾客提供的有形产品上完成，也可以在为顾客提供的无形产品上完成。安检服务就是在为乘客提供无形的产品。

礼仪是指为人们认同并遵守的、以建立和谐关系为目的的、各种符合交往要求的行为准则和规范的总和。礼仪是律己、敬人的一种行为规范，是表现对他人尊重和理解的过程和方式。

礼仪是一个合成词，是由"礼"和"仪"两个词素组合而成的。"礼"是礼节，是指表示尊敬、祝颂、哀悼等的形式；"仪"是指形式、仪式。礼仪则表现为在社会生活中能符合礼的规范要求，维护礼的精神，指导、协调人际关系的行为方式和活动方式的总和。礼仪的具体体现和表现形式有礼节、礼貌、仪表、仪式等，而语言、行为表情、服饰器物则是构成礼仪的三大要素。

二　安检员的服务礼仪

作为行业的服务礼仪，城市轨道交通安检员的服务礼仪有着不同于其他行业的含义与特征。

城市轨道交通安检服务礼仪是礼仪在城市轨道交通服务行业中的具体运用，是礼仪的一种特殊形式，是体现服务的具体过程和手段，使无形的服务有形化、规范化、系统化。城市轨道交通安检服务礼仪主要是指社会要求城市轨道交通安检员在自己的工作岗位上所需严格遵守的行为规范，即城市轨道交通安检员在工作岗位上，通过言谈举止等对服务对象表示尊重和友好的行为规范与惯例。

安检服务礼仪除了具有一般服务礼仪的特征外，还具备自身的特征，这些特征决定了它在服务方面的理念和目标。

（1）规范性。需要严格、严谨的服务规范作为指导，以确保服务产品的质量和水平。

（2）时效性。安检服务人员及设备为乘客提供的服务同样要讲求时效性，要做到在短时间内高效地服务乘客。

（3）稳定性。安检不仅仅是城市轨道交通服务与管理的一部分，还承担了社会责任，其服务内容和标准会受到社会事件影响。

三 安检员礼仪的基本表现形式

1. 安检员的着装规范

安检员上岗时必须穿安检制服，并遵守下列规定：

（1）按规定佩戴安全标志等。

（2）换季时应统一换装，换装时间听从部门安排。

（3）按规定配套着装，冬、夏制服不得混穿，便服与制服不得混穿。

（4）应当穿黑色或棕色等深色鞋。

（5）着装应整洁，不准披衣、敞怀、卷袖、卷裤腿、歪戴帽子，不准在安检制服外罩便服、戴围巾。

（6）只能佩戴国家和上级部门统一制发的证章、证件和工号。

2. 安检员的卫生要求

1）头发

安检员的头发应整洁、无异味，发型大方得体，头发颜色自然、梳理得当。

（1）头发整洁、无异味。为了保持头发整洁且没有头屑，需要定期清洗头发。洗发时要选择适合自己发质的洗发水；洗净后适当抹一些护发素或焗油膏，以保持头发的柔顺；然后再使用清香型发胶等，以保持头发整洁、不蓬散，切忌使用异味护发品。

（2）发型大方得体。男士头发长度要适宜，前不及眉，旁不遮耳，后不及领，不能留长发、大鬓角。发型要修剪得体，轮廓分明。头发应梳理整齐，使用发胶摩丝等定型，不得有蓬乱的感觉。不得剃光头、烫发或剪板寸头。

女士短发最短不得短于两寸（1寸约为3.33cm），长发最长不得超过衣领底线，女士不得梳披肩发，不得留怪异的新潮发型。刘海儿不要及眉，头发过肩的需扎起来或盘起、挽起。图7-1所示为女士盘发标准。发卡、发箍、花应为深色小型，不可夸张耀眼。任何一种发型都应梳理整齐，使用发胶、摩丝定型，不得有蓬乱的感觉。

（3）头发颜色自然。不要将头发染成黑色以外的其他任何抢眼色彩，以接近自然为宜。

头发梳理得当。在出门上班前、换装前、摘下帽子时、下班回家时及其他有必要的时候，需梳理头发。梳理头发时需要注意，梳理头发不宜当众进行；梳理头发不宜直接用手，最好随身携带一把梳子，以备不时之需。断发、头屑不宜随手乱扔。

图7-1 女士盘发标准

2）面部

若脸上常有灰尘、污垢、泪痕或汤渍，难免会给人又懒又脏的感觉，所以，除了早上起床后、晚上睡觉前洗脸外，只要有必要、有可能，随时随地都要抽出一点时间洗脸净面。为了使自己容光焕发，充满活力与工作激情，女士可适当化妆，但应避免使用气味浓烈、色彩反差较大的化妆品。

3）手部

手部要清洁，不使用醒目艳丽的指甲油，不留长指甲；洗手后，要用护手霜以保持手部润滑；养成勤洗手、勤剪指甲的好习惯；指甲的长度要适宜，以防断裂。从手心看，指甲长以不超过1mm为宜；男士如果吸烟，要除掉手上的烟渍；不能使用假指甲或做工艺指甲。

4）体味

要勤洗澡，勤换衣袜。应尽量避免身上有过多的烟味、酒味、汗酸味、浓烈香水味。可适当喷洒香水来掩饰不雅的体味，安检员选择香水的标准是清新淡雅型。使用香水时要注意以下几个问题：

（1）不应使之影响本职工作或有碍于他人。

（2）宜选用气味清新淡雅的香水，香味与自己同时使用的其他化妆品香型大体一致。

（3）切勿使用过量，以防产生适得其反的效果。

3. 安检员的执勤规范

（1）精神饱满，态度端正；动作规范，举止文明。

（2）执勤前不吃有异味食物、不喝酒，执勤期间应举止端庄，不吸烟、不吃零食。

（3）尊重受检乘客的风俗习惯，对受检乘客的穿戴打扮不取笑、不评头论足，遇事不围观。

（4）态度和蔼，检查动作规范，不得推拉受检乘客。

（5）自觉使用安检文明执勤用语，热情有礼，不说服务忌语。

（6）爱护受检乘客的行李物品，检查时轻拿轻放，不乱翻、乱扔，检查后主动协助受检乘客整理好被检物品。

（7）按章办事，耐心解释受检乘客提出的问题，不得借故训斥、刁难受检乘客。

图7-2　安检员的正确站姿

（8）站立时，不东倒西歪、无精打采；不得将身体的重心明显地移到一侧，只用一条腿支撑身体；不得将手插在裤袋里、双手交叉抱在胸前或双手叉腰；不得两腿交叉站立。安检员的正确站姿如图7-2所示。

（9）禁止工作时用手托腮或趴在工作台上、抖腿、跷二郎腿、上身大幅度后仰；禁止左顾右盼，摇头晃脑，身体抖动。安检员的正确坐姿如图7-3所示。

4. 安检员的语言行为规范

安检员的规范用语应当做到：使用普通话，语言表达规范准确，口齿清晰；对乘客的称呼应礼貌得体；做到"四不说"，即不说有伤乘客自尊心的话，不说有伤乘客人格的话，不说教训、埋怨、挖苦乘客的话，不说粗话、脏话和无理的话。

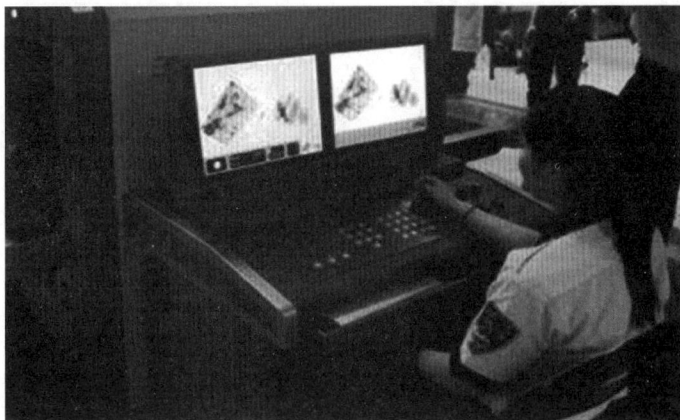

图 7-3　安检员的正确坐姿

　　安检员在执勤时应自觉使用执勤文明用语，热情有礼，不说服务忌语，不对乘客外貌举止进行议论，不准与乘客发生冲突。注意恰当地运用"您好""请""谢谢""对不起""再见"等文明用语。严格执行车站"温馨提示"的要求。

5. 安检员的举止

　　安检员进行安检工作时，需要手势配合。手势是一种体态语言，引导乘客时，要手心向上，大拇指自然弯曲，其余四指并拢伸直，然后指向乘客行进的方向。禁止使用失敬于人的手势，如手心向下，对人指指点点；禁止使用单指手势；禁止使用不稳重的手势，如在大庭广众之下，双手乱动、乱拨、乱举、咬指甲、折衣角、抓耳挠腮等；禁止使用不卫生的手势；禁止使用易于被误解的手势，如伸出右臂，右手掌心向外，拇指与食指合成圆圈，其余手指伸直，这一手势在不同国家表示的意义差别很大。安检员引导乘客时的正确手势如图 7-4 所示。

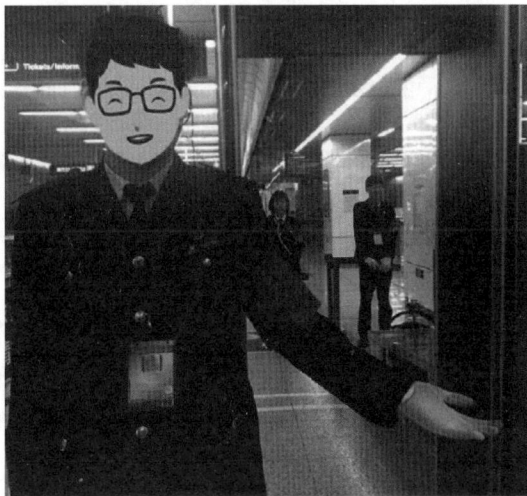

图 7-4　安检员正确的引导手势

知识链接

北京地铁安检员主要服务忌语

1. 冷漠、不耐烦、推脱的词语

①知道。②不清楚。③没时间，没看我正忙着吗？④我解决不了。⑤没零钱，自己换去。⑥别问我，去问票务员。⑦人不在，等一会儿。⑧不归我管，我不管。⑨绝不可能有这种事情发生。⑩我们也没办法。

2. 不当称呼

①喂。②老头。③大兵。④当兵的。⑤穿那个×（颜色）衣服的。

3. 斥责、责问的语句

①急什么！②刚才不是和你说了吗，怎么还问？③不是告诉你了，怎么还不明白？④说了这么多遍还不明白。⑤让你拿出来你就拿出来嘛！⑥叫你站住怎么不站住？⑦吵什么？⑧把东西拿过来检查一下。

4. 讽刺、轻视的语句

①没坐过地铁吗？不知道要过安检吗？②土老帽。③乡巴佬。④看你就不是个好人。

5. 生硬、蛮横的语句

①这是公司规定，不行。②找别人去，我不管。③不让带就是不能带。④不检查就不要坐地铁，又没人请你。⑤不愿意放弃违禁物品就不要坐地铁。⑥有本事就去投诉我啊！

单元7.2 城市轨道交通安检员的引导手势训练

手势是人们在社会活动中不可缺少的动作，是最有表现力的一种体态语言。在城市轨道交通安检中，引导员、手检员、开包员均需要运用手势，指引乘客进行安检。

安检引导岗位是安检的第一道关口。安检员敏锐的观察力和反应能力，能够在客流量大的环境中快速区分需要进行安检的对象，还要具备良好的执勤姿态，来引导乘客进行安检。标准规范的引导手势能给安检工作带来便利。根据乘客的不同状况，用不同的手势进行引导，快速区分、快速引导，保证安检通道的畅通。

一 运用手势的基本要领

城市轨道交通安检员在与乘客沟通中恰当地运用手势来表达情意，可以帮助乘客了解要进行的安检程序，使安检工作顺利进行。

运用手势的基本要领如下：

（1）意思准确。安检员手势必须与语言的内容相一致，不能让乘客难以理解甚至误解。

虽然相同的手势在不同的国家、民族会有不同的意思，但手势有一定的规定性和一致性。

（2）简单明了。安检员的每个手势都力求简单、精炼、清楚、明了，要做到干净利索、优美动人，不要过于烦琐、拖泥带水。

（3）自然大方。安检员引导手势的使用要自然大方，不要过于机械、僵硬。

（4）手势适时。安检员的手势要在乘客到达安检点前进行，不要等到乘客走到面前才进行手势指引。

二　手势的训练方法

1. 引导手势的训练（图 7-5）

右手臂从体侧或前方抬起，五指并拢，掌心向前，首先指向乘客身体中端，再平行划向所指的方向，待乘客离去后再将手臂收回。

2. 手检、开包手势的训练

五指并拢伸直，掌心向上，手与前臂呈一条直线，肘关节自然弯曲，手臂轻缓地向前或向一旁摆出，另一只手下垂或背在体后。

图 7-5　引导手势的训练

三　常见手势的含义

1. 举大拇指手势的含义

在我国，右手或左手握拳，伸出大拇指，表示"好""了不起"等，有赞赏、夸奖之意；在意大利，伸出大拇指示数时表示数字"1"；在希腊，大拇指上伸表示"够了"，大拇指下伸表示"厌恶"等；在美国、英国和澳大利亚等国，大拇指上伸表示"好""行""不错"，大拇指向左、右伸则大多是向司机示意搭车方向。

2. 举食指的含义

在多数国家中举食指表示数字"1"。在法国则表示"请求提问"，在新加坡表示"最重要"，在澳大利亚表示"请再来一杯啤酒"。

3. "V"字形手势的含义

在世界大多数地方，这个手势在伸手示数时表示"2"。用它表示胜利，相传这一手势是第二次世界大战时期英国首相丘吉尔发明的。需要注意的是，表示胜利时，手掌一定要向外，如果手掌向内，就是贬低人、侮辱人的意思。在希腊，做这一手势时，即使手心向外，如手臂伸直，也有对人不恭之嫌。

4. OK 手势的含义

在我国和世界上其他地方，伸手示数时该手势表示数字"0"或"3"；在美国、英国则表示"赞同""了不起"的意思。

知识链接

地铁安检员常用语及手势训练方法

1. 乘客徒手进站

常用语:"请进站。"

手势示范说明:身体向右侧转体60°,右脚配合向右打开60°,右手小臂抬起与大臂保持90°夹角,手掌摊开与地面保持45°夹角,掌心向上,往身后通道做出引导手势。完成动作后迅速恢复成立正姿势。

2. 乘客携带箱(包)进站

常用语:"请安检。"

手势示范说明:身体保持不动,抬起右手,小臂与大臂保持90°夹角,小臂与地面保持平行略向上,手掌摊开向安检设备方向做出引导。待乘客走向安检设备后收回手势,恢复立正姿势。

3. 乘客主动开箱(包)

常用语:"谢谢配合,请进站。"

手势示范说明:迅速敬礼,然后做出"乘客徒手进站"的手势。

4. 乘客携带可疑物品进站

常用语:"对不起,请开包。"

手势示范说明:面对乘客迅速敬礼,然后抬起右手,小臂与大臂保持90°夹角,手掌摊开与地面保持45°夹角,掌心向上,指尖向前。乘客做出开箱(包)动作后恢复立正姿势。

5. 乘客携带违禁物品进站

常用语:"对不起,请出站。"

手势示范说明:左脚向左平行跨出约一脚之长,同时迅速向正前方抬起左手与肩同高,五指并拢,掌心向前,以阻止乘客进站。右手沿身体右侧向前抬起约45°,然后向左侧摆动,摆动时不要弯曲肘部,摆动幅度不超过身体左侧。乘客转向后恢复立正姿势。

6. 乘客拒绝安检

常用语:"对不起,请配合。"

手势示范说明:右脚向右平行迈出约一脚之长,同时迅速向右侧抬起手臂与肩同高,与地保持平行,五指并拢,掌心向前,以阻止乘客强行进站。乘客服从后恢复立正姿势。

【操作提示】

(1)注意语言和动作的配合。

(2)动作过程中注意面部表情,针对不同情况表现不同表情。

(3)操作中注意保持与乘客的距离。

单元7.3 城市轨道交通安检员工作压力心理调适

一 压力概述

压力是指个体与环境交互作用中由于受到威胁而失去平衡所产生的一系列心理和生理反应。

对于压力，没有人是可以免疫的。压力研究专家汉斯·塞利将压力分为有害的不良压力和有益的良性压力两种。

（1）不良压力：不良压力不仅使人感到疲劳、无助、灰心、失望，还能引起身体和心理上的损害。

（2）良性压力：良性压力能给人动力、激发潜力、给人以成功感或振奋感。

压力是有益的还是有害的，不在于压力源的强弱或压力的种类，而在于个人对事件或环境的反应。

压力和业绩之间存在着一种倒 U 形关系，即著名的 Yerkes-Dodson 法则。该法则认为过大或过小的刺激力都会使效率降低，只有适度刺激力的驱动力才能使效率达到顶峰状态（存在某种临界状态）。基于该法则的压力理论认为，只有适当水平或温和的压力才会对个体的工作效率起一种技能激励的积极作用。

二 压力来源

压力来源是指个体面对的具有威胁性刺激情境，它是一种客观存在。生活中的任何改变都有可能成为压力来源。压力既可能来自内部，也可能来自外部环境；既可能来自生理方面，也可能来自心理方面。城市轨道交通安检员的工作具有持久性、单一性等特点，因此，具有压力不可避免城市轨道交通安检员的压力来源见表7-1。

城市轨道交通安检员压力来源 表7-1

压力类型	压力来源
工作压力	城市轨道交通安检员工作具有以下特点： （1）安全性要求高； （2）工作时间、时效性要求高； （3）工作出错的处罚严厉； （4）工作中会有突发、冲突事件
自身压力	（1）个性特征：不良压力及良性压力； （2）角色模糊：对工作责任、工作范围不清楚
家庭压力	顾及家庭感受所带来的压力
社会环境和城市轨道交通企业	（1）人际关系； （2）行业竞争

三　城市轨道交通安检员压力调适

压力管理是指主动、有效地应对或适应压力的过程，包括积极利用良性压力，有效缓解或消除不良压力。

1. 确立合理的工作目标

目标是人们行动的预期结果，是行动的方向、奋发向上的外部动力。人无目标就会丧失斗志，但工作目标的确立要建立在员工工作能力的基础上，目标太高，超出了其能力和心理承受范围，往往事与愿违，不仅无法实现目标，还会造成巨大的心理压力。因此，安检员在确立工作目标时要进行合理定位，使目标既有激励作用，能激励自己努力工作，积极向上，又要避免目标定得过高，远远超出自己的实际工作能力，造成过重的心理压力。

2. 拥有积极乐观的心态

安检员拥有积极乐观的心态，工作中就能充满激情，焕发斗志，永不气馁，不向困难低头，增强抗压能力。正向思维指的是人们遇到困难、挫折或者挑战时，不被负面情绪所左右，不责怪自己、抱怨他人；正面迎接挑战，积极思考解决问题的方法，它可使人们远离消极心态。因此，安检员要学会正向思维，善于发现事情积极、有利的一面，在工作中遇到困难，少抱怨，学会用乐观的意念鼓励自己，给自己打气，并竭尽全力地战胜困难和解决难题，自然就能拥有成功、自信、积极的心态。

3. 提升业务能力

过硬的业务能力能使员工在工作中游刃有余，工作起来得心应手、轻松自如，即使遇到难题也能迎刃而解，不会产生过大的心理压力。因此，安检员要树立终身学习的理念，不断学习、充实自己，虚心向同事请教；工作中善于思考，潜心钻研业务，善于发现问题和解决问题，以提升自己的业务能力，提高工作效率，从容应对工作中出现的各种问题，减轻心理压力。企业要提供定期培训、交流的机会，使员工有条件不断学习新知识，掌握新技能；或者通过"老带青"的形式，使青年员工迅速成长起来，尽快适应工作，提升自己的能力。

单元 7.4　城市轨道交通安检员的体能与防卫训练

一　体能训练

体能即人的身体素质的总称。安检员的体能是其所表现出来的身体运动能力，只有具备好的身体素质才能应对复杂而繁重的安检工作，只有掌握正确的训练方法，才能有效地提高身体素质水平、增强体质，从而提高在工作中应对突发情况的能力。体能训练包括力量、速度、耐力等方面的训练。

1. 力量训练

力量的常用训练方法有负重仰卧起坐、负重深蹲、俯卧撑、推举杠铃、跳台阶等。需要强调的是，在锻炼肌肉力量时，务必考虑速度和柔韧性。在锻炼身体力量的同时，要讲究科学的方法，不宜操之过急，欲速则不达，要循序渐进地训练。

2. 速度训练

速度是指人体快速运动的能力。速度包括视觉速度、反应速度和动作速度等。

1）视觉速度

视觉的敏锐既是本能动作的基础，又是应变动作的开端。作为一名安检员，要在人流中快速观察周边事物，及时发现可疑人员或物品。

视觉速度的训练方法有快速阅读、快速清点人数、快速对物品进行分类、快速数清空中飞过的小鸟等。

2）反应速度

反应速度是指人体对各种外来刺激进行快速应答的速度。在安检领域，具体表现为安检员在执勤中对可疑人员做出准确判断和迅速处理的速度。

反应速度的训练方法有：练习者根据教练的口令（包括声响或手势），做出各种动作反应等。

3）动作速度

动作速度是指人体从静止状态转至活动状态时，手和脚等部位的运动速度，动作姿势的精简及肌肉的放松，都可以加快动作速度。同时，动作的弧度越小，速度越快。

动作速度的训练方法有快速跳绳、30m 快跑、加速跑等。

3. 耐力训练

耐力是人体持久活动的能力。人体的耐力与心血管系统、神经系统的功能，以及各器官系统的协调能力有密切的关系。最好的耐力训练方法是跑步。

跑步是在简单的地形上进行的耐力训练项目。它的特点是要求有一定的速度，要求有持久性，运动量大，通过较长距离的奔跑，提高人体的耐力。跑步除能提高人体的耐力外，还能改善呼吸系统和心血管系统的机能，促进新陈代谢。通过重复跑、变速跑等练习可逐步提高人体的耐力。

4. 运动卫生与保健

1）准备活动

为了避免在运动或训练中造成肌肉损伤或韧带拉伤，应先进行准备活动。要使肌肉和韧带得到放松，应当选择较轻松且容易做的练习。准备活动不仅有助于放松身体关节，还可防止肌肉损伤。准备活动的动作应当尽可能地和后续训练动作接近。准备活动的时间长短，应根据具体情况而定，一般来说，准备活动以 5～10min 为宜。

总之，准备活动的目的是使身体各部位更协调，减少训练中的伤害。准备活动的内容包括肩部放松、压腿、扭转腰部、活动颈部及脚踝等。

2）恢复活动

恢复活动是指在训练结束后进行的恢复性训练，使身体从紧张状态慢慢复原。

二 个人防卫技能训练

个人防卫技能训练包括防卫的基础技术训练、基本的防守技术训练和基本的解脱技术训练。个人防卫技能训练，能够使安检员体会、了解防卫的基本技术，掌握动作要领，增强自我防卫意识，提高在实战中协同配合的能力，提高工作中应对突发事件的能力。

（一）防卫的基础技术训练

防卫的基础技术包括基本姿势和步法（滑步）。

1. 基本姿势训练

基本姿势是指在实战中采取合理的站位姿势和保护动作，同时强化安全戒备意识，为下一步攻防格斗做好充分的准备。基本姿势的采用必须遵循"三个有利于"原则，即有利于身体重心平稳，有利于向自己有优势的方位移动，有利于自身的防护和攻防技术动作的实施。下文介绍戒备姿势（格斗姿势）和监视姿势两种基本姿势。

1）戒备姿势

戒备姿势是为了躲避和截住对手而保护自己。戒备姿势在防守中起着很重要的作用。利用戒备姿势，可使身体始终处于强有力的状态。

动作要领：立正站立，右脚向后方撤出一大步，两脚开立，右膝微曲，侧身站立，两脚间的距离与肩同宽；左脚微内扣，右脚跟外展35°，脚跟抬起，重心落于两腿之间；两手握拳，左前右后，拳眼均朝后上方；左臂弯曲，肘关节夹角为90°～120°，左拳与鼻同高；右臂弯曲，肘关节夹角小于90°，大臂紧贴右侧肋部；收腹，下颌微收，闭嘴合齿，目视对手。

动作要点：身体自然放松，含胸拔背，沉肩垂肘，两腿微曲。

2）监视姿势

动作要领：两脚开立，左脚在前，右脚在后，两膝略屈，两脚间距离与肩同宽；身体侧45°站立，重心落于两腿之间或稍偏于右腿；两手自然放于体侧，下颌微收，目视对手。

动作要点：身体自然放松，两腿保持一定弯曲度，以便随时启动身体，做防守或进攻动作。

2. 步法（滑步）训练

步法训练的目的是调整好有利于自身的攻防距离，破坏对手的进攻路线和距离，达到出奇制胜的效果。步法训练要求做到移动迅速、重心平稳。

动作要领：以格斗姿势站立，前脚（左脚）向前滑半步，后脚跟进半步，上身保持平衡，其他部位要保持原来的格斗姿势。向右、向左、向后滑步与向前滑步动作要领相同。

动作要点：身体自然放松，平稳移动。向前移动，先动前脚；向后移动，先动后脚。移动中保持格斗姿势不变，整体移动。

（二）基本的防守技术训练

1. 拍挡

动作要领：格斗姿势站立，用左（右）手臂、手掌曲臂将小臂直线向外推出，由此做横向拍挡。

动作要点：防守时判断要准确，拍挡时小臂尽量垂直，动作幅度要小，速度要快。

2. 躲闪（下潜）

动作要领：格斗姿势站立，双腿屈膝，收腹含胸，重心下降，两手紧护胸及头，身体垂直向下，以闪躲对方的攻击。

动作要点：幅度不宜过大，动作要突然、迅速；下蹲闪躲要协调，并注意对头和躯干部位的保护，目视对方。

（三）基本的解脱技术训练

1. 单臂抓握解脱

动作要领：

解脱法1：当对手右手由上往下抓握自己的右小臂时，右小臂应由下往上用力回拉，同时身体右转，以解脱对方的抓握。

解脱法2：当对手右手由下往上抓握自己的右小臂时，右小臂应由上往下用力回拉，同时身体左转，以解脱对方的抓握。

动作要点：快速、有力，借助腰的旋转发力。这两个动作的解脱办法都是从对方的拇指一侧解脱。

易犯错误：用蛮力、抽拉、硬扯等。

2. 双臂抓握解脱

动作要领：

解脱法1：当对方双手由上往下抓住自己的右小臂时，左手由上而下抓住自己的右手（抱拳），迅速转体。用左手拉和右手肘关节上挑的合力，将右手臂解脱。

解脱法2：当对方双手由下往上抓住自己的右小臂时，左手应从其两手下方插入，抓住自己的右手（抱拳），迅速转体，用左手和右手的合力下拉，右肘向前上抬，将右手臂解脱。

动作要点：左手抓握要快，转体扭腰，解脱法1的上挑合力要一致，解脱法2的下砸合力要一致。

易犯错误：动作缓慢，单纯用一只手臂的力量。

3. 抓胸解脱

动作要领：当对方用右手抓住自己胸口的衣服时，应迅速用右手按住其右手背，同时撤右脚，向右转体，用自己的左肩迅速顶撞其右手臂，达到解脱的目的。

动作要点：转体要猛而快，一定要牵动对方的重心。

易犯错误：转体不够快、猛，发力不准确。

实训

请完成"实训 7　城市轨道交通安检员的礼仪展示"，见本教材配套实训工单。

复习思考题

一、选择题

1. 下列属于"三站立"的内容是（　　　）。
   A. 高峰时站立　　　　　　　　　B. 乘客询问时站立
   C. 上级领导检查时站立　　　　　D. 平峰时站立

2. 安检员文明用语做到"四不说"，包括（　　　）。
   A. 不说有伤乘客自尊心的话　　　B. 不说有伤乘客人格的话
   C. 不说教训、埋怨的话　　　　　D. 不说粗话、脏话

3. 关于安检员仪容、仪表表述不正确的是（　　　）。
   A. 女安检员可以戴戒指或戴手链　B. 男安检员头发不应过眉和耳朵
   C. 安检员站立时可以跨立　　　　D. 安检员可手插兜

4. 下列选项中不属于安检员勤务规范的内容是（　　　）。
   A. 听从安排、服从调动，完成领导交办的各项任务
   B. 上岗时，应着装规范，仪表庄重，文明执勤，礼貌对待乘客
   C. 熟练掌握地铁安检器材设备的使用
   D. 严格执行交接班制度，如遇接班人员未按时到岗时可自行离开

二、简答题

1. 城市轨道交通安检员服务过程中的注意事项有哪些？
2. 简述城市轨道交通安检员遇到事件处理的一般方法。

附　　录

附录1　城市轨道交通安检员考核标准

1. 职业概况

1.1　职业名称

安检员。

1.2　职业定义

在城市轨道交通站点中，为维护城市轨道交通运营安全和运营秩序，对进入城市轨道交通车站人员所携带的物品进行专业性安全检查的人员。

1.3　职业等级

安检员上岗证。

1.4　职业环境

室内、室外、常温。

1.5　职业能力鉴定

身心健康，具备相应岗位所要求的身高、体能、技能标准，具有一定的观察、理解、表达、判断、应变、自卫、自控、沟通、指挥、协调及自主学习、执行等能力。

1.6　基本文化程度

初中毕业。

1.7　培训要求

1.7.1　培训期限

根据其培养目标和教学计划确定。安检员不少于32标准学时。

1.7.2　培训教师

培训安检员的教师应具有保安师（二级）以上职业资格证书或公安、法律等相关专业任职资格。

1.7.3　培训场地设备

具有满足教学需要的标准教室及示教设备，实训场地及训练器材、设备。

1.8　鉴定要求

1.8.1　适用对象

从事或准备从事本职业的人员。

1.8.2　鉴定方式

理论知识考试和技能操作考核。其中，理论知识考试采用闭卷考试或上机考试的方式；技能操作考核采用现场实际操作或模拟现场操作等方式。理论知识考试和技能操作考核均实行百分制，成绩均超过60分者为合格。

2. 基本要求

2.1 概述

2.2 城市轨道交通专业基础知识

（1）城市轨道交通安检基础知识。

（2）城市轨道交通消防常识。

（3）城市轨道交通突发事件应急处置。

（4）城市轨道交通安检实用英语。

（5）违禁品的一般知识。

（6）安检工作实务知识。

（7）安检服务礼仪。

2.3 相关法律法规知识

（1）法的基本知识。

（2）安检员应具备的法律素质。

（3）安检员的禁止行为。

（4）《中华人民共和国刑法》《中华人民共和国治安管理处罚法》基础知识。

（5）危及城市轨道交通公共安全的违法犯罪行为。

3. 工作要求

安检员根据岗位要求选择"安检"职业功能进行考核，见附表1-1。

安检岗位考核表 附表1-1

职业功能	工作内容	技能要求	相关知识
安检	1. 安检基础知识	（1）能掌握X射线安检机图像识别的重点及相应的处理方式。 （2）能掌握识别X射线安检机图像的主要方法。 （3）能掌握枪支弹药、警用物品、其他违禁品的X射线安检机图像的识别技能。 （4）能掌握易燃液体、腐蚀品、有毒物品的X射线安检机图像的识别技能	（1）应对安全威胁的技术防范措施。 （2）安检员应了解的探测仪器和设备。 （3）安检员应熟悉、掌握的探测仪器和设备。 （4）安检员工作流程及操作规范。 （5）安检各岗位人员操作规范
	2. 突发事件应急处置	（1）能掌握发生爆炸，毒气袭击，纵火，抢劫，打架斗殴等刑事犯罪或治安类事件的应急处置方法、步骤、措施和要求。 （2）能掌握发生火灾、大客流、大面积停电、自然灾害等事件的应急处置方法、步骤、措施和要求。 （3）能掌握应急情况报告的基本要求	（1）突发事件应急处置的定义、目的、原则、机构组织和职责。 （2）现场保护知识。 （3）应急情况报告的基本原则。 （4）城市轨道交通安全技术防范的特点。 （5）应对安全威胁的技术防范措施。 （6）城市轨道交通消防常识

附录2 北京市轨道交通禁止携带物品目录（2020修订版）

一 枪支、子弹类（含主要零部件）

（1）军用枪：手枪、步枪、冲锋枪、机枪、防暴枪等以及各类配用子弹。

（2）民用枪：气枪、猎枪、运动枪、麻醉注射枪等以及各类配用子弹。

（3）其他枪支：道具枪、发令枪、钢珠枪等。

（4）上述物品的样品、仿制品。

二 爆炸物品类

（1）弹药：炸弹、照明弹、燃烧弹、烟幕弹、信号弹、催泪弹、毒气弹、手雷、地雷、手榴弹等。

（2）爆破器材：炸药、雷管、导火索、导爆索、导爆管、震源弹等。

（3）烟火制品：礼花弹、烟花、鞭炮、摔炮、拉炮、砸炮等各类烟花爆竹以及发令纸、黑火药、烟火药、引火线等。

（4）上述物品的仿制品。

三 管制器具及具有一定杀伤力的其他器具类

（1）管制刀具：匕首，三棱刮刀，带有自锁装置的弹簧刀（跳刀），刀尖角度小于60°、刀身长度超过150mm的各类单刃、双刃和多刃刀具，刀尖角度大于60°、刀身长度超过220mm的各类单刃、双刃和多刃刀具，以及符合上述条件的陶瓷类刀具。

（2）催泪器、催泪枪、电击器、电击枪、防卫器、弓、弩等具有一定杀伤力的器具。

（3）射钉弹、发令弹等含火药的制品。

（4）菜刀、砍刀、美工刀等刀具，锤、斧、锥、铲、锹、镐等工具，矛、剑、戟等，以及其他可造成人身被刺伤、割伤、划伤、砍伤等的锐器、钝器。

（5）警棍、手铐等军械、警械类器具。

四 易燃易爆品类

（1）压缩气体和液化气体：氢气、甲烷、乙烷、丁烷、天然气、乙烯、丙烯、乙炔（溶于介质的）、一氧化碳、液化石油气、氟利昂、氧气（供病人吸氧的袋装医用氧气除外）、水煤气等及其专用容器。

（2）易燃液体：汽油、煤油、柴油、苯、乙醇（酒精）、丙酮、乙醚、油漆、稀料、松香油及含易燃溶剂的制品等及其专用容器。

（3）易燃固体：红磷、闪光粉、固体酒精、赛璐珞、发泡剂H等。

（4）自燃物品：白磷、硝化纤维（含胶片）、油纸及其制品等。

（5）遇湿易燃物品：金属钾、钠、锂、碳化钙（电石）、镁铝粉等。

（6）氧化剂和有机过氧化物：高锰酸钾、氯酸钾、过氧化钠、过氧化钾、过氧化铅、过氧乙酸（过醋酸）、过氧化氢（双氧水）等。

（7）2个以上普通打火机；2小盒以上安全火柴；20ml以上指甲油、去光剂、染发剂；120ml以上的冷烫精、摩丝、发胶、杀虫剂、空气清新剂等自喷压力容器。

五　毒害品类

氰化物、三氧化二砷、剧毒农药等剧毒化学品以及硒粉、苯酚等。

六　腐蚀性物品类

硫酸、盐酸、硝酸、氢氧化钠、氢氧化钾、蓄电池（含氢氧化钾固体、注有酸液或碱液的）、汞（水银）等。

七　放射性物品类

放射性同位素等。

八　传染病病原体

乙肝病毒、炭疽杆菌、结核杆菌、艾滋病病毒等。

九　其他危害公共安全、列车运行安全的物品

如可能干扰列车信号的强磁化物、有强烈刺激性气味的物品、不能判明性质可能具有危险性的物品等。

十　国家法律、行政法规、规章规定的其他禁止持有、携带、运输的物品

附录3　北京市轨道交通运营安全条例

第一章　总　　则

第一条　为规范轨道交通运营及相关活动，保障轨道交通运营安全，维护轨道交通各方主体的合法权益，根据有关法律、法规，结合本市实际情况，制定本条例。

第二条　在本市行政区域内从事与轨道交通运营安全有关的活动，应当遵守本条例。本条例所称轨道交通是指地铁、轻轨等采用专用轨道导向运行的城市公共客运系统。

第三条　市人民政府应当加强对轨道交通运营安全工作的领导。

市交通行政主管部门负责本市轨道交通运营安全生产的行业监督管理，统筹协调本市涉及轨道交通运营安全的重大事项。远郊区县交通行政主管部门按照规定的职责负责本行

政区域内轨道交通运营安全生产的行业监督管理。

有关行政主管部门依照本条例和其他法律、法规的规定，在各自职责范围内对轨道交通运营安全相关工作实施监督管理。

轨道交通沿线的区、县人民政府应当配合市交通行政主管部门，协调落实本行政区域内影响轨道交通设备设施安全隐患的整改、安全保护区和站前广场的综合治理、突发事件的应急处置等相关工作。

第四条 轨道交通运营单位依法承担轨道交通运营安全管理责任，为乘客提供安全便捷的服务。

轨道交通产权单位、建设管理单位依据各自职责和合同约定，按照国家、本市相关标准和运营安全实际需求，组织轨道交通新建、改建项目的立项、规划、设计，并对工程建设质量负责。

轨道交通设计、施工、监理、设备设施供应等单位应当依据法律、法规、标准和合同约定，保障轨道交通运营安全。

为轨道交通提供电力、供水、排水、供热、供气、通信等服务的单位，应当优先保障轨道交通运营安全的需要。

第五条 政府有关部门、运营单位及相关社会组织应当开展轨道交通运营安全教育和宣传，提高社会公众安全意识。

社会公众应当自觉遵守轨道交通运营安全管理规定，有权投诉、举报危害运营安全的行为。

第六条 广播、电视、新闻、出版、网络等有关单位，应当配合政府有关部门、运营单位开展轨道交通运营安全的教育和宣传。

第二章　运营安全风险前期防控

第七条 新建、改建轨道交通项目的规划、设计应当符合相关标准和技术规范，遵循适度超前原则，满足轨道交通发展中的运营安全需求。

新建轨道交通项目的单位，应当在可行性研究报告、项目申请报告和初步设计文件中编制运营安全专篇。市发展改革、规划行政主管部门在审批时应当征求市交通行政主管部门对运营安全专篇的意见，并将市交通行政主管部门的意见纳入审批意见。

第八条 新建、改建轨道交通项目的规划、设计应当合理连通周边大型居住区、商业区公用设施等建筑，保障出入口的数量和功能，满足紧急疏散的安全需求。

轨道交通出入口、通风亭、冷却塔等设施需要与周边物业结合建设的，周边物业的所有者、使用者应当予以配合并提供必要的便利。

新建轨道交通项目的应急救援设备设施、安全检查设备应当与主体工程同时设计、同时施工、同时投入使用。

第九条 轨道交通车站、地面线路、高架线路、安全检查点、站前广场和车厢等场所应当安装视频监控系统；通风亭、冷却塔和变电站等部位应当安装视频监控系统，并合理设置防盗报警系统、防护栏或者防护网等物理防护设施。

第十条　车辆、信号、电梯、供电、轨道、轨枕和其他涉及运营安全的设备、设施，应当符合运营安全标准规范及网络化运营需求，不得使用不符合标准的设备、设施。

采购前款规定的设备设施，建设管理单位应当与运营单位共同起草、协商确定招标文件。

自动售检票系统、乘客信息系统、视频监控系统和其他因网络化运营需要统一制式标准的设备应当符合标准并经专业机构测试认证。

第十一条　新建轨道交通项目完工后，建设管理单位应当组织设备、设施调试和安全测试，达到试运行基本条件的，进行不载客试运行。试运行期不得少于 3 个月，其中按照本线运营初期发车间隔的运行时间不得少于 30 天。

建设管理单位应当在轨道交通项目完工后向轨道交通产权单位、运营单位提供完整的档案资料。

第十二条　新建轨道交通项目试运营前，建设管理单位应当依法办理规划、消防、土建、人防、供电、特种设备、工程档案、建筑节能、防雷装置、无障碍设施和运营设备设施等项目的验收，并取得验收文件。

轨道交通项目投入试运营前，建设管理单位应当向市交通行政主管部门申请综合评审。未申请综合评审或者综合评审不符合试运营条件的，不得投入试运营；经综合评审符合试运营条件的，转入试运营。

第十三条　轨道交通试运营期间，运营单位应当按照设计标准和技术规范，对设备设施运行情况和运营状况进行安全监控，按年度向市交通行政主管部门报送运行报告。

试运营期间，经市交通行政主管部门批准，运营单位可以在运营时间、运营间隔、运营设备设施启用等方面做出调整。

试运营的时间不得少于 1 年且不得超过 3 年。

第十四条　试运营期满 1 年，运营单位应当在 60 日内向市交通行政主管部门申请正式运营综合评审。未申请综合评审或者综合评审不符合正式运营条件的，不得投入正式运营，由市交通行政主管部门责令责任单位限期整改并报市人民政府备案；经综合评审符合正式运营条件的，转入正式运营。

本条例实施前已经投入试运营的轨道交通线路，应当按照本条例的规定依法办理正式运营手续。

第十五条　市交通行政主管部门组织建立轨道交通建设与运营衔接工作机制，负责制定运营安全专篇审核，试运行、试运营、正式运营基本条件，档案资料移交，试运营综合评审，正式运营综合评审等方面的相关规范。

第三章　设备设施运行安全与保护

第十六条　轨道交通设备设施应当符合保障乘客人身、财产安全和运营安全的相关标准。

轨道交通设备设施存在设计、制造或者安装缺陷的，轨道交通产权单位、建设管理单位和运营单位对各自采购的设备设施，应当督促设备设施生产者、销售者或者安装者消除缺陷。

第十七条　在轨道交通车站、车厢、隧道、站前广场等范围内设置广告、商业设施，应当符合标准和规范，不得影响安全标志和乘客导向标识的识别、设备设施的使用和检修，不得挤占疏散通道；设置方案应当报市交通行政主管部门备案。

在城市轨道交通线路的地面部分设置户外广告的，应当按照户外广告管理的相关规定执行。

第十八条　下列范围为轨道交通安全保护区：

（一）出入口、通风亭、冷却塔、主变电所和残疾人直升电梯等建筑物、构筑物结构外边线外侧 10 米内；

（二）地面车站和地面线路、高架车站和高架线路结构、车辆基地用地范围外边线外侧 30 米内；

（三）地下车站与隧道结构外边线外侧 50 米内；

（四）轨道交通过湖、过河隧道和桥梁结构外边线外侧 100 米内。

前款规定范围包括地上和地下。

安全保护区范围由市交通行政主管部门依法公告。

第十九条　在轨道交通安全保护区内进行下列作业的，作业单位应当制定安全防护方案和监测方案，在征得运营单位同意后，依法办理有关行政许可手续：

（一）新建、改建、扩建或者拆除建筑物、构筑物；

（二）敷设管线、挖掘、爆破、地基加固或者打井；

（三）挖沙、疏浚河道；

（四）其他大面积增加或者减少载荷的活动。

有前款规定作业的，运营单位可以对作业影响区域进行动态监测，并有权进入施工作业现场进行巡查。

第二十条　从事第十九条第一款规定的作业，出现危及或者可能危及轨道交通运营安全情形的，作业单位应当停止作业，采取补救措施，并报告轨道交通运营单位。

结束第十九条第一款规定的作业后，作业单位应当会同运营单位评估作业对轨道交通运营安全产生的影响，并将评估结果报市交通行政主管部门备案。评估认为影响运营安全的，作业单位应当立即采取措施消除影响。

第二十一条　轨道交通产权单位和运营单位应当建立巡查管理制度，对轨道交通设备设施安全和安全保护区进行安全巡查。

巡查人员发现危及或者可能危及轨道交通安全运营情形的，应当予以制止并及时报告相关行政主管部门依法处理。

第二十二条　轨道交通地面线路、高架线路桥下空间、车辆段和停车场，除道路、铁路等通行需要外，应当实行全封闭管理，并按照规定设置封闭设施和警示标志。

第二十三条　使用高架线路桥下空间不得危害轨道交通运营安全，同时应当预留高架线路桥梁设施日常检查、检测和养护维修条件。

高架线路桥下空间具体使用管理办法由市交通行政主管部门制定。

第二十四条　敷设在轨道交通保护区内的地下管线，其所有者或者管理者应当定期巡查和维护管线，并与运营单位建立管线基本信息共享制度和运行状态通告制度。

检查维护管线需要运营单位配合的，运营单位应当提供便利。

第二十五条　轨道交通保护区内既有建筑物、构筑物危及轨道交通运营安全的，轨道交通产权单位和运营单位应当采取措施，排除危险，既有建筑物、构筑物的所有者或者管理者应当予以配合。采取措施后仍不能排除危险的，应当依法按照土地和房屋征收的相关规定予以处理。

轨道交通保护区内既有种植物危及轨道交通运营安全的，其所有者或者管理者应当及时修剪、清除，必要时应当采取改移措施。

为保障轨道交通运营安全拆除保护区内建筑物、构筑物，修剪、改移种植物，或者对保护区内已取得的其他合法权利进行限制，给他人造成损失的，产权单位应当依法给予补偿，但拆除违法建筑物、构筑物除外。

第二十六条　新建、改建建筑物、构筑物或者新栽种植物的，不得妨碍行车瞭望，不得侵入轨道交通线路限界。

轨道交通沿线绿化，应当符合轨道交通保护区绿化安全规范，预留轨道交通检修维护条件并提供便利。

第二十七条　禁止下列危害轨道交通设备设施安全的行为：

（一）损坏隧道、轨道、路基、高架、车站、通风亭、冷却塔、变电站、护栏护网等设施；

（二）损坏车辆或者干扰车辆正常运行；

（三）损坏或者干扰机电设备、电缆、通信信号系统、自动售检票系统、视频监控设备等；

（四）擅自在高架桥梁上钻孔打眼，搭设电线或者其他承力绳索，设置附着物；

（五）损坏、移动、遮盖安全标志；

（六）其他危害轨道交通设备设施安全的行为。

第四章　运营组织安全与服务

第二十八条　市交通行政主管部门应当制定本市轨道交通运营安全服务标准。运营单位应当按照运营安全服务标准的要求，安全运送乘客。

第二十九条　运营单位应当建立、健全轨道交通运营安全责任体系，设置专门安全管理机构，配备专职管理人员。运营单位业务部门及其负责人，应当履行分管工作范围内的安全职责。

第三十条　运营单位应当履行下列安全运营职责：

（一）制定并落实安全运营规章制度和操作规程；

（二）保证本单位安全运营资金投入的有效实施；

（三）建立并落实安全运营风险评估和隐患排查治理制度；

（四）制定并实施突发事件应急预案和特殊情况下的运营组织方案；

（五）督促检查本单位的安全运营工作，及时、如实报告运营安全事故；

（六）开展乘客安全乘车教育宣传；

（七）法律、法规规定的其他职责。

第三十一条 运营单位应当对从业人员进行运营安全教育，保证从业人员具备必要的安全运营知识，熟悉安全生产管理制度和操作规程，掌握本岗位安全操作技能。

运营单位应当根据轨道交通发展状况及其业务需要，提前储备重点岗位工作人员。

第三十二条 市交通行政主管部门设立的轨道交通网络管理机构应当统筹协调轨道交通网络化运营的组织工作。

运营单位应当合理编制并适时调整运营计划，保证客流运送畅通与安全。

第三十三条 运营单位应当提供以下信息服务：

（一）在车站醒目位置公布首末班车行车时刻表及换乘指示信息；

（二）通过广播、电子显示屏等提供列车到达、间隔时间，车辆运行状况提示和安全提示等信息；

（三）运用多种信息发布手段及时告知乘客运营计划调整等信息；

（四）通过静态标志标识系统，向乘客提供设施名称及其位置、设施导向、禁止行为和危险警告等信息；

（五）在车站提供问询服务。

第三十四条 运营单位进行改建、扩建、设备设施重大养护维修、更新改造或者系统调试等作业的，应当制定有效的安全防护方案，报市交通行政主管部门备案；需要对运营计划做调整的，应当报告轨道交通网络管理机构；需要停运作业的，应当报市交通行政主管部门批准；不停运作业的，应当按照规定避开客运高峰时段。

第三十五条 运营单位应当每年开展一次运营安全综合评价，查找安全隐患，提出整改措施。出现重大安全问题经过整改后，运营单位应当组织安全专项评价。轨道交通产权单位应当保障安全隐患整改所需资金。

安全综合评价报告和专项评价报告应当向市交通行政主管部门备案。

第三十六条 运营单位应当通过乘客满意度调查等形式对轨道交通运营安全服务情况进行公众评价，对评价中发现的问题及时改进。服务评价结果和改进情况应当向社会公布。

运营单位和市交通行政主管部门应当建立投诉处理制度，接受公众投诉并及时答复。公众对运营单位答复有异议的，可以向市交通行政主管部门申诉。

第三十七条 市交通行政主管部门应当制定本市《轨道交通乘客守则》，对乘客安全乘车行为作出规范。

乘客进站、乘车应当遵守《轨道交通乘客守则》，服从运营单位管理，维护运营安全秩序，保护自身人身财产安全。

运营单位对违反《轨道交通乘客守则》的乘客，有权采取制止、劝离或者拒绝提供服务等措施。

第三十八条 行动不便人士在无人陪同情况下进出站上下车，可以联系车站工作人员获得帮助。

视力残障者携带导盲犬进站乘车，应当出示视力残障证件和导盲犬证。导盲犬应当佩戴导盲鞍和防止伤人的护具。

第三十九条 公安机关负责轨道交通安全检查的监督管理，会同交通主管部门、运营单位制定安全检查设备和监控设备设置标准、人员配备标准、检查分类分级标准及操作规范。

运营单位应当依法选择具有保安资质的单位从事安全检查工作，按照公安机关制定的标准和合同约定对安全检查单位实施管理。

安全检查单位应当依照本条例规定对轨道交通进站乘车人员进行安全检查。

第四十条 安全检查人员应当具备轨道交通运营安全基础知识，熟悉安全检查规章制度和安全检查设备设施操作规程，掌握相应的安全检查技能，经公安机关考核合格后方可上岗作业。

安全检查人员实施安全检查时应当遵守下列规定：

（一）佩戴工作证件；

（二）文明礼貌，尊重受检查人；

（三）执行安全检查操作规程；

（四）不得损坏受检查人携带的合法物品。

第四十一条 禁止携带枪支弹药、弩、匕首等管制器具和爆炸性、易燃性、放射性、毒害性、腐蚀性等危险物质进站乘车。禁止携带物品目录由公安机关制定并公告。

第四十二条 进入轨道交通车站的乘车人员应当接受并配合安全检查。

不接受安全检查的，安全检查人员应当拒绝其进站乘车；拒不接受安全检查并强行进入车站或者扰乱安全检查现场秩序的，安全检查人员应当制止并报公安机关依法处理。

发现非法携带法律、法规规定的违禁物品的，安全检查人员应当按照规定处置并及时报告公安机关依法处理。

第四十三条 禁止下列危害轨道交通运营安全的行为：

（一）擅自进入轨道、隧道等高度危险活动区域；

（二）擅自进入控制室、车辆驾驶室等非公共区域；

（三）向车辆、维修工程车或者其他设备设施投掷物品；

（四）在轨道线路上放置、丢弃障碍物；

（五）在高架线路桥下空间、站前广场存放、使用有毒有害、易燃易爆危险物品；

（六）在通风亭周边排放粉尘、烟尘、腐蚀性气体；

（七）在保护区内烧荒、燃放烟花爆竹；

（八）在车站出入口、疏散通道内、闸机口滞留；

（九）强行上下车；

（十）在非紧急状态下动用紧急或者安全装置；

（十一）在车站、车厢或者疏散通道内堆放物品、设置摊点等影响疏散的行为；

（十二）攀爬、跨越护栏护网，违规进出闸机；

（十三）在运行的自动扶梯上逆行；

（十四）在车站、车厢内追逐、打闹或者从事滑板、轮滑、自行车等运动；

（十五）在车站、车厢内乞讨、卖艺；

（十六）在车站、车厢内派发广告等物品；

（十七）其他危害轨道交通运营安全的行为。

第五章　应　急　管　理

第四十四条　轨道交通网络管理机构、运营单位应当建立健全轨道交通运营安全监测体系，监测轨道交通设备设施状态和运营状况，归集和分析气象灾害、大型活动等信息，对影响轨道交通运营安全的情形进行报告和预警。

第四十五条　市交通行政主管部门应当会同政府有关部门及相关单位制定轨道交通运营突发事件专项应急预案，报市人民政府批准后实施。

轨道交通网络管理机构应当根据专项应急预案制定轨道交通路网突发事件应急预案，报市交通行政主管部门备案；运营单位应当根据专项应急预案和路网应急预案制定本单位的应急预案，报市交通行政主管部门、轨道交通网络管理机构备案。

公安机关应当制定轨道交通治安、消防突发事件应急预案。

第四十六条　轨道交通网络管理机构和运营单位应当按照规定配备应急设备设施；对从业人员进行应急培训，保证从业人员了解本岗位应急职责，掌握应急预案相关内容和使用应急设备设施的技能；建立应急救援队伍；采取多种形式对公众开展应急风险防范和自救互救知识宣传。

公安机关应当配备和完善轨道交通治安、消防专用应急设备，建立与本市轨道交通发展相适应的消防专业应急救援队伍。

第四十七条　市交通行政主管部门、公安机关、轨道交通网络管理机构或者运营单位应当按照有关规定组织开展应急演练。应急演练可以邀请乘客参加。参加应急演练的乘客应当服从现场工作人员统一指挥。

第四十八条　轨道交通发生自然灾害、事故灾难、社会安全事件等突发事件时，市交通行政主管部门、轨道交通网络管理机构、运营单位应当及时启动应急预案，并按照应急预案规定的级别、职责、措施、程序开展救援工作。

市人民政府相关部门、突发事件所在地的区、县人民政府和电力、电信、供水、地面交通运营等单位，应当按照应急预案的规定进行抢险救援和应急保障。

相关单位、乘客应当服从现场工作人员统一指挥。

第四十九条　因客流激增危及运营安全的，运营单位可以采取限制客流、封站等应急措施；因恶劣气象条件、自然灾害或者其他突发事件严重影响轨道交通运营安全的，运营单位可以停止部分线路的运营。采取上述措施应当报告轨道交通网络管理机构、市交通行政主管部门。

相关部门需要运营单位配合采取封站等影响正常运营的措施，应当由市交通行政主管部门评估对客流的影响，并向运营单位下达指令；造成乘客大量积压的，市交通行政主管部门应当及时协调增加其他客运运力。

第五十条　轨道交通运营突发事件发生后，轨道交通网络管理机构、运营单位应当立即通过多种方式准确地向公众发布运营信息，并根据突发事件处置情况及时更新内容，连续发布。

第五十一条　轨道交通运营中发生人身伤害事件时，运营单位应当及时抢救人员，维持现场秩序；公安机关应当及时对现场进行勘查、检验，依法进行现场处理。

第六章　法律责任

第五十二条　市交通、安全生产、公安机关和其他对运营安全负有职责的行政主管部门，其直接负责的主管人员和其他直接责任人员有下列行为之一的，依法给予警告、记过或者记大过处分；情节较重的，给予降级或者撤职处分；情节严重的，给予开除处分；构成犯罪的，依法追究刑事责任：

（一）违反本条例规定实施规划、设计、建设等行政许可的；

（二）违反本条例规定未有效保障试运行、试运营时间的；

（三）未按照本条例规定履行验收职责的；

（四）未按照本条例规定履行安全检查监管、应急管理职责的；

（五）未按照规定职责和法定程序实施行政处罚的；

（六）发现存在重大安全隐患，未按照规定采取措施，导致安全事故发生的；

（七）其他滥用职权、玩忽职守、徇私舞弊的。

第五十三条　轨道交通产权单位、建设管理单位和运营单位及其工作人员有下列行为之一，导致安全事故发生的，对有关责任人员，给予警告、记过或者记大过处分；情节较重的，给予降级、撤职处分；情节严重的，给予开除处分；构成犯罪的，依法追究刑事责任：

（一）配备的设施设备不符合安全性、可靠性、可维护性要求的；

（二）对存在的重大安全隐患，未采取有效措施的；

（三）未按照本条例规定进行安全教育和培训并经考核合格，允许从业人员上岗，致使违章作业的；

（四）拒不执行有关部门限期责令改正指令的；

（五）拒绝监管部门进行现场检查或者在被检查时隐瞒事故隐患，不如实反映情况的；

（六）有其他不履行或者不正确履行安全管理职责的。

第五十四条　违反本条例第十二条第二款的规定，未申请综合评审或者综合评审不符合试运营条件擅自投入试运营的，由市交通行政主管部门处2万元以上20万元以下罚款；对主要负责人处5000元以上2万元以下罚款。

第五十五条　违反本条例第十三条第一款的规定，未按照规定对设备设施运行情况和运营状况进行安全监控的，由市交通行政主管部门责令限期改正；逾期不改正的，处2万元以上10万元以下罚款。

第五十六条　违反本条例第十四条第一款的规定，未申请综合评审或者经综合评审不符合正式运营条件擅自投入正式运营的，由市交通行政主管部门责令限期改正；逾期不改正的，处 2 万元以上 10 万元以下罚款。

第五十七条 违反本条例第十六条的规定，采用不符合相关标准的设备设施，或者未督促生产者、销售者或者安装者采取措施消除缺陷的，由市交通行政主管部门责令限期改正；逾期不改正的，处 2 万元以上 10 万元以下罚款。

第五十八条 违反本条例第十七条第一款的规定，影响安全标志和乘客导向标识的识别、设备设施的使用和检修，挤占疏散通道的，由市交通行政主管部门责令限期改正；逾期不改正的，处 2 万元以上 10 万元以下罚款。

违反本条例第十七条第二款规定的，由城管执法部门依法予以处理。

第五十九条 违反本条例第十九条第一款的规定，作业单位未经运营单位同意擅自施工影响轨道交通安全的，由市交通行政主管部门责令限期改正，并可对单位处 3 万元以上 30 万元以下的罚款，对个人处 2000 元以上 2 万元以下的罚款；拒不改正的，市交通行政主管部门可依法查封违法施工作业场所、扣押违法施工作业工具。单位实施以上违法行为的，可对主要负责人依法处 2000 元以上 2 万元以下罚款。

违反本条例第十九条第一款的规定，作业单位未经相关行政主管部门许可或者未按照许可要求作业的，运营单位有权制止，并报告相关行政主管部门依法予以处理。

第六十条 违反本条例第二十条的规定，在作业过程中或者作业结束后出现危及或者可能危及运营安全情形，作业单位未停止作业或者采取补救措施消除影响的，由市交通行政主管部门责令限期改正，并可对单位处 2 万元以上 20 万元以下的罚款，对个人处 1000 元以上 1 万元以下的罚款。单位实施以上违法行为的，可对主要负责人依法处 1000 元以上 1 万元以下罚款。

第六十一条 违反本条例第二十三条第一款规定，使用高架桥下空间危害轨道交通运营安全的，产权单位有权制止，由市交通行政主管部门责令限期改正，并可对单位处 1 万元以上 5 万元以下的罚款，对个人处 500 元以上 2000 元以下的罚款；单位实施以上违法行为的，可对主要负责人依法处 2000 元以上 5000 元以下罚款。

第六十二条 违反本条例第二十五条第二款的规定，未及时修剪、清除或者改移种植物，危及轨道交通运营安全的，由市交通行政主管部门责令限期改正，并可对单位处 2000 元以上 5000 元以下的罚款，对个人处 2000 元以下的罚款；逾期不改正的，市交通行政主管部门可以依法实施代履行。

第六十三条 违反本条例第二十六条第一款的规定，妨碍行车瞭望或侵入轨道交通线路限界，由市交通行政主管部门责令限期改正，并可对单位处 5000 元以上 5 万元以下的罚款，对个人处 2000 元以上 5000 元以下的罚款。逾期不改正的，市交通行政主管部门可以依法代履行。单位实施以上违法行为的，可对主要负责人依法处 2000 元以上 5000 元以下罚款。

第六十四条 违反本条例第二十七条规定，危害轨道交通设备设施安全的，轨道交通产权单位和运营单位有权予以制止，由市交通行政主管部门责令改正，并可以对单位处 1 万元以上 5 万元以下的罚款，对个人处 500 元以上 2000 元以下的罚款；违反治安管理的，由公安机关依法处理；构成犯罪的，依法追究刑事责任。

第六十五条 违反本条例第三十条规定，运营单位未履行安全运营职责的，由市交通行政管理部门责令限期改正，逾期不改正的，处 2 万元以上 10 万元以下罚款，可以对主要负责人依法处 2000 元以上 5000 元以下罚款。

第六十六条 违反本条例第三十一条规定，运营单位未按规定开展从业人员安全教育的，由市交通行政管理部门责令限期改正，逾期不改正的，处 2000 元以上 2 万元以下罚款，可以对主要负责人处 2000 元以上 5000 元以下罚款。

第六十七条 违反本条例第三十三条的规定，未按照规定提供信息服务的，由市交通行政主管部门责令限期改正；逾期不改正的，处 2000 元以上 5000 元以下罚款。

第六十八条 违反本条例第三十四条规定，未按规定制定、执行安全防护方案的，由市交通行政管理部门责令限期改正，逾期不改正的，处 2 万元以上 10 万元以下罚款，可以对主要负责人依法处 2000 元以上 5000 元以下罚款。

第六十九条 违反本条例第四十三条第一项至第十项规定的，运营单位有权制止；违反治安管理的，由公安机关依法处理；构成犯罪的，依法追究刑事责任。

违反本条例第四十三条第十一项至第十五项规定的，运营单位有权制止，由市交通行政主管部门予以警告，并可处 50 元以上 1000 元以下罚款。

违反本条例第四十三条第十六项规定的，运营单位有权制止，由市交通行政主管部门没收派发的广告等物品，处 100 元以上 1000 元以下罚款；情节严重的，处 1000 元以上 1 万元以下罚款。

第七十条 违反本条例第四十七条的规定，运营单位未按照规定组织开展应急演练，由市交通行政主管部门责令限期改正；逾期不改正的，处 2 万元以上 10 万元以下罚款。

第七十一条 违反本条例第五十条的规定，未按照规定发布信息的，由市交通行政主管部门责令限期改正；逾期不改正的，处 2 万元以上 10 万元以下罚款。

第七十二条 拒绝、妨碍市交通行政主管部门、安全生产监督行政主管部门、公安机关、运营单位或者安全检查单位工作人员依法执行职务的或者辱骂、殴打前述工作人员的，由公安机关依法处罚；构成犯罪的，依法追究刑事责任。

第七十三条 违反本条例规定，造成轨道交通设备设施损坏或者造成其他损失的，除依法给予行政处罚外，还应当承担相应的民事赔偿责任。

第七十四条 本条例规定的行政处罚和行政措施由市交通行政主管部门负责，市交通行政主管部门可以授权轨道交通管理机构实施。

第七章 附 则

第七十五条 磁悬浮、单轨电车和有轨电车的运营安全管理参照本条例执行。

第七十六条 本条例所称轨道交通设备是指车辆、供电系统、通信系统、信号系统、自动售检票系统、乘客信息系统、综合监控系统、安全门系统、车辆段检修设备、乘客导向标识系统等。

本条例所称轨道交通设施是指为保障轨道交通系统正常安全运营而设置的轨道、隧道、高架、车站（含出入口、通道、通风亭和冷却塔）、车辆基地、护栏护网、疏散平台等。

第七十七条 本条例所称试运行是指在轨道交通建设工程完工、冷滑和热滑实验成功，系统联调结束，行车基本条件具备的情况下，通过不载客运行，对运营组织管理和设备设施系统的可用性、安全性和可靠性进行检验的活动。

本条例所称试运营是指在轨道交通新线建设工程完工并验收合格，整体系统可用性、安全性和可靠性经过试运行检验合格，并满足其他试运营基本条件的情况下，进行的载客运营活动。

本条例所称正式运营是指在轨道交通新线经过试运营，各系统符合设计要求，整体系统、设备和设施保持正常稳定运行，运营安全和服务水平达到规定标准，试运营阶段各项任务完成并满足正式运营基本条件的情况下，进行的载客运营活动。

第七十八条 本条例自 2015 年 5 月 1 日起实施。

附录4 城市轨道交通安检员实用英语

1. Hello, sir. Please bear with the security check.
   您好先生，请配合接受安检。

2. Please don't crowd.
   请勿拥挤。

3. Please line up.
   请大家按顺序排队。

4. Please open your bag (luggage) for securitycheck.
   请您打开您的包（行李），接受检查。

5. Excuse me, this item cannot be taken on the subway.
   对不起，这件物品不能带上地铁。

6. Dangerous articles are forbidden on the subway.
   禁止携带危险物品乘坐地铁。

7. This handbag needs to be inspected.
   手提袋需接受安检。

8. I'm sorry, wait a moment please. You need further check.
   对不起，请稍等。您需做进一步检查。

9. Thank you for your cooperation. This way, please.
   谢谢配合，请进站。

10. Take the escalator and turn to the right.
    乘自动楼梯下去，然后往右拐。

11. A：Excuse me, where can I get a ticket?
    请问在哪里买票？

    B：Please buy your ticket at the Ticket Vending Machine (TVM) over there.
    请在那边的自动售票机购票。

12. A：Where can I recharge my card, please?
    请问交通卡充值在哪里？

    B：Please use the Ticket Vending Machine or go to the customer service center to recharge.
    请使用自动售票机或去客服中心充值。

13. A：Excuse me, where is the exit?
    请问出口在哪里？

    B：Go straight ahead and turn to the right.
    往前走，然后向右拐。

14. A：Excuse me, How can I go to the People's Square?

请问，我怎么去人民广场？

B：You can take subway line1.

您可以坐一号线。

15. A：Excuse me, my friend has a bad stomachache.

对不起，我的朋友胃疼得厉害。

B：Let me call theEmergency Center.

我来拨打急救中心的电话。

16. A：When does the last train arrive?

请问末班车是什么时候？

B：It arrives at 10:30 p. m.

晚上 10 点半。

17. It is very important to pay attention to the signs when taking the subway.

在乘坐地铁时，注意看指示牌是相当重要的。

附录5 配套课程标准

"城市轨道交通安检实务"
课程标准

参 考 文 献

［1］刘守道．安检员从业培训教程．［M］．北京：中国劳动社会保障出版社，2018.

［2］黄腾斌，谢文影．城市轨道交通安检理论与实务［M］．西安：西安交通大学出版社，2017.

［3］魏全斌．民航安全检查实务［M］．北京：北京师范大学出版社，2014.

［4］高佩华．安检仪器使用与维护［M］．北京：中国民航出版社，2015.

［5］陈志华．安全技术防范管理［M］．北京：中国人民公安大学出版社，2017.

［6］杜珺，吴煜．民航乘务危险品运输教程［M］．北京：中国民航出版社，2015.

［7］顾正钟．民航安检概论［M］．北京：中国民航出版社，2017.

［8］高蓉．城市轨道交通服务礼仪［M］．2版．北京：人民交通出版社股份有限公司，2018.

［9］隋东旭．高速铁路安检工作实务［M］．北京：北京交通大学出版社，2019.

［10］隋东旭．安检概论［M］．北京：北京交通大学出版社，2019.

［11］于立辉，魏雪．城市轨道交通运营综合实训与一体化演练［M］．北京：北京交通大学出版社，2016.

［12］上海市公安局城市轨道和公交总队和上海市保安职业技能学校．城市轨道交通危险品、违禁品安检理论与实务［M］．北京：中国劳动社会保障出版社，2017.

配套实训工单（活页）

实训 1　城市轨道交通安检程序演练 ┤━━━━━━□

一　任务说明

　　学生结合工作情境，加深对"引导—检查—定性—处置"安检工作程序的认知；能够正确使用各种安检设备，按照"逢包必检，逢疑必检"的原则对进入车站的人员、物品进行安检，提高服务能力和水平。

　　毕业后，小张、小李、小王和小赵来到北京地铁从事安检工作。某日，一名男乘客携带双肩背包从 6 号线金台路进站，经过安检点时，小张引导其将随身背包进行安检。安检员小李发现该乘客包内疑似有一把刀具类物品，经确认为违禁物品后，该乘客强行闯站……

二　实训时间

20min/人。

三　实训目标

（1）了解安检工作程序，掌握安检程序的注意事项。
（2）以小组为单位，对安检工作现场程序进行处置演练。

四　实训实施

1. 知识储备	成绩：

　　（1）引导过程中，通过车站出入口、通道的指示标志，以及＿＿＿＿＿＿＿＿的指引，引导乘客到安检点进行安检。

　　（2）检查过程中，安检员通过＿＿＿＿＿＿＿＿和＿＿＿＿＿＿＿＿检查，防止违禁物品进站及被带入地铁列车，其核心是对受检物品准确进行辨识，及时、准确地判断、发现可疑物品。

　　（3）＿＿＿＿＿＿＿＿过程中，安检员根据地铁公安发布的《禁止携带物品目录》的相关规定，准确无误地对受检物品进行界定，并按照违禁品处置程序进行处置。

　　（4）处置过程中，安检员对经检查发现的＿＿＿＿＿＿＿＿、＿＿＿＿＿＿＿＿及其＿＿＿＿＿＿＿＿，按照相关规定和要求，采取相应的处理措施。

　　（5）乘客自弃禁带或限带物品由＿＿＿＿＿＿＿＿负责统一管理、存储，并记录收取时间、地点、数量及名称，安检公司应定期进行＿＿＿＿＿＿＿＿，不得存放于车站。

　　（6）乘客遗留现场物品时，应及时通知＿＿＿＿＿＿＿＿和＿＿＿＿＿＿＿＿，属于能辨识的由车站按照相关规定以失物招领处理，无法辨识的应立即通知地铁民警，同时配合车站做好人员隔离及疏散，禁止任何无关人员触动。

2. 制订计划	成绩:

（1）根据城市轨道交通安检工作程序的要求，制订演练计划。

序　号	作 业 项 目	演 练 计 划
1	引导过程	
2	检查过程	
3	定性过程	
4	处置过程	
计划审核	审核意见： 　　　　　　　　　　　　　　　　签字：　　　　年 月 日	

（2）根据演练计划，完成小组成员任务分工。

记　录　员	安　检　员	乘　　客	监　护　人

3. 计划实施与评价	成绩:

项　目	作 业 标 准	分值（分）	组 长 自 评	教 师 评 价
引导过程		25	★★★★★	
检查过程		25	★★★★★	
定性过程		25	★★★★★	
处置过程		25	★★★★★	

根据学生在课堂中的实际表现进行自我反思和自我评价。

自我反思：

_____

_____。

自我评价：

_____

_____。

4. 实训成绩单

项　目	评 分 标 准	分值（分）	得　　分
接受任务	明确工作任务，理解任务在企业工作中的重要程度	10	
信息收齐	熟悉城市轨道交通安检程序的要求	10	
制订计划	按照地铁公司安检程序制订处理计划	10	
演练流程	结合实训任务，针对乘客的具体安检程序演练	50	
质量检查	学生任务完成，操作过程规范	10	
评价反馈	学生能对自身表现情况进行客观评价	10	
总分		100	

实训 2 危险品及违禁品的识别与处置

一 任务说明

（1）以小组为单位，使用安检设备分别对各类危险品、违禁物品及限带物品的结构和外观进行分析。

（2）根据各类危险品、违禁物品及限带物品的分类，结合所学知识对各类危险品、违禁物品及限带物品进行处理。

二 实训时间

20min/人。

三 实训目标

（1）认知危险品的性质和外部特征。

（2）能正确识别危险物品和违禁物品。

（3）能对安检机检查出的危险物品进行应急处置。

（4）模拟安检员的各种角色，总结安检员的服务技巧。

四 实训准备

城市轨道交通安检设备：安检机、安检门、手持式安检仪等；实训所用的危险品和危禁品等。

五 实训实施

1. 知识储备	成绩：
（1）简述危险品分类体系中的所有类别、项别及名称。 （2）管制刀具的认定标准有哪些？ （3）禁限带物品包括哪些？限带数量是如何规定的？	

2. 制订计划		成绩：

（1）根据城市轨道交通安检工作程序的要求，制订演练计划。

序　号	作 业 项 目	演 练 计 划
1	借助手持式探测仪和安检门对人身进行检查	
2	操作 X 射线安检机对箱（包）进行检查	
3	对违禁物品进行处置	

计划审核	审核意见： 签字：　　　年　月　日

（2）根据演练计划，完成小组成员任务分工。

记　录　员	安　检　员	乘　　客	监　护　人

3. 计划实施与评价　　　　　　　　　成绩：

项　　目	作业标准	分值（分）	组长自评	教师评价
借助手持式探测仪和安检门对人身进行检查		35	★★★★★	
操作 X 射线安检机对箱包进行检查		35	★★★★★	
对违禁物品进行处置		30	★★★★★	

根据学生在课堂中的实际表现进行自我反思和自我评价。

自我反思：

_____

_____。

自我评价：

_____

_____。

4. 实训成绩单

项　　目	评分标准	分值（分）	得　　分
接受任务	明确工作任务，理解任务在企业工作中的重要程度	10	
信息收齐	熟悉城市轨道交通安检程序的要求	10	
制订计划	按照地铁公司安检程序制订处理计划	10	
演练流程	结合实训任务，针对乘客的具体安检程序演练	50	
质量检查	学生任务完成，操作过程规范	10	
评价反馈	学生能对自身表现情况进行客观评价	10	
总分		100	

使用 X 射线安检机进行危险品、违禁品的识别

一 任务说明

（1）按操作规程正确开关 X 射线安检机。

（2）分别说明 X 射线安检机功能键的含义。

（3）对 X 射线安检机图像中的物质进行分析判断。

（4）常见违禁物品的图像特征分析。

（5）实训注意事项：教师做示范，每个小组分别进行练习，练习过程中纠正学生的错误做法。训练过程中应按正确的方法开关 X 射线安检机，爱护实训器材。

（6）完成本次任务后归纳总结 X 射线安检机的结构组成、使用方法、常见故障和危险品图像分析的经验及服务技巧。

二 实训时间

20min/人。

三 实训目标

（1）认知 X 射线安检机的相关知识。

（2）能正确使用安检设备进行安检工作。

（3）在安检机上分析危险品和违禁物品。

四 实训准备

城市轨道交通安检设备：X 射线安检机、各种危险物品和违禁物品、安检实训场或城市轨道交通车站。

五 实训实施

1. 知识储备	成绩：
（1）X 射线安检机图像颜色分别代表什么含义？	
（2）通道式 X 射线安检机的注意事项和开关机流程分别有哪些？	
（3）各类危险品、违禁品 X 射线图像有何基本特征？	
（4）X 射线安检机检查员在识别一幅 X 射线图像时应做到哪几点？	
（5）简述 X 射线安检机的常见故障、原因及排除方法。	
2. 制订计划	成绩：
（1）根据城市轨道交通安检工作程序的要求，制订演练计划。	

序　号	作业项目	演练计划
1	开关 X 射线安检机	

序　号	作业项目	演练计划
2	说明 X 射线安检机各功能键的含义	
3	操作 X 射线安检机对箱（包）中的危险品进行图像判别	
4	对危险品图像进行分析	
计划审核	审核意见： 　　　　　　　　　　　　　签字：　　　　年　月　日	

（2）根据演练计划，完成小组成员任务分工。

记 录 员	安 检 员	乘 客	监 护 人

3. 计划实施与评价　　　　　　　　　　成绩：

项　目	作业标准	分值（分）	组长自评	教师评价
开关 X 射线安检机		25	★★★★★	
说明 X 射线安检机各功能键的含义		25	★★★★★	
操作 X 射线安检机对箱（包）中的危险品进行图像判别		25	★★★★★	
对危险品图像进行分析		25	★★★★★	

根据学生在课堂中的实际表现进行自我反思和自我评价。

自我反思：

_____。

自我评价：

_____。

4. 实训成绩单

项　目	评分标准	分值（分）	得　分
接受任务	明确工作任务，理解任务在企业工作中的重要程度	10	
信息收齐	熟悉城市轨道交通安检程序的要求	10	
制订计划	按照地铁公司安检程序制订处理计划	10	
演练流程	结合实训任务，针对乘客的具体安检程序演练	50	
质量检查	学生任务完成，操作过程规范	10	
评价反馈	学生能对自身表现情况进行客观评价	10	
总分		100	

实训4 人身检查和开箱（包）检查实操训练

一 任务说明

（1）以小组为单位，使用手持式金属探测器和安检门设备对乘客进行人身检查，手工开箱（包）检查。

（2）学生分别扮演引导员、开箱（包）员、X射线安检机操作员、人身检查员、乘客。在教师的指导下，安检员检查时，可使用仪器检查和手工开箱（包）检查。

（3）实训后总结人身检查和开箱（包）检查的工作经验和服务技巧。

二 实训时间

20min/人。

三 实训目标

（1）正确使用手持式金属探测器。

（2）熟知手工人身检查的要领和注意事项。

（3）熟知开箱（包）检查的要求及注意事项。

（4）总结人身检查和开箱（包）检查的工作经验和服务技巧。

四 实训准备

设备、工具、材料：金属探测器2个、安检门1个、开包检查平台2个、模拟违禁物品若干。

五 实训实施

1. 知识储备	成绩：
（1）简述人身检查的程序、方法和注意事项。 （2）人身检查的重点对象和重点部位有哪些？ （3）安检员手工人身检查时有哪些注意事项？ （4）开箱（包）检查的操作步骤和注意事项？ （5）简述常见的一些物品的安检方法。	
2. 制订计划	成绩：
（1）根据城市轨道交通安检工作程序的要求，制订演练计划。	

序　号	作 业 项 目	演 练 计 划
1	使用手持式金属探测器和安检门对乘客进行人身检查	

序　号	作 业 项 目	演 练 计 划
2	开箱（包）检查操作程序和注意事项	
3	人身检查和开箱（包）检查的礼貌用语的训练	
计划审核	审核意见： 　　　　　　　　　　　　　　　　签字：　　　年　月　日	

（2）根据演练计划，完成小组成员任务分工。

记 录 员	安 检 员	乘　客	监 护 人

3. 计划实施与评价　　　　　　　　　　　　　成绩：

项　　目	作业标准	分值（分）	组长自评	教师评价
使用手持式金属探测器和安检门对乘客进行人身检查		35	★★★★★	
开箱（包）检查程序和注意事项		35	★★★★★	
人身检查和开箱（包）检查的礼貌用语的训练		30	★★★★★	

根据学生在课堂中的实际表现进行自我反思和自我评价。

自我反思：

_____

_____。

自我评价：

_____

_____。

4. 实训成绩单

项　　目	评 分 标 准	分值（分）	得　　分
接受任务	明确工作任务，理解任务在企业工作中的重要程度	10	
信息收齐	熟悉城市轨道交通安检程序的要求	10	
制订计划	按照地铁公司安检程序制订处理计划	10	
演练流程	结合实训任务，针对乘客的具体安检程序演练	50	
质量检查	学生任务完成，操作过程规范	10	
评价反馈	学生能对自身表现情况进行客观评价	10	
总分		100	

实训 5　安检现场发现无人认领箱包的应急处置演练

一　任务说明

学生结合工作情境，加深对安检现场发现无人认领箱（包）时的检查方法、开包方法等知识的掌握与应用；能够正确使用各种安检设备，提高服务能力和水平，保证安全。

青年员工小张毕业后在城市轨道交通企业从事安检工作。一天早上，他在安检现场发现背包，经询问后无人认领……

二　实训时间

20min/人。

三　实训目标

（1）能够合理配置人员对无人认领箱（包）进行安全检查，注意采用"一看、二听、三闻"方法，排除安全隐患。

（2）能够结合防爆罐和防爆毯，按照开可疑箱（包）的程序进行开箱（包）检查。

四　实训实施

1. 知识储备	成绩：

（1）安检现场发现无人认领箱（包）时，检查的方法为＿＿＿＿＿＿＿、＿＿＿＿＿＿＿和＿＿＿＿＿＿＿。

（2）闻箱（包）内是否有＿＿＿＿＿＿＿，如黑火药是臭鸡蛋的味道，硝铵炸药是氨水的气味。

（3）有人动过但无人认领的箱（包）、曾经有人动过后再放下的箱（包），可以按照程序检查后＿＿＿＿＿＿＿。

（4）无人动过或无人认领的箱（包），不能随意动，按照程序检查，无疑点，先用＿＿＿＿＿＿＿挑起箱（包）过安检仪，进行＿＿＿＿＿＿＿检查。如有疑点，用挑杆挑起放入＿＿＿＿＿＿＿内，等待专业人员处置。

（5）无论有人动过或无人动过的箱（包），一旦发现可疑点后，应用＿＿＿＿＿＿＿和＿＿＿＿＿＿＿将其覆盖，并疏散周围人员，拉出警戒线，然后等待专业人员处置。

（6）在打开拉链时，手贴拉链内侧检查是否有＿＿＿＿＿＿＿，如有拉线应＿＿＿＿＿＿＿；如一切正常，慢慢拉开拉链，打开箱（包）盖时，用手轻压衣物，看是否有连线。

（7）检查箱子内侧和底部，检查完毕后，要按照原来的码放顺序＿＿＿＿＿＿＿。

（8）打开箱（包）拉链和在检查过程中如发现两层物品中有连线或可疑装置时，必须停止检查，及时上报＿＿＿＿＿＿＿和＿＿＿＿＿＿＿。

2. 制订计划	成绩：

（1）根据城市轨道交通安检现场发现无人认领箱（包）时的应急预案要求，制订演练计划。

序　号	作业项目	演练计划
1	检查过程	
2	开箱（包）过程	

计划审核	审核意见： 签字：　　年　月　日

（2）根据演练计划，完成小组成员任务分工。

记　录　员	安　检　员	乘　客	监　护　人

3. 计划实施与评价			成绩：	
项　　目	作 业 标 准	分值（分）	组 长 自 评	教 师 评 价
检查过程		50	★★★★★	
开箱（包）过程		50	★★★★★	

根据学生在课堂中的实际表现进行自我反思和自我评价。

自我反思：

_____

_____

_____。

自我评价：

_____

_____

_____。

4. 实训成绩单

项　　目	评 分 标 准	分值（分）	得　　分
接受任务	明确工作任务，理解任务在企业工作中的重要程度	10	
信息收齐	熟悉安检现场发现无人认领箱（包）时的应急预案要求	10	
制订计划	按照地铁公司安检要求，制订安全检查现场发现无人认领箱（包）处理计划	10	
演练流程	结合实训任务，进行应急演练	50	
质量检查	学生任务完成，操作过程规范	10	
评价反馈	学生能对自身表现情况进行客观评价	10	
总分		100	

实训6　消防器材的使用训练

一　任务说明

1. 确认火警

（1）查看火情。

（2）确认火灾后进行报告训练。

2. 穿戴消防装备（标准时间：2min 内）

（1）穿消防战斗服和防护靴。

（2）将消防腰斧及消防员呼救器挂在安全腰带上，并系好安全腰带。

（3）戴好消防头盔并佩戴防爆式照明灯。

（4）戴好防护手套。

（5）携带消防应急包。

3. 选择灭火器

根据着火物质和场景，选择类型正确且可正常使用的灭火器。

4. 实施灭火

（1）判断风向，站在上风口：通过观察失火场景中火焰和烟雾的飘向，移步至上风口位置，距火源位置 3～5m 处。

（2）侧身朝向火焰根部：迅速采用正确的灭火器操作方法进行灭火。

（3）先灭近火再灭远火：在火灾被扑灭的过程中往火灾中心移动。

（4）放回灭火器：火势熄灭后，将灭火器放回指定位置。

5. 作业注意事项

（1）学生操作时必须由教师在身边指导监护。

（2）实训应当在安全环境下进行。

（3）学生应有初步的灭火器使用经验。

（4）做好个人安全防护。

6. 归纳总结

完成本次任务后归纳总结灭火的经验、自救方法、灭火器的使用方法。

二　实训时间

20min/人。

三 实训目标

（1）会应急处置地铁发生的火灾。

（2）会使用地铁内各种防火设备。

四 实训准备

演练场地、各型灭火器（6个）、消防服装、头盔、手套、应急包、安全腰带（2套）。

五 实训实施

1. 知识储备	成绩：
（1）干粉灭火器的使用方法有哪些？ （2）发现着火时，应怎样处理？ （3）干粉灭火剂主要适用于扑救哪些物质的火灾？ （4）火灾发生后，如果逃生之路已被切断，应该怎么办？ （5）防止火灾的基本方法和手段有哪些？	

2. 制订计划	成绩：

（1）根据城市轨道交通安检工作程序的要求，制订演练计划。

序　号	作业项目	演练计划
1	确认火警	
2	穿戴消防装备	
3	选择灭火器	
4	实施灭火	
计划审核	审核意见： 签字：　　　年 月 日	

（2）根据演练计划，完成小组成员任务分工。

记　录　员	安　检　员	乘　　客	监　护　人

3. 计划实施与评价	成绩：

项　目	作业标准	分值（分）	组长自评	教师评价
确认火警		20	★★★★★	
穿戴消防装备		30	★★★★★	
选择灭火器		20	★★★★★	
实施灭火		30	★★★★★	
根据学生在课堂中的实际表现进行自我反思和自我评价。				

自我反思：

_____

_____

_____

_____

_____

_____

_____

_____

_____

_____。

自我评价：

_____

_____

_____

_____

_____

_____

_____

_____

_____

_____

_____。

4. 实训成绩单

项　目	评 分 标 准	分值（分）	得　分
接受任务	明确工作任务，理解任务在企业工作中的重要程度	10	
信息收齐	熟悉城市轨道交通安检程序的要求	10	
制订计划	按照地铁公司安检程序制订处理计划	10	
演练流程	结合实训任务，针对乘客的具体安检程序演练	50	
质量检查	学生任务完成，操作过程规范	10	
评价反馈	学生能对自身表现情况进行客观评价	10	
总分		100	

实训7 城市轨道交通安检员的礼仪展示

一 任务说明

结合工作情境，加深对安检员礼仪的认知标准；以小组为单位，互相检查城市轨道交通安检员的着装和行为举止，小组模拟乘客和安检员，熟练运用各种手势引导乘客，提高服务能力和水平。

毕业后，小张、小李、小王和小赵来到地铁站从事安检工作。小张、小李是地铁安检员，小王和小赵为乘客，小组依据以下情境模拟高峰期和非高峰期引导乘客进站的场景：

手势实训项目	手势实训项目
1. 乘客徒手进站	4. 乘客携带可疑物品进站
2. 乘客携带箱（包）进站	5. 乘客携带违禁物品进站
3. 乘客主动开箱（包）	6. 乘客拒绝安检

二 实训时间

20min/人。

三 实训目标

（1）能够规范城市轨道交通安检员的着装和行为举止。

（2）能熟练运用引导手势引导乘客进站。

四 实训实施

1. 知识储备	成绩：

　　（1）礼仪的"礼"表示尊重，即在人际交往中既要_____，也要_____，是一种待人接物的基本要求。

　　（2）城市轨道交通服务礼仪的五个基本原则为_____、_____、_____、_____、_____。

　　（3）仪容，即容貌，包括面容、发式、手部、体味和口腔卫生等，修饰仪容的基本要求是_____、_____、_____。

　　（4）服饰是一种无声的礼仪，服饰的大方和整洁有一种无形的魅力。服饰穿着应遵循以下几个原则：_____、_____、_____。

　　（5）在与乘客交往中，工作人员的面部表情可以给人一种直接的感觉和体验，所以，乘务员应遵守表情礼仪的基本原则：_____、_____、_____、_____。

　　（6）手势是人们交往中不可缺少的动作，是最具有感染力的_____，它可以加重语气，增加感染力。

2. 制订计划	成绩：

（1）据城市轨道交通安检员服务礼仪的要求，制订演练计划。

序 号	作 业 项 目	演 练 计 划
1	引导过程	
2	检查过程	
3	定性过程	
4	处置过程	
计划审核	审核意见： 签字：　　　年 月 日	

（2）根据演练计划，完成小组成员任务分工。

记 录 员	安 检 员	乘 客	监 护 人

3. 计划实施与评价	成绩：

项 目	作 业 标 准	分值（分）	组 长 自 评	教 师 评 价
引导过程		25	★★★★★	
检查过程		25	★★★★★	
定性过程		25	★★★★★	
处置过程		25	★★★★★	

根据学生在课堂中的实际表现进行自我反思和自我评价。

自我反思：

_____

_____。

自我评价：

_____

_____。

4. 实训成绩单

项 目	评 分 标 准	分值（分）	得 分
接受任务	明确工作任务，理解任务在企业工作中的重要程度	10	
信息收齐	熟悉城市轨道交通安检员服务礼仪的要求	10	
制订计划	按照地铁公司安检员安检的程序制订处理计划	10	
演练流程	结合实训任务，针对乘客的具体安检程序演练	50	
质量检查	学生任务完成，操作过程规范	10	
评价反馈	学生能对自身表现情况进行客观评价	10	
总分		100	